# 销售拜访

## 如何约见并说服订单背后的关键人物

[美] 斯图·汉尼克（Stu Heinecke）◎著　韩禹◎译

HOW TO GET A MEETING WITH ANYONE

群言出版社
QUNYAN PRESS
·北京·

图书在版编目（CIP）数据

销售拜访 /（美）斯图·汉尼克著；韩禹译 . —北京：群言出版社，2017.12
书名原文：HOW TO GET A MEETING WITH ANYONE: The Untapped Selling Power of Contact Marketing
ISBN 978-7-5193-0346-4

Ⅰ. ①销… Ⅱ. ①斯… ②韩… Ⅲ. ①销售—方法 Ⅳ. ①F713.3

中国版本图书馆CIP数据核字（2017）第281046号



责任编辑：陈赫男
封面设计：异一设计

出版发行：群言出版社
地　　址：北京市东城区东厂胡同北巷1号（100006）
网　　址：www.qypublish.com（官网书城）
电子信箱：qunyancbs@126.com
联系电话：010-65267783　65263836
经　　销：全国新华书店

印　　刷：北京凯达印务有限公司
版　　次：2018年5月第1版　2018年5月第1次印刷
开　　本：710mm×1000mm　1/16
印　　张：21
字　　数：249千字
书　　号：ISBN 978-7-5193-0346-4
定　　价：59.00元

谨以此书献给我生命中那些美丽、强大和励志的女人——

我的母亲诺玛，我最忠实的支持者和粉丝。

我的妻子夏洛特，我那来自哥本哈根的梦中情人。我的梦想，从开始到永远，始终都是：我每天醒来时有她在我身边。

我的姐妹克里斯丁，她因一次骑马事故身受重伤，我们差点因此失去了她，但她恢复得很好，并以她的善良和对生活的热忱鼓舞着我们。

我的姐妹卡伦，她默默地、伟大而无私地把全部精力用来培养两个女儿，赋予她们人生最好的开始。

我的女儿瑞克，正在以电影人的身份在艺术界崭露头角。我曾想拍一部电影，记录我与我的丹麦梦中情人相识、结婚、共建人生的过程，也许瑞克终有一天能帮我圆这个电影梦。

我感谢你们每一个人，感谢你们的善良、鼓励、爱与支持。

# 对本书的评赞

在当今这样一个互联互通的世界里，我们反而不会跟别人沟通了。是斯图提醒了我们。在商务活动中，你其实还是要在人性的层面沟通，这样才能取得成功，而他是个能教你如何打通客户关系的大师级向导。

**——鲍伯·小古奇奥尼，媒体企业家和《SPIN》杂志创办人**

通过这本书，斯图给了你所有可能用得上的知识，让你去见所有想见的人。

**——鲍伯·曼科夫，《纽约客》漫画编辑**

斯图说，你听到“高管助理”的时候，应该想的是“能帮我引见高管的副总裁”，这说得太对了——我们的工作就是确保高管在做抉择的那个关键时刻见到合适的人。我强烈建议所有销售员至少阅读三次第十五章！

**——邦妮·伍丁，Hywood服务公司总裁，**

**有三十多年给顶级公司领导做高管助理的经验**

斯图是一位改革大师和创意能手，他在本书里收集的资料是送给读者的一份难能可贵的礼物。假如你的成功需要敲开几扇重要的大门，那么你绝不应该错过这本书！

**——丹·莫纳汉，WSI 数字营销公司创始人之一**

打造诚信，增加价值，对培养有利的商务关系来说至关重要。斯图·汉尼克和他的“销售拜访策略”为我们的成功做出了不可磨灭的贡献。

**——大卫·鲁萨克，大西洋人寿保险公司营销及创新部副总裁**

你这就去写个名单来，列出一二十个完全超出你接触范围、根本不可能会面，但是能彻底改变你生活或事业的人来。然后你读这本书，听从斯图的指引，看看你是不是能改变自己的生活。

**——迪恩·巴斯顿，亚利桑那州立大学校友会副主任**

斯图真是个有才的家伙，除了他还有谁能筹办出让美国总统都注目的营销活动？这几乎跟用人工智能助理安排会议时间一样疯狂呢！

**——丹尼斯·莫滕森，x.ai 公司的创建人及执行总监，**
**x.ai 公司制造了全世界第一个能帮你安排会议时间的人工智能助理**

多亏斯图的一个主意，才让我得以跟安培林娱乐公司和斯蒂芬·斯皮尔伯格本人会面，之后他也一如既往地为我的公司创造业绩。多亏了本书，现在全世界都能知道斯图这个价值连城的秘密了！

**——杰·西尔弗曼，杰·西尔弗曼制片公司总裁，A&E 电视系列剧《清洁工》的创作人及执行制片人，电影《棉花糖女孩》的导演**

斯图的秘密能真正让你或你的整个销售部门见识怎样才能想见谁就见谁。

**——马克·瑟拉，salesforce.com 公司 CEO，PrintSF 产品的创建人**

我每天都会接到几百封主动找上门来的电子邮件和至少几十通电话，都是想跟威廉姆斯索诺玛建立商务关系的人发来的。斯图的信是其中少数几个过关斩将、被一路送到我眼前的。我的助理把它送进来，说，你看看这个。之后我就打了电话给他。他十分有创意，也十分有效果。

**——帕特·康诺利，威廉姆斯索诺玛公司执行副总裁及营销总监**

的确，很多真理都是开玩笑时说出来的，但不是所有的真理都会让你笑出来，或是让高层决策者认真听取你的意见。斯图·汉尼克能让你想见谁就见谁。

**——彼得·威尔森，加利福尼亚州前州长**

斯图·汉尼克使用独特的方式成功拜访客户的能力实在是非同凡响。

他是个创意天才。

——瑞克·迪斯，知名广播主持人

等急需的时候再开始建立关系就太晚了。斯图给两个位置——无法会面和展开重要的客户关系，这两者之间那道难以逾越的鸿沟架上了一座桥梁。他用机智的手段把我们每天在商务活动中经历的种种焦虑都轻易解决了。

——拉斯·克莱因，全美营销师协会 CEO

在本书中，斯图·汉尼克让你看到这个屡试不爽的全新方法。它能让任何想联络客户、打造长期合作关系的销售部门走向成功——而且在这条路上还能走得十分有趣！

——桑迪·阿桑森，Immucor 输血诊断公司副总裁及总经理

销售或任何事业的成功，都是与在合适的时间、用合适的方式找到了合适的人密切相关。假如你学习了斯图的方法，就更有可能建立紧密而持久的关系，这归根结底将是你成功的必要条件。

——西德·库马尔，CA 技术公司销售部全球主管

CONTENTS

# 目录

## 第四篇
## 利用好你的工具和资源

# 序

我与本书作者是老相识了。作为游击营销的创始人，我一直很欣赏他的工作宗旨，因为这与我的想法不谋而合：我们都鼓励事半功倍地做事，以最小的成本赢得最大的利益，从而让小公司在与财大气粗的营销公司极不平衡的竞争大战中有机会取得胜利。

斯图很早就意识到漫画能快速抓住客户的注意力，他立刻把漫画发展成了强有力的营销工具。后来，他为美国一些著名公司开展了一系列打破纪录的营销活动。让我觉得欣慰的是，他取得这些伟大成绩的时代，是广告行业刻意避开“幽默”策略的时代，他需要冲破层层阻力才能够说服他们——他们曾不相信斯图的方法可行，而斯图却以实际行动证明了自己的理念。

不过，那是他的处女作《引人入胜》的内容。可喜的是，本书是对游击营销原理的实用解说，比《引人入胜》更加精彩。

正如斯图所说，“销售拜访”策略的发现纯属偶然。当时，他的创意公司事业正处于上升期，他急需一个能让公司更上一层楼的方法。之前，他为《滚石》和《美食》杂志做的营销活动中所使用的漫画成效显著，现在他需要用这个方法搞定其他人。

这正是症结所在：如何尽快见到那些普通人平时根本无法接触到的大人物？答案就是：游击营销法。与所有的优秀游击营销人一样，斯图的计划取得了令人叹服的成果。他使用了专门为他的未来客户量身定制的漫画，即在漫画的文字中植入了收信人的名字，然后尝试了各种形式的包装：镶裱过的，未镶裱过的，印在咖啡杯上的，印在帆布上的。每幅漫画都附着一封精心设计的拜访函。这些工作迅速地收获了立竿见影的效果。

斯图不仅成功地让自己的公司打入了出版业，他也帮助自己的客户们取得了类似的突破。很快，斯图就已经轻松地与国家元首、世界名人、顶级 CEO[①] 和关键决策者建立起了联系。

这本身就已经是营销界的传奇。但是，让它成为游击营销法的优秀案例的关键，就在于斯图的拜访活动居然只用非常有限的预算得到了前所未有的回应率和投资回报率。也就是说，任何人都能运用斯图的拜访策略，让自己的事业获得突破性的发展，无论它目前的规模如何。

希望接触顶级重要客户的人，当然并不只有斯图一个人，这也不是什么新的理念。但我爱上斯图的拜访策略的真正原因是：任何人都能做得到，任何人都可以使用这种拜访策略快速扩展业务。

在我教授的游击营销法中，将竞争对手变成商务伙伴是非常重要的一环。我强烈推荐大家建立一些有战略意义的合作关系。斯图做到了，而且他的方式别具一格——不用猜你也知道，就是销售拜访。

本书不仅能帮助任何人获得与 CEO 或其他重要人物交流的机会，还

① CEO：chief executive officer，首席执行官，后文统一缩写为 CEO。

能让你在这些大人物的交际圈中从容自如。将自荐信送到CEO手中并引起他的注意固然重要，可是，如果你不能明确自己的目的并帮助CEO达到他的目的，你的一切努力也会付诸东流。同时，你也要学会与高管的助理打交道，他们的工作不但是将你和我这样的人拒之门外，也包括提醒高管留意可能错过的良机。

因此，读者们，你将有机会接触到一系列新颖卓越的工具与技术，学到如何在每次都让高管的助理站到你这边帮你说话。去面见CEO的时候，你会准确地知道自己将如何站在与他们平起平坐的地位，帮助他们达成目的。

我见到太多营销和销售两个部门相互猜忌的例子。如果你也属于这两个部门中的一员，那么，你需要找个方法让两者携手并进。毕竟你们都属于同一团队。斯图的拜访策略是我所见过的能够达到这个目的的最佳范例。作为营销人员，你可以用拜访活动取得100%的回应率，以及百分之几万的投资回报率——别的方法怎么可能做得到？而销售人员也将有机会参与一个能让销售额空前暴涨的营销活动。更关键的是，你不是这个活动的旁观者，而是其中不可或缺的一部分。

读本书，学会里面的知识，然后努力向前，期待辉煌。销售拜访是我见过的最优秀的游击营销形式。而这话从我口里说出来的时候，的确是掷地有声。

——游击营销之父，畅销书《游击营销》作者

杰伊·康拉德·莱文森

“那幅画很适合挂在我的办公室里。”

# 导言

很多人问我：“你是一位漫画家，为什么要写营销的书？”这背后有个非常有趣的故事。事实上，我不只是个漫画家，还管理着自己的公司，是一名营销人——一位被名人堂提名的营销人。我与你一样，一天的大部分时间都在忙着推销。不过，我有一个独特的优势：我是《华尔街日报》的签约漫画家之一。作为漫画家，我拥有一件秘密武器，那就是能接触到重要的人。漫画的魔力为我和我的客户带来了难以匹敌的优势。

多年以前，在我创建营销公司的初期，我决定用邮寄宣传的方式做直复营销，而宣传的内容就是漫画。当时，为接收人量身定做拜访物品这一风格正在兴起。于是，我把它与漫画的威力结合起来，创造了我初期营销活动中那些既别出心裁又令人难忘的好点子。当时，营销界的顶级专家们颇不看好“幽默”的推销方式，但是我用起来效果卓著。

我最早的两位客户是滚石公司和《美食》杂志，它们都很有声望，本身制作的营销活动质量也非常高。然而，我为它们制作的前两次营销活动仍然打破了它们当时的回应率纪录。因此，我就意识到自己误打误撞上了一些真正特别的东西，一些我应该推销给杂志界其他同人的东西。我意识到，应该去拜访几家世界著名媒体公司中负责发行的顶级营销主管。可是，我要如何才能接触到这些决策者呢？这些精英在纽约高压锅一般的工作环境中忙得分秒必争、焦头烂额，他们可不是你想见就能见到的。

我那颗营销人的心让我下决心接受这个挑战。也就是说，我要用什么方法去搞定二十几位至关重要的未来客户，并取得几乎100%的成功率呢？我的计划是再次利用那个曾打破过纪录的直邮营销法，为每个人量身定制漫画。不过，我要把这个方法略微改进一下。当时，这种营销方式连名字都没有。于是，我将这种拓展业务的工作命名为“销售拜访活动”。

由于目标受众不多，所以每项营销活动可以拥有充足的经费，而总成本仍远比普通营销活动少得多。我印刷了一套24张漫画，每张漫画都镶上框，画上的文字中植入了接收人的名字，并附上了一封信。

我的信以不到100美元的成本，被送到了所有目标客户的手中，并且说服了他们。很快，我那由自由职业者组成的小公司就得到了一大批新客户：美国时代出版公司、《福布斯》杂志、《哈佛商业评论》杂志、《华尔街日报》、康泰纳仕集团、赫斯特集团等，他们为每笔订单支付了高达2500万美元的营销费。我从未计算过这次初期的拜访活动的成本及回报率究竟是多少，但我肯定它绝对超过1000000%。

大家想一想，一次营销活动得到客户100%的回应率和超过1000000%的投资回报率，你讲给任何一位营销人听，他一定会瞪大眼睛看你，以为你是在讲述外星人从天而降的故事——因为这几乎是天方夜谭，不可能发生。事实上，营销界普遍认为，100%的回应率是不可能的，更不用说超过1000%甚至1000000%的投资回报率。

然而，我确实做到了。事实上，我做到了很多次。

以这个方法搞定了出版界后，我就跃跃欲试，想看看这个手段究竟有多大的威力。我开始尝试去接触自己本来根本不可能接触到的大人物，不仅仅是因为客户的需求，有时候甚至不过是为满足自己的好奇心。比如，我为美国冰球联盟制作了一份全明星赛的邀请信，居然引起了里根总统的注意。里根对这些漫画爱不释手，还向我要了很多份复本，并镶上镜框，摆在了他的私人书房里。

还有一次，我画了一幅漫画，上面是一位高级主管在办公室里练习高尔夫轻击球。秘书靠在门口问："可以让布什总统越过您吗？"这是指在高尔夫球场打球的时候，打得快的人有时会被前面打得慢的人挡住，这时他们就需要越过打得慢的人，以免浪费时间去等待。正是这张漫画，让美国第四十一任总统布什回应了我。类似的故事还有很多。不过，我希望表达的是，自从我开展了拜访活动后，几乎就没有拜访不到的人——无论是国家元首、娱乐界名人、企业 CEO，还是顶级公司的决策者。而我能搞定的远远不止这些人。

多年来，我有幸使用这个"私人秘密武器"，建立起了强大的客户关系网络，以及有战略意义的合作伙伴。当然，我还向很多公司推销过我的产品，无论是《财富》500 强公司还是小企业老板。不过，我也越来越好奇："别人又是用什么方法联系到最重要的未来客户的呢？"

我的研究结果就是，销售人和营销人在使用一种无名的隐形方式。人们会想出精彩绝伦的方案来开展营销活动，成本在 0~100 万美元之间。正是因为希望深入研究这些别具匠心的营销方式，我才决定写本书。

为了开阔视野，我曾谨慎地做了调查。我采访了很多思想领袖级别的销售人员、企业的总监级高管，以及最高级管理者的助理。本书中收集了来自大众的资料，它们或许是你闻所未闻且独一无二的。而且它们会将你和你的事业推到一个新的高度。

简而言之，本书将教会你如何搞定最重要的未来客户，从而实现事业和人生的突破。

有幸让杰伊·康拉德·莱文森先生为本书作序，使我受宠若惊。拜访活动的本质是以很小的代价换取很大的收益，凭着微乎其微的机会向最高目标瞄准，这与杰伊轰动营销界的系列畅销书《游击营销》不谋而合。在杰伊撰写第一本书《游击营销》时，他没有想到它会轰动商界的各个领域。后来，无论是小企业还是《财富》500强公司，都开始学习他的创新思维。

遗憾的是，杰伊在写完本书的序言后，仅过了30天就去世了。他是我的好朋友，是我敬爱的导师，也是真正启发过我的人。他是我心目中的英雄。本书中描述的销售拜访思想、策略和方法，能得到他的认可，令我无比骄傲。

《游击营销》运用在商界的各个层面向来无往不利。同样，我相信主动去接触、拜访他人，是一种非常重要的能力。如果你能不断地做到这一点，并且取得显著的成绩，那么你也会得到来自商界各个层面的人的尊敬。

### 谁应该读本书

本书是为所有人写的——说到底，其实我们每个人都是做推销工作的。不论你的头衔里是否有“销售”的字样，我们大家都在推销某件东西或服务。如果你想推销，就需要掌握搞定人的能力，从而结识对你最有利的人。而如果其中一些人能为你的事业起到如虎添翼的作用，那么拜访他们就尤其重要。

如果你是一名销售人员，那么，你应该寻找大客户，从而创造更大的收益。拥有搞定总监级高管的能力，无疑将让你在销售团队中叱咤风云。本书阐述的理论和方案肯定能帮到你。

如果你负责管理一支销售团队，那么，你要为成员提供合适的方法和培训，让他们拜访到梦寐以求的未来客户甚至顶级客户，让你和你的公司走向巅峰。本书应该是你的团队的必修课程。

如果你的职责包括“商业拓展”，那么，你应该知道，拜访到有战略意义合作前景的公司是多么重要，尤其是其高管——CEO 以上的高管。没错，本书也是为你写的。

如果你有自己的公司，或者你是公司的总监级高管，那么，你的思维方式需要围绕战略角度展开。你肯定明白培养有战略意义的合作伙伴是一件多么重要的事，他们将会让你的公司得到发展，并分享重要的资源、情报和业务手段等。因此，你需要能自如地搞定你的“100 位最佳战略伙伴”名单中的成员。公司的前途依赖于你社交及经营的能力。那么，本书也是为你写的。

## 如何运用本书

本书一共有四个部分，其中第二部分一定是你最想读的——那里介绍了拜访活动的 20 种方式，其成本从 0~1 万美元不等，其工具包括无线遥控直升机、社交媒体、电子邮件、传统邮件、电话、鸡蛋盒子、报纸广告、iPad 视频、一次性手机和信鸽等。当然，其中自然少不了漫画。这部分会像装满糖果的礼盒一样充满吸引力。不过，我希望你能耐住性子，不要跳过去直接看这一部分。因为在开始计划你的首次拜访活动之前，你还有许多事情要做。

本书的前两章里，我们将探究拜访活动的本质——这将颠覆传统的营销理念。理论上，我们无法期望营销活动得到 100% 的回应率或超过 1000% 的投资回报率——但奇妙的销售拜访世界正是如此。我希望，在行动之前，你能够完全理解销售拜访背后的理论依据。

在第三章中，我将带你观察一下那些你希望拜访的 CEO 们的生活。他们与你和我生活在截然不同的世界中——我们往往会思考未来一两个月的事，但他们的目光却瞄准在未来的六个月、一年、二年、五年。他们的时间非常宝贵，他们专注于突破自己定下的目标。与他们交往，你必须知道如何为他们的生活创造价值。

如果想与公司的 CEO 或其他总监级管理者共事，那么你就要成为他们的同类。因此，在第四章中，你将学会如何摇身一变成为一位大人物。之后，你要列出 100 位最佳未来客户，并去了解有关他们的信息。这是第五章和第六章的内容——寻找目标，从中挑选可实现最大收益的目标。

在第二部分，我将为你提供很多有效的拜访策略和方法。不过，如果不了解它们的工作原理，你会难以下手。在第十二章，我将教你如何计划并实施营销行动，以及如何使收益最大化。

接下来，你应该在拜访函里说什么，如何安排打电话或其他拜访方式的内容以产生最大的影响力，如何打造优势，让目标客户愿意与你接触，以及更多其他的问题。这些问题都将在第十三章和第十四章中一一解答。

第十五章的内容几乎可以自成一体。在这一章中，我将会教你重新认识那些曾让你手忙脚乱的总监助理们。之后，你就不会再把他们视作将你拒之门外的看门人，而是变成人才发掘者和未来的伙伴。他们将为你提供无法估量的帮助，而你将会因此感激他们。改正你对这些重要角色的态度，将在你的拜访活动中起到惊人的效果。

从第十六章到第十八章，我会讨论销售拜访活动中最重要的环节：与 CEO 沟通，并时刻跟进，以确保你彻底地全权控制眼前这一项艰巨的任务——接近 100% 的回应率以及一本万利的投资回报率。衡量拜访成功与否，你除了考虑回应率和投资回报率，还应该考虑其他的因素。而且你要趁热打铁，制定下一次营销活动的策略。这一切都将在第十九章中进行详尽的讨论。

当我为写本书进行访问的时候，有两个问题会经常冒出来。

第一，我们所处的“销售 2.0”时代，大部分销售途径都基于以下几种：增加买方权益、用户互相推介及买方呼入咨询。因此，人们往往认为，卖家主动接触未来客户的行为已经过时。我认为，这其实是一种失衡的状态。自古以来，销售的基础都在于你对顾客的了解，以及你用什么手段去搞定他们。

> “自古以来，销售的基础都在于你对顾客的了解，以及你用什么手段去搞定他们。”

第二，社交媒体与“社交营销”正彻底改变着销售的每一个方面，这也包括销售拜访活动。因此，在第二十章中，我将会提供一些关键的信息，包括如何将社交媒体应用到销售拜访活动中。

在第二十一章中，我将讲解作为一名新晋的销售人，你接下来要走的道路，以及销售拜访的前景。我采访了几位专业的销售和营销公司的

CEO 和董事长，包括杰伊·康拉德·莱文森的女儿——也是他事业的继承人——国际游击营销组织的合伙人兼 CEO 艾米·莱文森。你绝对不希望错过这些精彩的评论。同时，我也加入了一些关键的资料，能在你的销售拜访之路上助你一臂之力，也会让你的销售工作更灵通、更轻松、更有趣。

在最后一章中，我会专门向大家介绍我自己的一个屡试不爽的技巧，多年来，我一直使用它成功地召唤我的“内心导师”。你的心里其实也有一位导师，而我会帮你寻找到它并激活它。

咱们这就行动起来吧！

SALES VISITING

第一篇

# 成功拜访大人物能让你的销售事半功倍

“来，试试这条。” “太合身了！”

第一章

# 不用太多投资就能轻松见到大人物的秘密

想象一下，如果你突然获得了超能力，可以搞定世界上任何一个人，将如何改变你的生活？你会如何使用这种能力？

如果你与我一样，是个以销售为生的人，那么你也许希望运用这种能力，去搞定顶级的未来客户，从而卖出更多的产品。如果你是销售团队的管理者，那么，你也许会通过它，让每个成员的业绩翻几番。如果你是企业的老板或高管，那么你可能会用它建立一个有战略意义的客户网络，扩大企业的规模。

这就是销售拜访活动的意义所在。只不过它不是单纯的营销方式，而是把销售和营销紧密地结合在了一起。

从销售的角度看，销售拜访活动直接针对最有战略意义的潜在客户，在最大程度上为销售工作的每一个环节提供助力。而从营销的角度看，这种营销形式能以最小的成本获取最大的收益，同时，销售人员也能够作为响应渠道而积极参与。

无论从哪个角度看，销售拜访活动都能大幅度拓展你的事业，无论你是销售人员、销售经理，还是高管、公司老板。

销售拜访活动并不是我发明的，它已经被使用很多年了。但奇怪的是，还从未有人把它当作一种营销或销售方式。相反，我们只会在必要时低调地用它来解决一些与目标客户有关的极个别难题。我的第一次拜访活动就是为了搞定出版行业的二十余位重要的目标客户。这些目标客户能够让我创建自己的公司。这个耗资不到100美元的拜访活动，最后带给我几百万美元的收益。

我并不是销售拜访的创始人，但我们可以为它命名并定义：

销售拜访，是针对个别受众展开的营销活动，以突破具有重要战略意义的特定目标，通常能够利用微乎其微的机会赢得一笔至关重要的生意、一个合作伙伴或一位关键的目标客户。拜访活动是销售的实用方法之一。

在本书中，我把营销和销售融合在了一起。我们要谈的是如何运用拜访活动，直接为关键的销售工作提供助力，并迅速提升你公司的实力；这将为你提供一个让同行业其他人望尘莫及的优势；这将为你提供让公司业绩突飞猛进的超级燃料。而这是每个人都可以做到的。

## 高回报的销售必须具备三个度量标准

营销活动有三个重要的度量标准：成本、回应率和投资回报率。在销售拜访的世界中，这三个度量标准不但奥妙无穷，而且高得令人叹为观止。

一般情况下，营销活动都需要很高的成本，而且通常只能得到很低的回应率和投资回报率。应该说，多数营销人不赞成我这个说法——在他们了解销售拜访的相关数据之前。

先说成本。在销售拜访活动中，每一项活动所需的成本可以是

0~10000 美元。这无疑是很反常的，远远低于普通营销的成本范围。因为销售拜访活动的受众是极少数的几位特定目标，而且某些活动方式根本没有成本，所以这其实是任何人都能够轻松实现的营销模式。

再说回应率。我曾经参与过一些大型直销商推出的营销活动，那时我们往往会说：能获得 1% 的回应率就算成功。虽然直复营销没有固定的回应率可以遵循，但是对于销售拜访活动来说 1% 的回应率标准未免太低了。在我做过的拜访活动中，通常都能收获 80% 以上的回应率，甚至多次得到 100% 的回应率——与传统营销模式相比，这简直是无法想象的成就。本书提及的所有销售拜访活动，都得到了 20%~100% 的回应率。即使参考最低值，销售拜访也能轻而易举地击败其他营销方式。

如果你觉得 100% 的回应率就已经非同凡响了，那么等你看到销售拜访的投资回报率，才会让你拍案叫绝呢！回想我参与的那些大直销商的活动，通常得到的回应率是 1% 甚至更低，甚至连宣传资料的成本都收不回来，因此那些活动的投资回报率几乎总是低于 100%。我们把这些数字与销售拜访活动的成绩进行比较："桑德勒测试"拜访活动（将在下文详细讨论），只算上最初会谈所带来的销售额，就已经达到了 100% 的回应率和 8000% 的投资回报率；"本地建筑商"拜访活动（也将在下文讨论），得到了 60% 的回应率和高达 630000% 的投资回报率。

## 桑德勒测试和本地建筑商活动

几年前，我希望接触布鲁斯·塞德曼，当时他是桑德勒销售培训集团的 CEO。桑德勒是全球最大的销售人员培训公司之一，有超过 200 家分公司，有上万家公司的职员都在学习其创始人大卫·桑德勒的"桑德勒推销法”。目前，桑德勒有几百位讲师、几千个客户，所以它自然也被我列在100位最佳战略目标的名单中。

为了接触布鲁斯，我拿出了自创的“大画板”拜访工具——其实就是将一块45cm×60cm的巨大泡沫明信片，用特快专递邮送到每位目标高管手上。明信片上印着我的漫画，一边是接收人的名字，另一边是给接收人的一封短信，解释了他们为什么应该与我面谈。布鲁斯一接到大画板，立刻就动心了。更重要的是，他希望把这个手段运用在他公司的业务上，而这正是我希望的。

在接下来的几个月中，我们几乎每天都会沟通一次，为我们希望尝试的计划添加更详尽的创意构思。之前，为目标客户量身定制漫画，即在漫画文字中植入收信人的姓名，是我获得市场反应的唯一途径。但布鲁斯鼓励我再向前跨出一步，这让我学到了后来成为拜访活动一个关键元素的“扣押物品”。布鲁斯的主意棒极了！我们把大卫·桑德勒的书《不能在课堂上教小孩骑自行车》换上了一些崭新的、印有接收人名字的护封，作为会谈的奖励。这样的新护封，让本书的风格看起来就好像某位CEO在讲述自己如何改变了他公司的销售，仿佛是这位CEO自己的作品。本书仍是在讲解桑德勒的推销法，但是它现在变成了一件让接收人无法拒绝的奖品。当然，它也变成了确保营销活动得到回应的额外保障。

这个计划空前成功。选定了5位《财富》杂志排行前1000位的CEO后，我们便制作了“大画板”，并送了出去。随后，每一位目标客户都开始纷纷打电话过来问:“我刚刚接到老大的一张大卡片，现在我该做什么？”

布鲁斯答道："我们见个面吧。"

5位CEO都同意了。在第一次会谈中，其中两位CEO当即就买了入门课程，每套课程价值5万美元。

我们可以算一算数字。我刚刚描述的这次营销活动，回应率是100%，投资回报率是8000%——这还只包括初次会谈的结果。这本该是根本不可能获得的数字。

《打造你每年一百万美元销售收入》的作者及"销售和销售管理"博客的作者保罗·麦科德也是一位销售教练。他曾搞过一次营销活动，吸引了附近的建筑商帮助他推荐房屋抵押贷款。在做房屋抵押贷款经纪人之前，麦科德曾在建筑行业工作，因此他对自己的目标客户非常了解。比如，他知道他们常常接到用纸筒装的建筑图纸。那么，如果他寄的信也是装在纸筒里，就更有可能吸引他们的注意。他也知道建筑商习惯画流程图来跟踪项目进程。于是他画了一副异想天开但非常精确的流程图，描述了银行独特的盈利方式。

麦科德的名单上有70位建筑商，其中60%的人回应了他，并有25%的人变成了他的推荐人，而这次营销活动带来了大约110万美元的利润。所有这一切，都源于一次算上邮费总成本都不到175美元的拜访活动。这些数字除掉利润，你就能得出一个天方夜谭的结果：628571%的投资回报率。

## 不能包含任何噱头和欺诈成分

在这里，我应该讲述一下为写本书而采访时得到的一些反馈。第一次反馈来自一些销售专家，他们警告我，不要使用噱头手段："你不能把一辈子的销售事业建立在花哨噱头之类的小把戏上。"他们的话并没有错。

但是，销售拜访活动并不比其他任何形式的营销活动更有噱头。它只是针对几个具有战略意义的重要人物及未来顾客高度地扩展渗透力的一种方式。它几乎能在一夜之间鬼使神差地扩大公司的规模。它能做到这些，并不需要很高的成本。在某些例子中，它甚至根本没有任何成本。如果说销售拜访是噱头，那么销售也同样是噱头。但是，如果人们把传统营销和销售的成绩当作期待值，那么有这样的反应也不足为奇。

"如果说销售拜访是噱头，那么销售也同样是噱头。"

同样，对客户来说，卖家必须做到从里到外、自始至终地可靠且诚实。而这一点，我也再次完全同意。

作为销售者和公司老板，如果我们希望得到重视，那么，我们去接触目标公司的 CEO、总监级高管和其他重要人物的方式，就必须是诚实且毫无隐瞒的。否则，你觉得还有更好的手段去展开一段能让你或你的公司盈利上百万美元的营销活动吗？

销售拜访应该被市场接纳和认可。因此，它一定不能包含噱头和欺诈的成分。

## 搞定客户只需要花费极少的成本

本书中提到的每个拜访方法的平均成本从0到几千美元不等。即使你的预算较少，营销费用不够，我们也有一些技巧让你能拜访到那些最难联系也最重要的未来客户。

大部分零成本营销的技巧都基于社交媒体、电话和电子邮件，而这些当然都是免费或几乎免费的。其中一些最巧妙的方法虽然只有几个简单的步骤，却能让你拜访到一些全世界最重要的人物——当然也包括你最渴望拜访的人。

最好的拜访方式中，总会带有一些大胆放肆的元素。这类营销活动往往最令人难忘，也最能深入人心。有一次，我帮《华尔街日报》做成了一笔生意，得到了上千份的新订阅——这归功于我耗资5美元送给美国运通公司CEO一幅漫画。曾经，一只信鸽送一封信给世界最著名的一位CEO，带回了一次午餐会谈和价值25万美元的合同。雇用半天信鸽能花多少钱呢？不过是一点点饲料而已。一次平均成本仅1万美元的拜访活动，帮助希柏系统软件公司的CEO汤姆·希柏以近100万美元的价格收购了一家公司。另一次平均成本仅1000美元的拜访活动，收获了与目标CEO100%的接触率，以及一系列价值高达100万美元的业务。这些拜访活动都展现出很大的勇气与胆识。它们不仅让生活变得有趣，还让商务活动变得有趣，更让使用者赚到了钱。

销售拜访是每一位销售人员、销售经理、销售部副总、总监级高管及公司老板都能负担得起的活动。事实上，如果你真正重视自己的成就，在乎自己能多快地达到目标，那么你就明白我接下来要说什么：不使用这项技术才是你的损失。

## 搞定 CEO 的诀窍：推销战略性商品或服务

首先，我要说明一点，我所说的CEO是指任何有最后裁决权的人——引用“销售”博客作者安东尼·依安纳瑞诺的话说就是“有机会执行这项商务活动的CEO”。这也许需要你去搞定某位真正的CEO，但是，假如你的目标定位太高，反而会让你轻易浪费大量的时间和金钱。你需要拜访的“CEO”，仅仅是指“有商务机会的核心人物”。

有很多作家都写过十分成功的书籍，教导销售人员应该非CEO不见。虽然我与他们的思路不完全一致，但区别不太大。销售拜访当然能帮你与CEO建立联系，可是如果你推销的是非战略性的商品或服务，比如大厦窗户清洗服务等，那么，CEO不愿意见你才是理所应当的。

《向高管推销》一书的作者安东尼·帕瑞尼罗[①]曾说，只有向CEO推销才是让你平步青云、跻身最高层销售人员的唯一途径。他的话并没错，但前提是你要让自己提供的东西具有战略意义。《速售》《敏捷销售》和《放短线钓大鱼》的作者吉尔·康耐斯也提供了类似的建议。她认为，把东西推销给大公司才能最快地积累财富，毕竟大公司有最充足的预算。

无论如何，你一定要有非常强大的竞争优势，这样才能脱颖而出。想接触最高层决策者，无论是大公司还是中小企业的，都不是件易事。重要人物总是非常忙，也非常不易见到。相反，那些底层的买家，或是只看不买的人，或以其他方式浪费你时间的人，才会最容易见到，可惜他们要么做不了主，要么没有购买能力，只会让你在原地打转，一事无成。

---

① 安东尼·帕瑞尼罗，《向高管推销》（亚当斯出版社，马萨诸塞州埃文市，1994，1999）

如果你已经很成功了，或者你觉得自己正走在通向成功的路上，那么就应该更上一层楼，与其他居于高位的成功人士平起平坐。

> “如果你已经很成功了，或者你觉得自己正走在通向成功的路上，那么就应该更上一层楼，与其他居于高位的成功人士平起平坐。销售拜访肯定能帮你达到这一目标，而且是立即就能达到。”

那么，当一个人拥有“可以搞定任何人”的神奇能力后，究竟会是什么样子？很久以来，我一直沉浸其中，充分地享受了它为我的生活带来的非凡成功以及惊人业绩。我曾搞定了全世界最难接触到的人，包括许多当下最热门的销售或营销书籍的作者、代理商和出版社——正是由于他们的协助，本书才能够出版（而在本书里，我也加入了很多我对他们的采访记录和他们的观点）。我拜访过总统、国家总理和演艺名人，还有数不胜数的 CEO 和其他高层决策者。我拥有很多身居高位的有战略意义的合作伙伴和一些有跨国影响力的营销渠道。我经常与商界及其他行业顶级人士讨论问题，做生意，并结成合作伙伴。我甚至能够娶到丹麦《阁楼》杂志美若天仙的封面模特——我横跨了半个地球联系到她，说服她答应与我见面，最后我们终成眷属。

我喜欢做那些让人叹为观止的“古灵精怪”的事。多年以来，我总能不断地搞定那些本该是遥不可及的人物。现在，我已经习惯了去搞定任何我想搞定的人，无论何时何地。

现在，轮到你了。

## 本章要点

※ 销售拜访不是噱头，它是一种为销售工作的每一个环节提供助力的合法营销方式。

※ 销售拜访是市场营销和销售的有力融合。

※ 销售拜访是微聚焦（针对极少的特定受众）的营销活动，它的目的是让你拜访到具有重要战略意义的特定人员。

※ 销售拜访的目的是立竿见影地让销售额和销售规模产生爆炸性增长。

※ 虽然销售拜访并不是全新的概念，但它直到现在才被看作是一种营销方式。

※ 销售拜访能产生非常高的回应率和投资回报率。

※ 销售拜访的各种方法，平均成本从 0~1 万美元不等，因此每个人都负担得起。

※ 销售拜访能帮你搞定“CEO”，或“有商务机会的核心人物”。

※ 如果你拥有几乎搞定任何人的能力，那么，它会为你的事业、工作及生活带来惊人的收益。

第二章

# 10000% 的回报率是如何产生的

“你也觉得做生意挺好玩儿的吧？”

最初开展销售拜访活动的时候，我曾经将其称为打了兴奋剂的直邮营销。毕竟我发出去的物品根本就是大号的明信片，这与我经常为直邮营销活动做的设计并没什么不同，不过是比例大了很多而已。但是，毕竟这些“邮包”是 45cm × 60cm 泡沫大明信片。我也不是用一大沓邮票邮寄，而是使用了专人特快专递。

这显然不是直邮营销。

两者用来产生回应的方法也是截然不同的。我并没有请接收人返回一张商务函、打一通电话或访问某个网站。我本人就是回应工具。打给我的一通电话或一次面对面的会谈是我期望在这次营销活动中收获的成果。

虽然我把销售拜访称作打了兴奋剂的直邮营销，但与大量分发出去的直邮营销广告不同，它的接收人名单人数少得不能再少，它的受众可以少到只有一个人。这样一来，你可以精确地瞄准对象，一矢中的。它也可以是针对一小组人，比如十几个人，但绝对不能超过100位。

由于我常常要拜访一些非常重要的人物，因此，我往往需要接触他们的助理。随着销售拜访的发展，助理也被包括在拜访活动中，成为我们需要搞定的目标之一。这一点与直邮营销的运作方式格格不入。

但是，销售拜访并不是单纯的营销活动，它更重要的目的是辅助销售。销售拜访之所以存在，就是为了支持销售活动，帮助销售人员和其他人联系到他们最难搞定、最重要的未来客户。我们设计销售拜访活动是为了制造优势，以获得关键的会面或谈话机会。

> “销售拜访之所以存在，就是为了支持销售活动，帮助销售人员和其他人联系到他们最难搞定、最重要的未来客户。我们设计销售拜访活动是为了制造优势，以获得关键的会面或谈话机会。”

生性害羞的人一般不会入销售这一行。如果不善于随机应变，他们也难以做得长久。很多让人赞叹不已的推销故事，都是使用了被我称为“销售噱头”的方式脱颖而出的。我在这里举两个例子，都与变了花样的违章停车有关。

“成功路上并肩走”博客的作者大卫·布洛克讲过这样一个故事：一位销售代表一直想拜访一位《财富》50强大型消费品公司的总监级高管。可惜，无论她怎么努力，始终没办法见到那位高管。一天，她试着登门造访，打算和他约谈，却仍然没有成功。就在她打道回府的路上，她留意到一个停车位上印着那位目标高管的名字：那是专门给他预留的车位。于是，第二天早上，她把自己的车停到那个车位上，开始等待。果然，那家伙发现自己的停车位被占，立刻怒气冲冲地跑进大厅，让接待员叫拖车来。这时，销售代表站了出来，向他做自我介绍，并表示只要他愿意与她一起出去，她就把车开走。她解释说，她曾经多次试图与他联系，而这是她唯一能想到的吸引他注意的方式。他同意了这个建议，于是，她获得了一场会谈的机会。

《游击营销》的作者之一、游击营销培训师奥维尔·雷·威尔森讲过一个故事：一位销售代表曾经花了几个月的时间试图接触某位CEO——按阿甘的话说，这位CEO所在的公司是一家“卖水果的公司”。同样，她意识到见到这位CEO的唯一方法，就是在他的停车位上摆一张躺椅，然后带着甜甜圈和咖啡守株待兔，等他开车上班。当这位CEO出现时，她解释了自己的来意，获得了从停车场走到大厅里为时90秒的推销时间。而等他们步入大厅后，他并没有让警卫拦下她，于是这次会谈继续延续到了办公室中。

这两个故事固然有趣，不过它们并非销售拜访。它们要算“噱头”——虽然使用它们很可能让你得到一次珍贵的面谈机会，但你也同样有可能被警察拘捕。更麻烦的是，这也可能给目标高管留下坏印象。

这显然不是任何人希望的结果。销售培训师基本上都会警告大家：不要把力气浪费在噱头上，因为这不是长久之计。我要补充一句，这类噱头的目的往往是试图操纵他人，有些行为还带有欺诈和虚伪的成分。

那么，到底什么是销售拜访呢？我认为它基本上都有以下特点：

- **微聚焦（目标少而精）：**这是真正的一对一的营销活动，只针对某位有高价值的人物，或所有在你“100位最佳客户名单”上的人。
- **直接协助某项特定的销售活动或建立盟约：**整个营销活动围绕的中心，是能让发送方直接接触到目标高管。
- **发送方才是“回应工具”：**不必让接收方把名片丢进信封里寄出去、登录网站、填表邮寄或打免费电话。销售拜访的唯一目的是让目标高管与发送方直接交谈，无论是电话还是面谈。
- **灵活，包容，参与：**灵活的战略既表明你能随着变化而做出反应和演变，也能让所有的利益相关者都参与进来，包括高管的助理，有时候甚至是其他高管。
- **大胆放肆，引人注目，激起好奇：**最好的销售拜访活动总会含有一些大胆放肆的成分，有时候这些成分甚至会占很大的比重。一次好的拜访活动至少应该在推荐自己的同时也迎合接收人的兴趣，能吸引目标客户的注意或是激发他们的好奇心。
- **量身定制：**销售拜访是一对一营销的最真实体现方式。每一次销售拜访其实都是专门为一个人设计的，要瞄准某位接收人的独特利益、需求、注意力或痛点。

不过，有时候解释一件事情最简单的办法，是探讨它究竟不是什么。这就是我们下面要做的事情。

## 要产生100%的回应率和超过10000%的投资回报率

销售拜访显然与传统的直复营销有共通之处。拜访活动也是把一些物品送给一些特定的受众，它的回应似乎也是直接的。它的作用是支持销售，所以它确实与开发潜在客户有关。它的工具包括印刷品、电子邮件、网站和社交媒体，因此这些都是接触点。其实，所有的营销方式都有共通点，因为它们都是促进公司发展的组成部分。

但是，如果所有的营销模式都是相似的，都能以相同的效率做到同样的事，那么我们就没必要使用其中一种而不是另一种或几种组合了。我们都明白，事实并非如此。如果你需要去接触广泛的消费者，你会使用传统方式、社交平台或数字媒体。如果你希望把产品卖给广泛的业务受众，最有效的方式或许是行业媒体、直复营销、社交媒体和潜在客户开发。对于年轻的受众来说，数字媒体、移动媒体及某几种社交媒体是最好的选择。

如果这个说法正确，那么，销售拜访的重点应该在哪里呢？为什么你应该考虑把精力和预算放在这种营销方式上？我们这就来看看销售拜访与其他传统营销方式的不同点，以及它会如何重新定义你的营销成本。

### 销售拜访VS销售推广

销售推广被认为是传统推广方式的组合，其中包括广告、人员推销、直复营销和宣传促销。它的目的是激发市场需求，方法包括竞价、发放优惠券、折扣和抽奖等。从某种意义上说，我们可以把销售拜访看作是销售推广的一部分，因为这两者的目标都是增加销售额。不过，销售推广的受众很广，而销售拜访只关注最重要的未来顾客，只专注于能够支持销售或建立同盟的直接接触。

### 销售拜访 VS 挖掘需求

挖掘需求的目的与销售拜访的目的非常相似。挖掘需求运用有针对性的营销方案，来提高大众对某家公司产品的认识和兴趣，从而更容易提高销售渗透，缩短周期，并提高市场预售接受率。销售拜访可以轻而易举地协助这个工作，它关注的焦点简单而直接：就是为了把销售人员送到最重要的未来客户的大门口。“80/20 法则”认为，处在顶端的 20% 的客户能带来 80% 的销售额。因此，挖掘需求就是为了挖掘处在顶端的 20% 的客户，让他们产生购买的兴趣。相比之下，销售拜访则是针对处在顶端的 1% 的客户，以最快的速度促成最大的交易。

### 销售拜访 VS 潜在客户开发

潜在客户开发使用各种营销方式达成目标，即挖掘对产品感兴趣的人，让他们成为有可能购买产品的未来客户。它可以通过邮件、网络搜索、数字或传统的途径，也可以应用社交媒体来实现。潜在客户开发的营销活动看起来往往很像销售拜访，尤其是有时候它也会用到立体邮件，或者活动本身包括促进接收方与销售人员会谈。在这里我要解释一下立体邮件，比如它可以是一只装着遥控法拉利汽车模型的邮包，但没有遥控器，邮包里附信说明销售人员会亲自带着缺失的遥控器去面见接收人。这其实是本书后面章节中会讲到的一种拜访方式。但是，这两种营销方式的主要区别在于产生回应的方式不同。如果营销活动依赖于某种回应工具，那么它就不是销售拜访。如果营销活动的受众是广泛的群众，它也不是销售拜访。销售拜访的根本在于拜访很少的人，甚至少到只有一位受众，但是这位受众是用战略眼光挑选的，而且我们至少已知他的一些信息。回应的方式一定是会谈或会议。泛泛地邮寄给大众的广告和商务函并不是销售拜访的组成部分。

### 销售拜访 VS 直复营销

一直以来，直复营销的优势在于它能针对一些特定的受众，得到精确的回应数据。销售拜访也是如此，但后者的针对性更强。如果说直复营销是探照灯，那么销售拜访就是激光枪。在直复营销中，至上的原则是把邮寄名单、优惠和创意结合在一起，制造最好的结果，即最高的投资回报率。这也许正是两种营销方式最大的分歧：直复营销通常只能得到很低的回应率和投资回报率，而销售拜访则相反。事实上，大多数直复营销人根本无法相信销售拜访能创造 100% 的回应率和超过 10000% 的投资回报率。这是因为，在直复营销中，这些数字的确就是天方夜谭。这两种方式的最后一点区别就是：直复营销需要使用“回应工具”，比如商务函、表格、微型网站（分离于品牌主网站以外的独立网页，用来推广特定营销活动或针对特定销售群体）、登陆页等来收集订单和潜在客户。相比之下，拜访活动是直接辅助销售工作，销售人员就是回应工具，这从来都要比商务函高级得多。

> “拜访活动能产生 100% 的回应率和超过 10000% 的投资回报率。”

## 销售拜访的运作方式和组成部分

既然销售拜访与其他与销售有直接关系的营销形式不同，那么，销售拜访到底是什么呢？

我们先来讨论销售拜访的目的。在这个世界上，总是有少数几位重要的人，只要你能拜访到他们，就能改变你事业的曲线和企业的命运。他们或者是你的产品或服务的超级潜在买家，或者是潜在的推荐者，还可能是带给你大量新销售渠道并让公司进一步发展的未来合作盟友。

你需要时刻知道这些人是谁，并列出一份名单。如果你是做销售的，可以把这份名单称作“100位最佳未来客户”。如果你是公司老板、企业家或总监级高管，你可以把这份名单称作“100位最佳战略伙伴”。无论是哪一种，你不但必须清楚地知道这些人是谁，也要为搞定他们做好明确的准备。

有了这份名单，你还要为每个人或每组人创建一份资料档案。你要花一些时间研究这些人，这一点非常重要。你要了解他们的经历、目标、计划实现这些目标的手段、竞争对手，以及目前的基本情况。你要熟悉他们在社交媒体上的言谈，了解哪类事情会吸引他们的注意力，他们欣赏什么，讨厌什么，他们在业余时间做什么。这些工作能帮助你明白如何才能让你成为他们的助力，你适合扮演什么角色。这能让你有机会把随口的一句问候变成一次深入的交谈，再把一次深入的交谈变成一段持久的人际关系，最终把一段人际关系变成商务交易和推荐。你往往需要在几秒钟之内清晰地表达自己的价值主张，阐明这样一段至关重要的人际关系能为对方带来多少收益。假如你的目标不明确，那么你不但浪费了别人的时间，还会给对方留下糟糕的第一印象，让未来的接触难以顺利进行。

接下来你就要策划自己的营销活动。在本书的第二篇里，我列出了二十个拜访活动类型。但是，你需要再忍耐一下，不要随手把别人用过的技巧套用到你自己的活动中。如果本书是讲如何做广告的，而我罗列的是二十个有史以来最成功的广告，那么你一定不会说："我喜欢那个'这肉丸子可真辣'的弱碱泡腾片广告[①]，咱们这就做个一模一样的吧。"同样，你也不能抄袭后面罗列的营销活动。我把这些活动写下来的目的是给你灵感，帮你设计你自己的独特活动，帮你运用自己收集 100 位最佳未来客户或 100 位最佳战略伙伴的信息，帮你有效地表达自己的目的。

销售拜访有些像雇佣一间广告公司，让它们为某一笔关键生意或商务开发量身定做一些拜访活动，来帮你搞定每一位你需要接触的重要人物。与所有营销形式一样，你需要不断测试并校正自己的策略。我习惯用一组十个目标客户作为测试，然后研究结果，并在必要时修改自己的方法。

大多数重要人物都有助理，而你的拜访活动需要把他们也包括在内。大多数销售人员把助理看作是挡在自己路上的看门人。他们的这种态度总是让我非常惊讶。助理其实是公司中最聪明的职员之一，在他们的工作中，放某些人进入与阻止其他人进入同等重要。你需要在营销活动中体现这种态度。也就是说，你要把助理包括在你的战略中。你必须把他们视作你的盟友，不能在你的营销活动中忘了他们。

我的拜访电话通常都是由寻找目标高管的助理开始的。打电话时，我问的第一个问题就是我的目标高管是否有助理，我是否能与助理谈一

① 弱碱泡腾片：一种泡腾剂式的消食片药品，用于治疗消化不良。

谈。等我拜访到他后，我就会使用事前在脑子里打好的草稿：我先解释自己是《华尔街日报》的漫画家，我有一张画想寄给那位高管。我告诉他们，这虽然是为了给高管一个惊喜，但我并不希望把助理也吓一跳。我会问自己是否能给他们发一封电子邮件，确定一下细节，而这就能让我得到直接拜访助理的方式了。然后，我会写一封电子邮件解释我拜访他们的原因，这样一来，他们可以轻而易举地把我的邮件原封不动地转给上司。这一点相当重要：我有机会用自己的语言阐述自己的目的。也就是说，我控制了自己的表述，既不会丢失细节也不必担心我的话被传错。

等助理同意帮忙后，我会继续将他们包括在我的行动中，寄出那幅植入了高管名字的定制漫画和我亲手写的卡片。同样，你也要花一些心思，送给助理一些虽然价格不贵，但有非常重要的个人意义的小礼物，感谢他们在你的营销活动中提供的帮助。这不但能保证他们掌管的大门继续为你打开，也能让他们继续帮助你影响你的目标客户。在我为写本书而采访一些 CEO 的时候，我很明显地感到，这些 CEO 都把他们的助理看作团队中的重要成员，而他们绝对能注意到外人对待他们助理的态度。你的礼物可以是一封感谢信、一张礼品卡，或一些使用最友好、最感激的词语或句子形容“谢谢你的帮助”的方式。

虽然我说过自己能创造有 100% 回应率的拜访活动，但是，不要期待你的营销活动也有同样的结果，至少刚开始不会有。更可能的结果是你会得到略低的回应率。之后你需要学习并逐渐调整方法，但这并不是说你就该放弃最初没能拜访到的那些目标客户。所以，你的营销活动至少应该包括第二轮努力，也就是去拜访那些尚未回应的人。在我的营销活动中，这通常是以另一种卡片的形式送出去的，它是一张态度略为强硬的漫画：上面是一个人，站在沙漠中一间破破烂烂的加油站里，手里握着公用电话在说："喂，（加目标客户的名字），还是我啊。听着，我不知道你上星期是不是一直都没检查留言，可我还在这儿呢，号码没变，正眼巴巴在等你回电话呢。"这张画常常能打破他们不接电话、不回信的习惯。

不是每一次销售拜访活动都需要包括所有这些元素。有些拜访活动可以简单到只是打一通电话，或是在社交媒体上的一次交流，但它的基本模版就是这样。拜访活动不但应该包括一份关键目标人物名单、在拜访之前做的资料收集和分析以及以战略为驱动力的有创意的全套活动，而且要考虑到高管、助理，以及任何尚未回应第一轮活动的人。拜访活动还包含更多元素。有时你需要同时拜访同一家公司的多位目标客户。有时你的策略可能需要在某项活动后才能启动。与广告活动一样，拜访活动也可以有很多不同的形式。重要的一点就是，你不能迷失方向，你要时刻记住自己的目的是建立特定的、关键的客户关系，以达成一笔交易或得到一位盟友。

## 高回报率的营销方式，无论在什么时代都受欢迎

我们的生活日新月异，它似乎总在越变越快。你同意这个观点吗？

从某种程度上说，我同意这个观点。我们似乎总是在迫不及待地搞新发明，尤其是科技发明。营销界也不例外。请记住，谷歌公司是1998年才创立的，在当时，出版业、广播电台、电视频道才是市场的主导。当营销人瞄准了一群潜在客户后，他们唯一能直接拜访这些潜在客户的

途径就是直复营销。今天，广播电台和电视频道仍有相当大的威力，但它们的威力已经被瓦解了，统领今日市场的是数字媒体、移动媒体和社交媒体。出版业和直复营销似乎都在逐渐消失。然而，事情真是这样吗？

事物的发展不是恒定不变的。我们从服装时尚界就能看到，很多事情都有周期性：流行和不流行是在不断地周而复始。现在，邮寄实物的方式又变得新鲜起来了。一件能让人在手中把玩，而不是仅仅是在屏幕上显示的东西，又变得有吸引力了。说不定杂志和报纸也会再次受到大众欢迎——虽然不见得一定是以实体的形式出现，但有可能是作为一种更受欢迎的接受和吸收信息的形式。我还是觉得手捧着印刷品，翻阅纸张，欣赏被握着的实物，更让人有满足感。

我对销售也有同样的态度。今天，大家已经不稀罕用“销售”这个词了，现在是“销售 2.0”和“社交营销”时代。移动媒体才是“新颖”“时髦”的装备。不过，我仍认定自己那个老掉牙的事实，那就是：在大多数时候，销售仍然是人与人的接触、以诚信和价值为核心而建立关系后的结果。我也相信 80/20 法则，就是说你公司营业额的 80% 来自顶端的 20% 的客户，我也相信拜访活动能把这个数字推上更高的层次。

销售拜访在现今的数字、社交和移动营销世界中还有一席之地吗？答案是确凿无疑的。这个世界上肯定有一些重要人物能帮助你的企业繁荣发展，而你有必要辨认并搞定他们。一种能创造 100% 回应率和超过 1000% 投资回报率的营销方式，无论在什么时代都是受欢迎的。无论当下流行什么形式的销售和营销方法，忽略如此之高的潜在增益，都是非常不明智的。

## 本章要点

※ 销售拜访不仅仅是营销的方式，更是一种把营销和销售相结合的独特方式。

※ 销售拜访与噱头或欺诈的销售方式不是一回事，它是一种切实可行且正规合法的一对一营销方式。

※ 销售拜访专门针对极少数人，有时甚至只有一位有高价值的客户。

※ 销售拜访能直接协助销售，或建立同盟。

※ 发送方或销售人员才是“回应工具”。

※ 销售拜访有很强的灵活性、包容性和参与性。

※ 销售拜访总是为接收人量身定制的，经常会包含一些大胆、放肆的风格。

※ 销售拜访与销售推广、潜在客户开发和直复营销等营销形式有联系，但它并不是它们，也不属于它们。

※ 销售拜访确实与挖掘需求有同样的任务，但它的目标集中在有高价值的潜在客户或同盟伙伴身上。

※ 销售拜访通常包括 100 位最佳未来客户或 100 位最佳战略伙伴的名单；拜访之前的资料收集和分析；以战略为驱动力的有创意的方法，考虑到目标高管及其助理的需求和顾忌。

※ 销售拜访与当今的其他营销形式能完美结合。

※ 如果只是因为某种销售和营销方法是当下流行的而忽略了销售拜访的高回应率及高投资回报率，是非常不明智的。

“用你的手机看看，现在天黑了吗？”

第三章

# 你的目标是约到能拍板的 CEO 级大人物

与 CEO 接触不是件易事。他们难得一见，即使你好不容易与他们见了面，他们态度急躁，也爱用挑剔的眼光看你，让你神经紧张，而且他们还不爱接你的电话。他们的助理会拼命保护他们的时间，几乎是习惯性地阻止一切人与他们联系。那么，我们为什么还要去惹这个麻烦呢?

答案很简单。这里，才是钱的所在；这里，才是能让你的企业脱胎换骨的权力所在；这里，才是你事业中最大的收获所在。

他能让你的生活方式有一次从量变到质变的飞跃。

假如你是一名销售人士，向总监级高管推销商品也许会让自己望而却步，但你一旦习惯并学会了如何准备后，就有勇气和能力向任何人推销了。你应该花点时间思考一下，这能为你的事业造就什么样的结果。人们会把你看作能呼风唤雨的神兵，一个拥有无穷无尽的客户网、能渗透进任何一个顶端客户圈子的人。假如你是销售经理或销售部副总，你是否愿意雇佣这样的人？这样的人是不是很有公司未来 CEO 的风范？很多 CEO 最早都是做推销员起家的，而这正是他们能平步青云达到最高点的原因：因为他们神通广大，能取得奇迹般的效果。

> “向总监级高管推销商品也许会让自己望而却步，但你一旦习惯并学会了如何准备后，就有勇气和能力向任何人推销了。”

在职场路上，随着每一次升职，这一点就会越明显。一位能轻松搞定任何规模的公司、任何职位的高管尤其是处在顶端的高管的推销人员，是每位销售经理、销售部副总、销售总监梦寐以求的人才。因为他们明白，一家公司的CEO才有权最终为公司做决策，而当CEO想要做一件事时，就一定能做到。他们也许会讨论资金从哪里来，但总裁不必询问别人他们是不是该花那笔钱。如果你能说服总裁，你基本上就已经得到那笔生意了。你在那间企业也有足够的能力和影响力做成更多的生意，毕竟你已经通过总裁的审核了。拥有一位能搞定人、谈吐有序、办事得体、思维敏捷、能给总监级高管提供价值的销售人员，是任何一位销售经理的梦想。

现在，我们站在总监级高管、老板或企业家的角度来看一看。是的，他们需要有做生意及签订合约的权力。同时，他们也明白，在他们的职责中，至关重要的一部分就是建立联系重要人物的网络。在高层人物之间建立关系，与各行各业的顶端人物打交道，是他们职责的重要部分。销售拜访就是能帮助他们建立这种关系的有效工具。

我不知道你的想法是什么，但能让我意气风发的事往往不仅仅是生意或利益上的成功。我还喜欢做点儿古灵精怪的事，或者做到了根本不可能做到的事。这会让做生意变得妙趣横生。每当我把漫画送给一位CEO或某位身份重要的人后，我总会迫不及待地想知道他们的反应。我最喜欢听到目标客户告诉我，我的某个“大画板”拜访工具是如何让公司 CEO 心花怒放，以至于非要展示给全公司的职员观看，因为他舍不得放弃任何一个向下属炫耀的机会（所有的下属都必须听 CEO 炫耀啊）。或是某位 CEO 把漫画放在自己的办公室里，因为它有些宽，书柜上放不下，只能略微歪着挂在书柜一侧。我喜欢听 CEO 说“大画板”是如何让他们的每位访客都会借此寒暄两句。我尤其喜欢的地方，是它会在接下来的很多年中，持续不断地向目标公司提醒送信人的存在。

当我讲到 CEO 时，我需要提醒你一个很重要的事情，就是我并不是每次都指某公司真正的 CEO。正如我在第二章中解释过的，我们想要吸引的是“有机会执行这项商务活动的 CEO”。因此，从现在开始，当我说“CEO”的时候，我是指那个在你的目标公司中，对于你筹划的事情有最终控制权的那个人，即“公司机遇的关键人物”。他可能是公司 CEO，也可能是其中一位总监级高管，或者是高管手下专门负责完成某一项特定任务的某位职员。

这位“CEO”也可能是好几位利益相关者。有时候，接触 CEO 的唯一目的就是让你得到来自他的特许，让他推荐你去与真正的决策人联系。而有时候，决策人就是公司的 CEO。

所以，当你继续读下面文字的时候，请把这里所讨论的“CEO”想成是在某家公司中有最终决定权，并且对你的目的感兴趣的人——有机会执行这项商务活动的 CEO。而你要时刻准备好去搞定任何人。幸运的是，你马上即将学会如何做到这一点了。

## 在最短的时间内向 CEO 展现你的价值

当你第一次与某位 CEO 谈话的时候，他们似乎总是过于直截了当，甚至是强硬蛮横。但是，你能怪他们吗?

CEO 每天要接收几百封电子邮件，也要接听打进来的很多电话。他们一边要运转公司的业务，一边还要规划未来，让公司的业绩不断地增长。他们看世界的方式或许与我们截然不同。普通人只会想到未来几个月里将发生的事，而 CEO 居住在“五年后”的世界。他们要看到阻挡在面前大山后面的那条路，一边寻找前方的目标，一边还要不断地寻找方法，让它对公司有战略性优势。而且他们每天还要忙着超越自己给公司预定的目标。

如果你不能在最短的时间内展现出自己的价值，如果你提供的价值不比 CEO 那一刻正在考虑的大事更重要，你就会明白为什么你的出现只会让他分心或讨他嫌吧！假如他们不认为你与他们平起平坐很重要，那事情就更糟了。在这种情况下，他们会恨不得立刻把你扫地出门，而他们也不会花费心思拐弯抹角地暗示你。

我们可以换个角度考虑一下。我们经常听人说 CEO 的工资是如何高得离谱。如果你想要打扰的是一位《财富》500 强公司的 CEO，如果他的工资比较低（与其他 CEO 相比），是一年 3000 万美元，那么，他们每一分钟就价值 240 美元。事实上，这其实只计算了公司付给 CEO 的工资，他们给公司的实际贡献或许要比这个数字高一百倍，因为他们的责任是让企业攀升到新的高度，拓宽新的市场，提升公司价值。

这就是说，当你要求上述这位 CEO 与你在电话中谈 20 分钟的时候，你是在要求他们把价值 4800 美元的个人工资，以及有可能价值 50 万美元的公司潜在利益，都投资在你这一通电话上。那么，你的电话最好能值这个数目，你的谈话也最好能利索地结束。

## 让 CEO 关注的焦点等同于你关注的焦点

一位高效的 CEO 必须有非凡的远景规划能力和面不改色地对付变化与危机的能力。虽然这些人的生活中充满压力，但他们却能过得如鱼得水。他们的使命就是在他们给企业计划航线的同时设定、达成并超越自己的目标。

这就是说，如果你想与 CEO 合作，就要重新调整自己关注的焦点。如果你是位销售人员，你的思考角度就不能仅限于销售，而是如何提供价值。你要把它变成自己关注的焦点，而不要忙于吹嘘自己的产品。这样的思路转变，对很多人来说其实非常艰难。也许有些人会说："我好不容易才让 CEO 听我讲一句话，还不得赶快抓紧时机推销我的东西啊。"可惜，他们有这样的态度只会让自己吃闭门羹，缩小销售机会，甚至可能根本就没有机会。

如果说销售 2.0 是买方上门查询的时代，那我们就管这叫"销售 3.0"好了——你要让自己关注的焦点集中于提供价值，让自己成为目标高管核心团队中不可缺少的一部分。你应该能看出来，等你达到这个地位，等你得到最高层人士的尊敬和信任后，再向他们推销该是多么轻而易举。

除了忙着设定、达成并超越目标，时刻萦绕在 CEO 心头的，还有超越自己的竞争对手。他们的竞争方式通常是研究竞争对手的行为和计划，寻找其弱点。他们也会阅读市场及社会新闻，寻找新方法，以赶在流行事物出现之前就充分利用它。你的工作就是帮他们做这件事。从

CEO 的角度来看，如果你只是一个闯进他们的世界向他们卖东西的人，那么你对他丝毫没有帮助。但是，如果你是能提供非凡价值及关键情报的人，你就能让 CEO 听你说话，你也会有很多机会推销。

> “如果你是一位能提供非凡价值及关键情报的人，你就能让 CEO 听你说话，你也会有很多机会推销。”

为了达到非凡的目标，CEO 必须组建一支非凡的团队。总监级高管们就是 CEO 的“精英小组”，但一位高效的 CEO 会明白，不仅是高管，团队的所有人都是至关重要的。你关注的焦点就应该是想清楚如何才能成为那个团队的成员。你是否是他们的雇员并不重要，重要的是你要成为可信的、能提供关键情报、信息及创意思维的源头。这样一来，你也会成为一个可信的——很可能也是唯一一个要推销的东西的来源。

《向高管推销》一书的作者安东尼·帕瑞尼罗说过，CEO 有五项关键使命：提高利润，提高效率，减少开销，提高股票价格，遵守法规。他说得不错，但我认为，所有这些使命归根结底就是一个字：赢。

因此，帮助你想要拜访的 CEO 们赢，才是让你也能赢的方式。你需要让这个思路成为你关注的新焦点。

## 融入 CEO 的世界：做足功课，成为专家

要想弄清楚该如何融入某位 CEO 的世界，其实只有一个方法，那就是做好你的功课。你要成为一位专家，了解这位 CEO，了解他们面临的独特困难和出色业绩，了解他们公司的发展方向。你也要研究他们的竞

争对手及其弱点，并研究你的目标公司是否存在同样的弱点。最重要的是，你要搞清楚这位 CEO 是什么样的人。

网络和社交媒体可以让这项工作易如反掌。你可以从目标高管的社交媒体网页着手，只要搜索一下往往就能让你得到大量信息。比如你可以去他们的商务人际关系网（领英网），看看他们如何描述自己在当前岗位上的任务，看看他们现在已经与哪些人结成了“客户关系网”。你能想象自己也会成为他的“客户关系网”吗？

然后你可以去他们的推特页，迅速研究一下哪类事情能吸引他们的注意力。他们点赞和转发的大多是哪类文章？他们的个人兴趣是什么？他们最喜欢的慈善机构和热衷的事业是什么？他们会在那里提到 CEO 工作范围之内的事吗？

搜索新闻，找一些涉及这位 CEO 的近期新闻。使用 hoovers.com，或 data.com 网站的 Connect 功能（原本叫 Jigsaw），或 discoverorg.com 来取得正确的拜访方式，并研究一下他们公司中的关键人物是谁。这会帮助你策划自己的拜访活动——毕竟拜访活动中首先需要搞清楚的一个问题是：营销活动的物品应该寄到哪里？

等你收集了这些信息后，你就应该理智地考虑一下自己想要推销的产品或服务，究竟能不能给这家公司或这位 CEO 带来变化。

当我去接触 Constant Contact 公司，希望他们做我的 CartoonLink 服务公司的盟友时，我找到了几条关键的情报。我知道他们的 CEO 盖尔·古德曼刚刚出版了自己的第一本书《参与营销》。我也知道我那个“漫画工具”——附在电子邮件中、植入了收件人名字的漫画，测试结果非常好，而且十分吻合她的目标。我们的“漫画工具”总是能让客户打开信的概率提高一倍，而她的任务是让自己的 70 万名用户保持对

Constant Contact 公司的兴趣不会离开。

我的拜访活动包括先与 CEO 联系，然后再联系她向我推荐的人。事情的结果是，我由此得到了凭我自己的力量几乎无法获得的大量销售渠道。这次成功就来源于我明白自己要卖的东西是如何能帮助这位 CEO 达成使命，然后把这件事用最简练、最精准的词句表达出来："我的卡通漫画服务能让顾客打开信的概率提高一倍。你有兴趣吗？"

你需要对 CEO 的世界有足够的了解，这会让你明白如何能为他们公司创造让别人望尘莫及的优势。如果你做不到这一点，就最好不要去找他们。我们也可以换个角度来说这句话：你的责任不是推销自己的产品或服务，而是通过自己的知识或技能，为 CEO 提供让他难以拒绝的优势。

正如我去接触 Constant Contact 公司那样，你需要理智而敏锐地弄清楚谁才是你最终需要联系的人。这可能是 CEO 本人或其他某位总监级高管，也可能是 CEO 向你推荐的一个人。也许你需要同时拜访几位利益相关者，才能在他们中制造最大效果。

只有在搞清楚你想提供的事情最适合哪个世界后，你才能开始制定拜访活动的策略。而所有这些的开端，就是你需要做好自己的功课。你最好对 CEO 有全面的了解，然后再动手拨打电话。

## 与 CEO 交谈：语言简洁，一语中的

在上述例子中，我描述了自己与 Constant Contact 公司 CEO 的接触。我用了区区二十几个字就解释了自己的价值。在那短短的两句话里，我告诉她我能协助她的工作，我能提供一件独一无二、引人注目且对她的

平台非常有利的事物。我充分显示了我尊重她的时间，因为我言语简洁，而且一语中的。这也是你需要做到的。

《敏捷》的合著者及“敏捷销售”博客的作者克雷格·埃利亚斯认为，你甚至要再向前迈出一步。他说，你必须在15个字以内阐明自己的价值主张，而且你的方法应该让CEO想问：“你打算如何做到？”按这个说法，我想我可以把自己的话再次缩短为：“我能让顾客打开信的概率提高一倍。”不过，我毕竟拜访到了她，还因此得到了一位价值不菲的盟友。

其实我非常欣赏克雷格的建议。设计一个尽量简洁的开场白，使用15个或更少的字，让CEO来问你打算如何达成你描述的目标。同时，你要确保自己向他们保证的事情确实能解决他们正面临的问题。

你需要知道的重要的一点就是，一些与CEO的谈话其实完全是通过他们的助理完成的。也许你最后能与CEO直接对话，也许不能。但如果CEO欣赏你给他公司带来的效益，他们不介意指派自己的助理完成一系列工作。我一向非常尊重高管的助理，我在第十五章中会专门研究这些出类拔萃的参与者。现在，你要记住，助理们肯定将在你的拜访工作中占有举足轻重的位置，而他们也的确有权代CEO说话。

无论形式如何，拜访CEO都是你的新任务中至关重要的一步。你即将在事业上创造新的高度，你自己也即将成为重要人物，你可以毫不逊色地去搞定任何你想拜访的CEO。

## 本章要点

※ 虽然 CEO 并不容易拜访，但你付出的每一分努力都是值得的。

※ CEO 手中掌握着机会，能让你的事业和生意有量变到质变的飞跃。

※ 你越是能经常与 CEO 互通往来，你在你公司中的地位就越坚不可摧。

※ 在本书中，CEO 是指任何有最终控制权及对你提供的事物感兴趣的人——“有机会执行这项商务活动的 CEO”，当然也包括真正的 CEO。

※ CEO 也可能同时指好几位利益相关者，你需要在拜访活动中联系其中的每一位。

※ CEO 生活在一个分秒必争的世界中，你必须找一条路径打入，提供一份独一无二的价值，辅助他们的工作。

※ 要想把东西卖给 CEO，你必须先理解他们的使命，并把它也变成你的使命。

※ 如果你能增加价值，提供独一无二的情报，你就能被 CEO 的“精英小组”接纳。

※ 当你加入了 CEO 的核心集团，你就能销售更多的东西，远比你单纯地朝他们推销你的产品或服务要多得多。

※ 如果有可能，把你的价值主张限定在 15 个以内或更少的字，你说话的方式最好能让 CEO 问:“你打算如何做到? ”

※ 与 CEO 的助理谈话时，要记住你也是在与 CEO 谈话。

第四章

# 摇身一变成为重要人物

“我最不擅长看姓名牌了，你叫什么来着？”

对很多人来说，销售拜访的世界已经够陌生了，而我们接下来要踏入的是一条更加天方夜谭式的道路。我还从未在任何一本关于销售、营销或商务的书中见过让你摇身一变成为重要人物的建议。

但是，这不仅仅是本书中别出心裁的一章内容，这其实是你一直就应该在做的事情。美满的生活和事业应该能让人取得一些重要感和名望。不过，现在我们需要提升它们的数量。

如果你准备利用销售拜访作为你营销的策略，那么，你就需要与重要人物们摩肩接踵，而你的客户网建得越广，你本人也就变得越重要。如果你能把自身变得重要，敲开那些能通向成功的大门就会变得更容易。

所以，请你坐下来，放松，让自己更舒服一点。我们这就让你摇身一变成为一位重要人物！

当你做好了准备，你将会拥有一份独一无二的“重要人士声明”。当你的拜访工作没有效果或没有得到重视的时候，你可以用它快速地点明你的重要性。以下是我自己的重要人士声明：我是《华尔街日报》的漫画家，是曾被名人堂提名的营销人，还是一名作者。就这几句话而已。它简洁明了，一语中的。虽然只有短短几句话，但它传递了一个让人信服的观点，那就是：我是一个需要被重视的人。不仅如此，作为《华尔街日报》的漫画家，我把一件有趣的事情双手奉送给他们了。我成为那位重要人士当晚对他的伴侣炫耀的题材：“你根本想不到我今天与谁谈话了……”而这也正是我希望你能达到的效果。

## 与重要人士建立地位同等的商业关系

在你接触某位重要人士那一刻，他们的脑子里会闪现两个问题：你是谁？你想要干什么？这是我们在面对一位朝我们走来的陌生人时，会想到的基本问题。我们的大脑天生就会持续地用这两个问题评估他人。

但是，正如我们在前一章看到的，对于CEO来说，这两个问题变得格外关键。他们的时间太紧迫、太至关重要了。他们没有时间可以浪费，所以他们要无时无刻保护自己，不让自己被不必要的杂事分心，尤其是当这些杂事来自他们不认识的人时。

你想要干什么？这个问题的答案再明显不过，即你想把东西卖给他们公司，或者与他们建立盟友。你要让他们意识到一点——用不超过十几个字的简单一句话阐明你的价值主张。不过，他们仍不知道你是谁。更关键的是，他们不了解你的价值。他们不知道自己是否能信任你、你的公司以及你所推销的东西。他们不知道自己是否应该把接下来的几分钟投资在你身上，继续听完你的发言。

想象一下，如果你是知名的电影演员哈里森·福特，你给他们打电话会是什么情形？我们暂且不必分析哈里森·福特打电话给 CEO 谈生意有多么古怪。你需要想到的是，一位电影明星打电话会大幅度增加这一通电话的价值，而谈话的对方也不介意花更多时间来理解他打电话来的目的。如果哈里森想让哪位 CEO 与他自己一起合作慈善事业，他肯定是无往不利的。

任何人都能看出，如果你给别人的印象是一位重要人物，那就能提高谈成一笔生意的可能性。

你不必做电影明星、漫画家或其他类型的名人，也同样能让对方感觉你很重要，或与他们同等重要。我们在商界的重要性，不仅是我们成功的关键因素，也是我们能全权控制的一件事——你可以在任何时候提升自己的重要性。

因为我们有幸生活在网络和社交媒体时代，这两个工具都能让任何写文章或分享文章的人迅速成名。我会在第二十章中专门讲解社交媒体。那么，我们现在来看看除社交媒体以外，一些能帮助你打造自己的地位及重要性的立见成效的方法吧。我们的目的是靠广泛提高你的知名度，来给你的名字建立起一个品牌。

## 创建博客

一个能提高你知名度的屡试不爽的方法，就是找一件你善于做并热衷于做的事，然后为此创建一个博客。它最好是能与你的事业挂钩，与你所在的行业有关，这样才能吸引那些希望听到你声音的人来看。“一位销售人员”博客的作者吉姆·克南建议，你应该找一件自己最关注的事情，然后每天都写一点。“之后，人们早晚会读到你写的东西，他们会想与你联系。等你反应过来时，你已经拥有自己的崇拜者了。”他说。克南认为，你创造的知名度，其实是你一生能创造的最有价值的资产。他还认为，这要“比你的房子更值钱”。

创建一个博客非常容易，你可以在你公司的网站上建立，或者从以下几个优秀的平台中挑一个：WordPress，Blogger，Tumblr，Google +，等等。博客的好处还在于它能提供一个正规的平台，让你用它采访最高端的受众。

> “博客的好处还在于它能提供一个正规的平台，让你用它采访最高端的受众。”

## 客串博客

创建自己的博客固然很好，因为你能控制观众看到的内容，但你确实需要花一些精力才能把它经营好。所以，有一个解决方法就是，你可以在某个有读者群的博客中，作为客串专家写些博文。我每个月都给 Salesforce 和 Constant Contact 两家博客写文章，这能让我立刻联系到大约 75 万名读者。而他们不仅仅是博客的读者——这些人都是营销人、销售人员、公司经理，甚至包括销售和营销部门的总监级高管。这是一件两全其美的事情，能让你在自己的行业中快速建立起大量的读者群。用不了多久，你就会得到可利用的名望了。而这还能再给你一个好处，那就是当你把自己的文章寄给读者时，它上面带着知名博客、大网站域名或公司的品牌，这会给人更可信的印象。

### 发起协会

这是一件比较费精力的事情，而且你必须彻底明白自己是要建立远大于你或你公司的事业。你是要给整个行业或职业提供一项服务，其中也包括你的竞争对手。而且你要组建的这个由思想相近的同行业从业者组成的协会，必须能够满足目标客户以前未能满足的需要。如果你能做到以上几点，那么，发起一个协会就能成就你事业的新高度，因为你能因此成为整个行业中的核心人物。以一个协会创始人或董事长的身份去联系你营销活动名单上的CEO，能让你拥有以前遥不可及的可信度和声望，轻而易举地协助自己的拜访工作。

### 加入慈善机构的董事会

无论在什么时候，很多慈善机构都需要有能力的志愿者。利用业余时间做慈善工作，不但能为社会做好事，还能让你成为一位更重要的人。很多慈善机构都有非常重要和严肃的使命，我并非建议你纯粹为了个人利益而打入其中。你要选择自己真心愿意效劳的慈善机构，这才是你做这件事的意义。之后你就会注意到，很多慈善机构能提供一些新途径帮你接触重要人士，而你把它与你的拜访活动放在一起使用，会对你非常有利。

## 写书

写书能极大地提高你的身份，这对销售拜访非常有益。人们普遍把作家看作闻名遐迩的专家。你将在第二部分读到，如果你有自己写的书，你就能用它帮自己的拜访活动打造一个威力强大的根基。更何况，在你写书的过程中，你能以采访的名义拜访到商界要人，这能让你有机会选择任何你希望拜访的人。

在过去的几年中，出版业经历了翻天覆地的变化。任何有时间、有毅力、愿意分享专业知识的人都有机会成为作家，出版自己的作品。而其操作也非常简单，你只要把精心思考后写下并编辑过的文件送到一个转换软件里，它就能帮你做成一本排好版的电子版书。当然，想踏进一流出版社或登上畅销书榜仍不是件易事。如果你写好了书，你一定既要让它印刷出版，也要以电子书的形式发行。实体书可以让你签名赠送，同时还可以附带一张字条，提醒接收人书中有关他们的采访在哪一页。作家往往能立即得到 CEO 的敬意，因为他们明白，写书需要专家级的知识和大量的精力。其还有另一个原因，那就是他们中的很多人也幻想有朝一日能写出一本畅销书来。

## 创建网络电台

在你的采访节目中，作为主持人的你，自然而然会得到观众对你的信任，因为你不是在忙于推销——你的节目是给 CEO 提供机会，让他们介绍自己的公司、奋斗目标和生活方式。被采访类节目约访是件很光荣的事，所以 CEO 往往会欣然赴约，而且这还会为你带来多次拜访的机会。你的首次采访其实就是你初次接触高管，你会过关斩将拜访到 CEO，因为这是高管的助理们很愿意呈给老板的意外惊喜。录完节目后，你还会与他们保持联系，从而有机会向他们陈述你的价值主张，并探讨双方的直接合作——如果到那时 CEO 还没有先问你。网络电台节目也能很好地让你积累有价值的素材，正如《“销售之死”后的生活》和《要猎就猎鲸：争取大额订单，让你的企业改头换面》的合著者汤姆·瑟西建议的：你可以把录音轻而易举地转变成文字，然后制作成书籍出版。

### 颁发行业的认可奖

我给你讲一个理查·布莱克维尔的故事。作为演员和服装设计师，虽然他也曾取得过一定的成就，但真正让他举世闻名的是他每年颁发的“最差着装奖”——这是有史以来被引用次数最多的“奖项”。你不必把事情搞得那么大，但创造一个你本行业内的认可奖，无论是颁给最优秀的人还是最差劲的人，都能让你的名气大幅飙升。我本人更倾向于正面的奖项，但布莱克维尔先生的最差着装奖，还有评选年度最差电影的金酸莓奖，都证明了负面奖项同样有呼风唤雨的能力。不论奖项是正面的还是负面的，你或许可以想象，为一个特定的奖项去拜访一位 CEO，征求他的意见，或是为了颁布给他荣誉奖而采访他，应该是多么轻而易举的事。当然，如果你想创造这样一个奖项，就要准备好以后一直做下去。你一定要坚持到底。而且你也要不屈不挠地在各个新闻媒体和社交媒体上推销它，你甚至可能会因此成为货真价实的名人，而这也肯定能帮助你搞定重要的人物。

### 做一位值得信任的内行人士

《改变销售谈话》的作者琳达·理查森给销售人员提过这样的建议：购买行为正在因无时无处不在的网络信息而转变着，我们大家要认识到这一点；我们同时也要意识到自己必须转变；我们要由精通产品信息的人士转变为值得信任的内行人士。

正如社交媒体一样，如果你能在网络上找到让目标高管觉得有用的新闻或文章，这会对你大有裨益。随着时间的推移，你会逐渐成为让他们信任、能为他们提供信息、情报和内行经验的人。

## 为事业投入难以想象的精力

在开始筹备写本书时，我就认为本书的内容应该是多多益善。我希望在本书中囊括所有思想领袖级的顶级销售人和营销人。事实证明，这些人无论是凭他们的成就还是重要性，都是非常好的白手起家的例子。

> 2002 年，《新规则：用社会化媒体做营销和公关》的作者及“今日网墨”博客的作者大卫·米尔曼·斯科特被 NewsEdge 公司从营销部副总的位置上辞退了。他的事业因此被迫从头开始。但是，他也因此彻底改变了自己的形象——我怀疑他的形象改革仍在进行中。所有用来描述他的词——畅销书作者、最高盈利博客博主和演说主讲人，都是在他丢了那份工作后得到的。

本书中提到的很多人都有类似的情况。安东尼·帕瑞尼罗、麦特·海因茨、蒂伯·山托、琳达·理查森、丹·瓦尔德施密特以及其他很多人，都不仅仅因其本职工作而出名，他们业绩火爆的博客也是他们声名远扬的原因。任何一位 CEO 都不会拒绝他们打来的电话，因为他明白这个电话会为自己带来收益，甚至可能是全新的战略性优势。

“无畏生活”博客的作者托德·施内克则另辟捷径，他利用自己制作的系列播客采访 CEO，而他总是想找谁就能找到谁。他的方法很简单，他会给对方打一个简短的电话：“我对你公司的业务很感兴趣，我希望给你一个机会，让你为我的观众讲述你的经历。”他打电话过去的时候，高管的助理一定会尽全力让他能与他们的老板亲自交谈。等他们做好了采访，他们已经花了整整一小时来建立友谊。从那一刻起，他们就已经建立了联系。

汤姆·瑟西把这个做法再向前迈出了一步。他会给商界要人的采访录音，然后记录成文字，这样一来，它可以作为写书的素材，出版的书还能用来赠送给被采访的 CEO。

所有这些人都有一个关键的共同点：他们都为扩大自己事业的规模而投入了难以想象的精力。在这个过程中，他们也彻底擦亮了自己，让自己成为熠熠生辉的重要人物。

## 你越重要，其他人就越想找你

你越重要，其他人就越想找你，你的拜访工作自然也会事半功倍。

让自己摇身一变成为重要人物，本身就是你拜访活动的一部分。你越重要，就能吸引越多的人，同时也能带来你本来不知道的商机。

虽然如此，你也不应该放弃主动拜访他人的工作。你必须海阔天空地走你自己制定的航线，与自己希望拜访的人保持联系。你需要有一份能让 CEO 说“啊，接到你的电话真荣幸！”的重要人士声明。它能让你更接近自己的目标，能帮助你在事业和商界飞速发展。在你变成重要人物的过程中，你付出的一切努力都不会白费，它将是你未来事业中始终取之不尽的宝库。

## 本章要点

※ 制作一份简洁的、25 个字以内的重要人士声明，它能决定你拜访活动的成败。

※ 重要人士声明能将你迅速提升到与 CEO 及其他重要人士同等的地位。

※ 你需要让自己的重要人士声明掷地有声，让 CEO 在当晚就向自己的伴侣吹嘘你这位名人曾打电话给他。

※ 如果不能建立平起平坐的商业关系，你和目标高管取得联系的机会就会陡然降低，之后即使你能得到后续电话交谈或面谈的机会，成功率也非常有限。

※ 幸运的是，能让你摇身一变成为重要人物的方法都是触手可及的。

※ 提高知名度有一些非常有效的方法，比如写博客或主持网络广播节目等，这都能让目标高管有机会为你的观众讲述他们自己的经历。

※ 加入慈善机构不但能大幅度地提高你的地位，而且能真正为社会做一些贡献。

※ 让自己成为一位可信任的提供信息、情报和内行经验的人，能起到无可比拟的作用，能让你与你 100 位最佳名单上的人取得更深厚的联系。

※ 让自己变成重要人物，通常是一个重新发现并加固你名望及事业的过程。

“女士们先生们，我们的意思就是寻找一个商机，然后拼命做营销。我个人比较喜欢从这块儿做起。”

第五章

# 建立 100 位最佳战略伙伴

讲到现在，我们的任务应该已经越来越清晰了。一场执行得天衣无缝的销售拜访活动，能够改变你事业或生意的规模。你已经逐渐变成一位客户网广泛、势力强大的人：一位重要人物。你即将在生命中创造惊天动地的突破，你将要做成你本来以为是天方夜谭的事情。

但是，首先，你必须仔细地考虑清楚一个问题：手中掌握着你的未来业绩的人究竟是谁？如果你是销售人员，你或许已经写好了一系列有名有姓的客户。看来，你那份写了 100 位最佳未来客户的作业已经完成了。可是，这真的就足够了吗？在你的工作领域中，是否还有一些有高价值的未来客户还没有写进你的名单里？你是否有自主能力，可以在自己的工作范围内向更深处挖掘，从而找出更多商机？你是否可以自由地与别人建立关系，从而引申出让他们把你推荐给别人的机会？

如果你还没有想好一组有名有姓的重要未来客户，那么你现在应该考虑清楚，谁应该接受你强大的拜访活动。我自己的名单上总是会包含一些直销人员、战略性的盟友和几张意外牌。这是 100 位最佳未来客户和 100 位最佳战略伙伴名单的混合体，还在名单上加了些恶作剧。

NoWait 公司是一家高新科技公司，最近为了推出他们的餐馆用软件，他们曾设计了一次精彩绝伦的拜访活动。这次活动的内容是送给每位接收人一台 iPad，上面存了一段视频，是专门为那位接收人准备的。这次活动的成本一共是 3.5 万美元。对于一间新公司来说，这并非小数目——其实，对任何一家公司来说，这都不是小数目。所以，它一定得物有所值才行。你一定能看出选择接收人名单对他们这次营销活动的结果有多么至关重要吧？

你要记住，销售拜访的宗旨其实很简单。有这么为数不多的一小组人，如果他们能成为你的客户或你战略上的合作伙伴，他们就能让你的企业飞黄腾达。NoWait 公司把他们的目标瞄准在了 20 间规模最大的连锁餐馆和有特许经营权的餐馆的 CEO、财务总监和运营总监身上。他们如此制定策略，一部分原因是为了弄清楚一家公司中究竟谁最愿意接受他们的做法。他们那次营销活动的结果表明，运营总监才是他们最好的目标。现在，他们的生意蒸蒸日上，在全国范围内的好几家连锁餐馆已经开始准备引进他们的软件了。这是个非常好的开端，而它能取得这样的成果，其实只因为他们拜访了 35 位精心挑选出来的人。

> “有这么为数不多的一小组人，如果他们能成为你的客户或你战略上的合作伙伴，他们就能让你的企业飞黄腾达。”

随着时间的推移，我自己的名单也在不断地改变。我去除了其中一些不再适合的名字。之所以从名单上去除这些人，是因为他们已经变成了我的客户或合作伙伴。还有些人之所以被去除，是因为我改变了公司的业务方针。

你会发现，编辑你的 100 位最佳未来客户或 100 位最佳战略伙伴名单，其实是件非常鼓舞人心、振作自己精神的工作，而且它会持续不断地进化衍生。刚开始你可能会觉得举步维艰，但你很快就会看清楚它的本质：这是一个能让你几乎想拜访谁就能拜访谁的机会。你可以在单子上写上任何人的名字，不要担心他们是否看起来遥不可及。你本来也是打算去完成一项不可能完成的任务。

## 拜访有限的几位梦想客户和梦想伙伴

上述例子中那间高新科技公司从起步开始就干得出类拔萃，但这仅仅是他们万里长征的第一步。在他们拜访了第一轮的 35 人后，他们意识到今后的努力应该集中在大连锁店的运营总监身上。他们同时也学习到，对有特许经营权的餐馆来说，针对准特许授权者远比针对每位特许经营商更有效果。

现在，他们需要让这份名单进化衍生并发展壮大。他们需要分辨出哪些连锁餐馆和有特许经营权的餐馆，才能让他们的受益基数以最快的速度上涨。但他们不能两眼一抹黑地向北美最大的 50 家连锁餐馆发起进攻，因为其中的一些公司如麦当劳、汉堡王、温蒂汉堡等，显然不需要软件帮自己的客户预订座位和管理空座位。

这个名单需要精心安排，才能代表他们公司核心的市场机会。他们的推销员会逐渐增加，他们的新拜访活动也会与第一轮一样效果非凡。尽管如此，公司的工作只是刚刚展开。等最高级别的连锁店和有特许经营权的餐馆的运营总监都被联系后，他们就要继续寻找新的效益来源。所有运营总监是否都回应了他们的营销活动？他们需要再尝试联络一下那些尚未回应的运营总监。这一次，他们需要提醒对方：你们已经被甩在后面了，你们的竞争对手已经购买了软件。也许他们需要把这些公司的 CEO 也加在名单上。而已经成为客户的运营总监就可以从这个名单中去除，转到保持联络的名单上去。

此外，那些经特许授权者推荐的特许经营商做得如何？他们都开始使用软件了吗？也许没有。那么公司不能忽视这些商机，一定要改进拜访策略。他们应该去拜访所有的特许经营商。然而，要想对几千家特许经营商展开拜访活动，未免太不切实际了。那么，公司是不是还有别的方法呢？他们能不能与这些特许经营商中的某几位思想领袖级人物建立紧密的关系呢？这无疑会有事半功倍的效果。公司可以在这群人中精心挑选出几位公司产品的支持者，让他们大幅度地帮助公司向其他所有特许经营商宣传。

此外，是否还有一些特许授权者尚未回应呢？公司也应该再尝试拜访他们，并提醒他们，如果他们再不行动，或许就要落在别人后面了。

然后重复后续整个步骤。

销售拜访并不是要你去拜访所有人，而是要你去接触有限的几个人，也就是能让你付出的努力得到最大收获的那几个人。他们是你的业绩翻倍器。每一位运营总监和特许授权者都有着让你出售几百套甚至几千套公司软件系统的机会。随着公司规模的增大，当它有资源能够做到单独销售时，销售拜访就不再适用了，应该出场的是其他营销形式及直复营销。

> “销售拜访并不是要你去拜访所有人，而是要你去接触有限的几个人，也就是能让你付出的努力得到最大收获的那几个人。”

不过，这家公司的拜访工作还远远没有结束。在他们寻找直接销售机会的同时，他们也要开始寻找有战略意义的合作伙伴，帮助公司开辟新的销售渠道。餐馆的主要供应链中都有哪些公司？如何能与他们建立起合作伙伴关系？哪家非竞争对手软件公司在同一个市场中拥有更大的渗透率？公司是否能发掘这位合作伙伴，制造双赢，让自己的渗透率在一夜之间翻倍？在这些情况下，公司仍然需要开展拜访活动，以直接深入这些公司的最高层去建立关系。

那么，到这时你的工作就结束了吗？当然没有。我们这个例子中的产品是软件，能否让用户理解软件的功用，是决定一家软件公司成败的关键。与生活中的许多其他方面一样，世界上总是有一小组人有能力极大地扩展公司付出的努力。他们或许是美食博主、新闻媒体人、烹饪节目主持人和制片人，或是科技潮流的思想领袖。所有这些人都能大幅度地提高客户对软件的接受度和参与度。可以想见，这会如何改变那些一直抗拒这套软件系统的连锁餐馆和有特许经营权的餐馆，它们可能会因此改善对这套软件的印象。继续抗拒只会对它们自己不利。所以，这是再次开展拜访活动来与他们取得联系的最佳时机。此外，当公司再为其他市场推出一款新软件时，你想他们是不是应该运用拜访活动来展开营销策略呢？

这件事情的关键在于，无论在什么情况下，总会有一小组核心人物能大幅度提升你的成就：他们是你的业绩翻倍器，他们能带给你大额订单，而且能让更多大额订单触手可及。引用《无敌销售团队》的作者切特·霍姆斯的口头禅说就是这些人是你的“梦想客户”。无论何时何地，你都应该记住他们的名字，并经常修改这份名单：已经成为客户的人可以去除，换上全新的未来客户与机会。另外，当你转变商务主打方向的时候，也要相应地改变名单上的成员。

每家公司编写名单的方式也各有不同。上述这家软件公司之所以采取这个营销策略，是因为对他们来说，每张订单都代表着大量餐馆，而每家餐馆都有可能带来至少一万美元的销售额。而其他公司的产品，销售额也许能达到几百万美元，那些公司无疑会更愿意使用销售拜访的方法去拜访每一位有价值的未来客户。

我希望你能明白的一件重要的事情是，在准备好你那独一无二的100位最佳未来客户和100位最佳战略伙伴名单后，你要时刻对上面的人名了如指掌。即便你始终不曾使用销售拜访策略做你的营销，但是，了解这些人，掌握拜访他们的方法，对你一定是有百利而无一害。

## 100位最佳未来客户、100位最佳战略伙伴和100位最佳保持拜访客户名单

寻找那些能帮你的业绩翻倍，能直接反映你的营销策略的人。如果你是销售人员，就要坚持不懈地倾注精力来建立有高价值的新客户关系。如果你的团队中有10个人在这样做，你们就能创造出100个普通销售人员的业绩，因为他们紧紧地瞄准了能让自己的业绩翻倍的人。如果你能经常拜访到有高价值的公司中最高层的经理，并能与任何你需要的人联系上，那么你对公司的重要性自然也就成倍地增长了。

作为销售人员，你需要有一份明确的100位最佳战略伙伴名单。这份名单中也许不到100个人，它可以少一点，但不应该超过100个人。把名单定在100位或更少的成员，是为了能让你集中精力瞄准名单中那些

最有效的业绩翻倍器，这也会降低整个营销活动的成本，不至于让你难以承受。

同样，总监级高管和企业家们也应该制定一些拜访策略，不过他们的任务要更复杂一些。CEO 的责任本来就包括与同人保持密切联系，他们客户网的质量会直接影响他们对企业的贡献。当一个新麻烦出现，或一个好机会需要抓住的时候，他们需要能与相关人士熟悉到可以直接抓起电话找到他们，并迅速达成共识。他们应该有分布在各行各业的盟友、支持者与追随者，使有战略意义的行动进行得更迅速敏捷。他们需要联系一些人，或者帮助这些人开拓通道，或者在进行重要任务中帮助这些人辨别市场、品味、流行趋势、控制因素的发展趋势以及如何在一切变化中占据优势。所有总监级高管和企业家始终都不会忘记自己的职责就是推销自己的公司。

因此，他们必须精心挑选出来一份 100 位最佳战略伙伴名单。他们的拜访活动也应该反映自己高瞻远瞩的工作任务。无论用何种方式联系，都要反映出一位 CEO 的气派。你不仅应该仔细考虑其中的每一个细节，还要让对方明白，能在 100 位最佳保持拜访客户名单中占有一席之地是多么高的殊荣。这封信应该是亲手写在专门定做的带烫金字的卡片或信纸上。至于你公司的品牌，应该要么以高雅的方式直白地显示，要么根本不显示。在如此高端的活动中，你的主要目的已经不是推销品牌，而是建立客户关系——人与人之间的、同级与同级间的。企业会因此而更加强壮。

除了制作一份 100 位最佳未来客户和 100 位最佳战略伙伴名单，你还应当制作一份 100 位最佳保持拜访客户的名单。哪些人为公司的销售及营销工作贡献最大？哪些人在无偿帮助你推广品牌，并向其他人推荐你并说服他们来找你？哪些是前100位曾经帮助你业绩翻倍的人？哪些人不仅是你的最佳客户，而且还会经常对别人赞扬你和你的公司？这些人都需要你用拜访策略保持联系。

如果你是销售人员，显然你应该持续地向你的最佳客户表示感谢。但是，你应该考虑让自己变成一个可信赖的信息及情报来源。赠送普通礼盒固然是保持联络的最基本方式，但如果你能花一些心思，让你的礼物能帮助客户高瞻远瞩，你的工作就会更有效。你越能帮助你的客户成功，你就会变得越成功。

如果你是制定战略的总监级高管和老板，那么，你应该时刻与自己的顶级客户及行业影响者保持联系。同样，你与他们保持联系的策略应该基于为他们提供价值。不过，提供价值有很多不同的形式。为客户提供优质文章固然有益，但你需要想到，身居高位的人士自己也有许多渠道获得信息。你的策略中的真正关注点，应该在于能给名单上的每位人士提供有针对性的价值。你是否拥有自己的博客？如果有，你可以把重要联系人写进你的博文中，并去采访他们，去熟悉他们，邀请他们以客座演讲等形式加入你的营销活动。或者你可以在合适的时机，把有价值的文章转发给他们。而最好的一个方法是，你可以雇佣销售公关公司，让他们把最新颖的思想、方法和机会源源不断地输送给你。你会发现这些工作将会对你未来的事业非常有价值。

## 花一点时间研究名单上的每一位客户

在你前进的道路上，即便你不准备采用销售拜访的方式，有一件事仍是显而易见的：你一定要明确地知道哪些人、公司或组织能给你的生意或事业带来翻天覆地的变化。无论你把他们写在100位最佳未来客户名单或100位最佳保持拜访客户名单上，他们都代表着通向你至高成就的最快捷径。

也许你根本不认识这些目标客户。那么，你要如何与他们熟悉起来呢？我们会在下一章详细讨论这个问题，我们将研究如何识别合适的人选，搜索有用的信息，并给他们编辑档案造册。你名单中的很多人，也会成为你生命中的重要人物。所以，你应该花一点时间研究他们。更重要的是，你应该好好研究自己如何能为他们的生活、事业和公司提供价值。

在本章开头，我说过你应该在创建目标客户名单时带一点恶作剧。我自己的名单就是一个生动的例子。

几年前，我决定把我高中时代的一个梦想拍成一部电影。因为很多电影、杂志和广告中都会出现北欧模特，我当年的梦想是去结识一位这样的美女。我之前从来没有拍过电影，我计划的第一步是找一位编剧，然后我们带上录像机造访北欧某国，拍些当地的人物风情，也许还要采访一些模特和演员。拍摄的录像不仅可以用来作为电影募款的样片，也能让我看看自己当年的幻想是否靠谱。

于是，我雇来了莫里斯·里奇林——奥斯卡金像奖得主、电影《粉红豹》的编剧撰写了剧本，然后订好飞往哥本哈根的机票。但是，就在我准备起程之际，我偶然注意到了一份杂志上的一位模特，我立刻就被她深深吸引了。我想：如果我能把这个幻想变成事实，她就是我希望能娶回家来的女孩。于是，我立刻跑出去弄到了她的名字和联系方式。

现在，你或许意识到我这个故事与销售拜访的关系了吧？

通过杂志社，我联系到了拍照片的摄影师，他把她的联系方式转给了我。她就住在哥本哈根，于是我改签了机票。而后来发生的事情就是，我结识了我未来的妻子。由于我有正当的理由去拜访她——我希望邀请她做我的采访对象，所以这一切才能够发生。我发现，让重要人物接受你的采访是一种法力强大的拜访方式。

我很崇尚古灵精怪的思维，这一向是我编辑100位最佳战略伙伴的重要部分。在写下了直复营销和商业开发机会的目标客户后，我总是会加一点点妙趣横生和“绝无可能”的人。如果你愿意以同样的态度组织自己的名单，也会彻底地改变你的工作方式。毕竟，你很快就会有搞定任何人的能力了。这是一件威力强大的武器，你一定要小心瞄准，才能让它载你去你想去的地方。

## 本章要点

※ 销售拜访是件威力强大的工具，但一定要针对合适的人才行。

※ 你必须小心地考虑好，谁才有资格在你的 100 位最佳未来客户和 100 位最佳战略伙伴名单上占有一席之地。

※ 你名单上的人应该能让你的业绩翻倍：要么能让你赢得更高的销售额，要么能让你接触到更广泛的机会。

※ 你的 100 位最佳战略伙伴应该针对那些有最高价值的未来客户。

※ 你的 100 位最佳战略伙伴名单要包括能帮助企业和市场增长威望的人。

※ 你的拜访策略中还应该有一份 100 位最佳保持拜访客户名单，包括你前 100 位现有的客户和热心帮助你推广品牌的人。

※ 名单上不到 100 个人是可以的，但无论如何都不能超过 100 个人。

※ 你的名单应该随着你与新目标客户成功建立联系或你改变事业方向而不断地更新。

※ 销售拜访并不仅仅是适合销售人员使用的工具，它对 CEO、总监级高管和企业老板也同样重要。

※ 去了解你名单上的人，寻找能持续地给他们提供高价值的方法，是一件至关重要的事。

“到目前为止，在我们寻找智慧生物的工作中，有两次是虚惊一场，还有一次只找到了一个从新泽西州来的名叫鲍伯的家伙……”

第六章

# 了解客户：拜访前要搜集基本的“情报”

我们的任务是帮你掌握搞定任何人这一能力来改变你的生活。在前一章，我们迈出了行动的第一步，也就是列出你的重要人物名单。请你多花一些心思，谨慎考虑好这 100 名幸运者是谁。你的行动应该充满自信，因为你知道自己的名单会随着你的进程，即得到新客户、签订新合同、建立起重要的新关系，而不断地衍生变化。你要精益求精地组织一套最完美的目标客户名单。

幸运的是，我们正处于信息时代，一切情报都在你触手可及的地方。这些资源中很多都是免费的，有一些需要成本，还有一些虽然是提供收费服务，但它们仍会敞开大门，为你免费提供一些重要的信息。

研究你的目标客户有多层重要性，使用销售 2.0 或社交媒体销售的人士都认为，两眼一抹黑地走进未来客户的办公室，完全不了解他们的工作、面临的困难、热情和兴趣，以及所有这一切是如何相辅相成的，这种销售方式早已经落伍了。在当今社会，你已经没有借口不了解你要去拜访的人、他们正在关注的事，以及你即将带给他们的利益会如何配合他们的工作。假如你没有这些问题的答案，那么你就不配走进你目标客户的生活，也不配占用他们的几分钟时间。

幸运的是，回答这些问题其实非常容易。你应该做好自己的功课，给你的每位拜访目标准备一份资料档案，在社交媒体上与他们互动，在认识他们之前就对他们有初步的了解。

## 拜访之前先深入挖掘客户的信息

每当我在名单上添一个新名字后，我做的第一件工作，就是制作一份表格。销售拜访活动展开后，我需要随时查找所有客户的信息。所以，我的工作由搜集基本信息开始：他们的姓和名的正确拼法，他们的职位名称，他们公司名字的正确拼法，他们公司的地址、电话、电子邮箱，以及他们在社交媒体上使用的用户名。你应该把这些都收集起来，并证实每一样都准确无误，因为它们将是你拜访活动的基石。

接下来，我需要了解每位目标客户的所有信息。我使用两种基本工具来做这项工作：网络搜索和 Charlie 软件。你只要简单地搜索一下未来客户的公司和事业，通常就会得到数量惊人的资料。他们在领英网上的简介通常都在搜索结果的最前方。你应该收集领英网上的信息，记下他们是在哪里读的大学本科和研究生、他们以前服务过的公司，以及他们的升职经历。如果他们的简介中附有照片，你应该把它下载下来，标上他们的名字，存入合适的文件夹中以备后用。

搜索与目标客户相关的新闻，从那里你能开始了解他们目前的困难、成就以及关注的焦点。《锋利的对话》、“丹·瓦尔德施密特”博客的作者丹·瓦尔德施密特，会抱着斗士般的顽强精神做这份工作。他搜索每日的新闻，在里面寻找未达到预期盈利目标或陷入危机的公司。因为瓦尔德施密特除了写博客，还是首屈一指的商务诊断专家，专门帮助公司扭亏为盈。他每天都以这种方式为他的100位最佳战略伙伴名单搜索新人。

你应该在社交媒体上链接你的每一位目标客户：领英网以履历表格形式记录了他们的生平，以及他们的客户关系网；推特能告诉你，你的目标客户在说什么，他们感兴趣的是哪一类消息，他们在乎什么，这都能指导你应该策划怎样的接触方式。脸书、谷歌+和品趣志则以图片的形式显示他们关心的事物、他们的业余爱好等。

你挖掘信息的深度与你拜访活动的方向有关。某些类型的拜访活动需要你详细地了解每位目标客户的信息，而其他类型的拜访活动也许不必。

我曾经有一位做网络安保服务的客户。有一段时间，似乎全国到处都在发布黑客袭击网络的消息。每一次信息泄露，对一个品牌来说无疑都是毁灭性的灾难。塔吉特商店、家得宝商店、大型银行等，几乎每天都会有新消息爆出：又一家公司的信息被泄露了。塔吉特用户的信息被泄后，公司利润在一夜之间就降低了46%。①

不必做太多研究，我们也能想象各大公司的信息总监和安保总监此刻都在惴惴不安地警惕搜索，唯恐他们公司的资料会遭泄露，荣登第二天新闻的头条。

在这种情况下，我们与这些拜访对象的谈话内容是完全相同的，都是探讨资料泄露的危险性，因此，我们的拜访方式不必做得太个人化。我们明白他们都不想上新闻，至少不愿意上负面新闻，我们也明白我的

① 保罗·兹奥布罗，《华尔街日报》2014年2月26日："数据泄露致使目标客户盈利下滑46%。"

客户有解决的办法。当我的客户的销售人员跑去敲他们的大门时，我们早已知道那些信息总监关注的焦点在哪里，而这与他们的业余爱好或最喜欢的慈善机构毫无关系——我的客户的产品事关他们公司的生死存亡。

尽管如此，在接触客户之前做些功课，了解他们，仍对你有百利而无一害。毕竟他们都是人，而这件工作的实质终究还是要建立人与人的关系。

> “你挖掘信息的深度与你拜访活动的方向有关。某些类型的拜访活动需要你了解每位目标客户的信息，而其他类型的拜访活动也许不必。……在接触客户之前做些功课，了解他们，仍对你有百利而无一害。毕竟他们都是人，而这件工作的实质终究还是要建立人与人的关系。”

在某些情况下，你会遇到麻烦，比如你的目标客户的名字非常普通，很难搜索，或他们不爱光顾社交媒体。这会增加你工作的困难度，但其实你仍有别的方法寻找需要的资料。你可以试试一些简单的方法，比如把人名与公司名放在一起搜索，或把公司名和职务名放在一起搜索，应该能给你提供有效的结果。

这或许是拜访工作中最烦琐无味的一部分，但做好这一步对你来说非常关键。正如一栋房子，如果地基不结实、不工整，那么整栋房子就肯定只会越盖越歪。

## 哪些信息源是有用的

基本上说，搜集情报并不算难事。你偶尔需要从多个信息源收集信息。以下这些工具能让你的工作更容易。

### 谷歌

这里说的“谷歌”其实泛指所有的网络搜索器。我最喜欢用的是谷歌和必应。到了今日，或许已经没人不知道它们是做什么用的。当然，正如我刚刚举的例子，有时候你不见得能轻松地搜索到自己要找的人。你的搜索能带来基本信息：对方名字的正确拼法，他们职务的名称，他们公司的名称，它的邮寄方式和办公室地址，等等。你甚至也许能找到一张能协助拜访活动、清楚而干净的大头照。你应该把搜索到的信息整理好，下载到一个条理分明的文档系统中，以便日后能方便地读取。谷歌搜索还能帮你找到下面几种信息源。

### 领英网

谷歌搜索的结果基本都会包括目标客户的领英网页，你也可以直接去领英网上搜索。你可以去看看目标客户的简介，不过，除非你是经目标高管的熟人推荐，否则我不建议你通过领英网与他们联系。你要留意是否与他们有共同的客户关系网，领英网会把这条信息显示在网页简介的右侧。你可以记下他们简介的内容，这能让你对他们过去及现在的职位、责任和工作史有一个简洁、总体的概念。由于人们往往不经常改动这个平台上的简介，所以你不一定能找到最新的资料，但这是个很好的起点，也是协助拜访活动的好工具。

## 推特

如果你使用过推特，那么你或许已经知道推特提供的信息固然题材广泛，但也杂乱无章：既有目标高管的业余爱好，也有他们最喜欢的慈善机构，还包括让他们觉得有用而转发的文章。你应该仔细记下这些信息，因为这是了解他们思维方式的入口。在推特上建立链接，远比在领英网上要随便得多，所以你尽可以立即跟随他们。这样一来，你不但能加入他们的关系网，还能持续地接到他们的推文。更好的是，这能让你以喜欢的转发推文的方式加入他们的讨论，而不会给人咄咄逼人的印象。我们在后面还会再讨论这个话题，现在你只要记住，推特是一种基本工具，能帮助你结识并链接目标客户，并展开“接触前”阶段的活动就可以了。

## hoovers.com

这个网站的服务是提供传统的公司资料，很适合用来收集基本的、正确的拜访信息。在这个网站提供的免费服务中，你能找到每家公司的全名及总部的地址，都是经过核实确凿无误的。等你付费后还能获得更多资料，比如重要高管和职员的姓名、电子邮件地址及职位名称。每当我需要这类资料时，我会用这样的搜索词：“××公司总部 hoovers”，这样一来，搜索结果中总会有我需要的资料，也就是 Hoovers 网站提供的公司总部简介。

## data.com，jigsaw.com 及其他

这些网站都提供付费服务，也都非常出色。如果你的预算充足，能付费使用这类网站，我建议你去尝试一下。不过，它们与 hoovers.com 不同，没有能显示公司基本信息的免费区。

### 查理

这是个非常有意思的资料源，它能帮你查找资料，但只限于出现在你的日志上的人。当你用谷歌日志或其他日志约好一次电话会议后，查理软件就会搜索网络，在会议那天的日志里为你准备好与会人员的资料。这些资料包括从对方的网络简介中拷贝下来的信息，也就是他们为自己写好的简介；还有从各个媒体收集来的相关新闻。查理是个神奇的工具，能让你轻易、方便地了解你的目标客户。

### WHOIS

最近以来，有些公司开始不再在网页上公布信息。当你发现查不到某家公司的老板，甚至无法查到他的名字的时候，也许 WHOIS 能帮助你搜索到。这个服务对于《财富》500 强公司或《Inc.》5000 强公司是无效的，因为它不会显示总监级高管的信息。但是，它也许能帮助你查找私有公司老板的信息。netsol.com，godaddy.com，以及其他域名注册公司在主页上就有 WHOIS 服务的链接，使用起来也非常方便。有时候，域名主人会使用隐私服务屏蔽他们的注册信息。在这种情况下，geektools.com 的 WHOIS 搜索引擎似乎总是能提供最好的结果，因为它似乎比其他的搜索引擎更高级一些。

### 目标高管的网站

现在的网站设计五花八门，不尽相同。因此，有时你会在网站上找到有用的资料，有时则只会浪费时间。设计周到的网站上会有一页专门介绍“高管团队”，通常会包括他们的大头照、生平、职责范围，以及他们的正式职务名称和名字拼写法。即使你的目标客户不是某家公司的CEO，你仍应该去访问那一页，记录下所有高管和其他可能涉及的利益相关者的信息。因为了解你拜访目标的上司、同事和下属，能有效地帮助你策划自己的接触方法。

## 研究目标客户的个性

你的销售拜访工作做到了建立名单这一步，现在我希望你能意识到，这其实不是一件无聊的工作，也不是一件非要你埋头苦干后才能换来甘霖的工作。在这里，你会树立起对未来的展望。选择你在拜访活动中的目标，其实很像选择做菜的原材料，你即将用它们烹饪出一道精彩绝伦的菜肴，让你的生活脱胎换骨。

所以，当你把重要人物一个接一个地写在你的名单上时，你一定要周密斟酌。你要加上以前做梦都不敢想去合作的高管。你要用自己的最佳客户及有战略意义的合作伙伴组成一份精彩的名单。但是，接下来你应该再加几位能为你带来意外结果的人，让他们为你的生活增加几道令人振奋的新层面。

从我创建公司伊始，我意识到自己需要扩展公司提供的服务，增加其他漫画家的作品，于是我拜访了很多世界顶尖的漫画家。现在，加恩·威尔逊、里奥·卡勒姆、埃尔登·德迪尼、鲍伯·曼科夫和阿诺德·莱文这些人不仅仅是我的商业伙伴，他们以前和现在都是我心目中最伟大的榜样。能与他们合作，能称他们为朋友，是我多年的事业中最灿烂夺目、给我最多愉快的部分。多亏了销售拜访，才能够让我联系到他们每一个人。

当你谨慎地挑选好自己的100位最佳未来客户或100位最佳战略伙伴名单后，你就会发现自己的生活在朝着出乎意料的美好方向发展。在这条路途中，你会遇到新的终生挚交，并会签署原来无法获得的合同。

达到这一步并非难事，前提是你曾仔细地考虑过名单上应该有谁，以及他们有什么样的个性。在彻底了解自己的重要目标客户之前，你不应该对他们展开拜访活动，否则你的拜访工作将无法达到预期的效果。

这些人是你的重要人物，他们是带你步入成功的新团队。在联系他们之前，你对他们了解得越多，你工作中的每一步进程就会越有效果。

## 本章要点

※ 在接触你的拜访目标之前，一定要先对他们做一些了解。

※ 在当今的环境里，两眼一抹黑地走进未来客户的办公室，完全不了解他们的工作、他们面临的困难、他们的热情和兴趣，以及所有这一切是如何相辅相成的，这种销售方式早已经落伍了。

※ 有了网络和社交媒体，搜索信息已经变得非常容易。

※ 你应该使用触手可及的工具来搜索资料，从基本拜访信息开始。

※ 在某些社交媒体上的拜访工作可以在“接触前”阶段就展开，其他的则不行。

※ 搜集拜访目标的基本资料，与盖房子搭地基是同一个道理：如果地基不结实、不工整，那么整栋房子就肯定只会越盖越歪。

※ 网络是好几个重要信息源的入口，而且大多数网站都免费提供资料。

※ 你的重要人物名单里的成员，应当是对你本人重要的人，他们应该对你的目标客户有重要性和相关性。

※ 了解你的目标客户非常重要，因为你的目的是与他们建立实在的、坚固的、重要的关系。

※ 你必须在接触之前对目标客户有所了解，因为你与他们接触的机会可能只有短短的几分钟。

SALES
VISITING

第二篇

# 有创意的拜访，客户不会拒绝

“你们卖不卖无线遥控的高尔夫球？”

第七章

# 制造噱头不是最有价值的销售

在本书的导言中，我曾讲过自己步入销售行业的经历，这也是我写本书的灵感来源。通过使用我的漫画作品，我发现自己能搞定任何人。但是，我对这个课题思考得越多就越发现，有很多人都面临着这样的难题，他们也都使用过类似的方法搞定了重要的人。

我接触的人越多，就越为他们的精彩策略折服。他们的销售拜访策略既显出他们胆识过人又别出心裁，实在让人叹为观止。我发现，能创造 100% 回应率和超过 10000% 投资回报率的其实并不只有我一个人。

当我决定写一本关于销售拜访的书时，我认为它不可避免地必须带有包容性与合作性。于是，我开始搜索自己能找到的最精彩的销售拜访例子。为了达到这个目标，我采访了当今的许多思想领袖级销售人士，他们都慷慨地与我分享他们的绝妙策略。他们往往会在采访开始时谦逊地说:“其实我做的事不怎么高明呢。”然而，他们接下来讲的故事里，充满了精妙绝伦、让人佩服得五体投地的手法，这让他们搞定了需要搞定的重要人物。

我的所有采访对象都异口同声地表达了一种态度，而我也全心全意地赞同，那就是成功不会来自噱头和花哨的推销手法。

客观地说，有些噱头手法确实能帮你联系上那些非常难接触的人，有些甚至能帮你做成生意。但我认为，你接触重要人物时使用的方式，能直接反映你品牌的质量，而我显然不认为噱头能代表我的个性或我能为客户送去的价值。因此，虽然我对一些包含噱头的推销手法非常佩服，但我非常肯定它们在销售工作中并无立足之地。

有人也许会以为，接下来这一部分的内容是销售拜访的核心与实质，这其实是错误的。我希望你不要把本章当作由一系列例子组成的菜单，你原封不动地照搬过去也会得到同样的效果。我在本书中对它们详加解释的用意，不是让你模仿这些销售者的策略，而是希望他们的创造力能激发你的思考，让你创造自己别出心裁的拜访方法。与其他营销方式一样，其中的关键不在于你该如何模仿他人的手法，而是让你从最为精妙的事例中获得灵感，然后运用自己独一无二的创造力，打造自己独一无二的未来。

## 不是抄袭：销售拜访必须打造独特的个性

你还记得20世纪90年代初那个“要喝牛奶吗”的广告吗？这是个非常巧妙的营销活动，一面世就造成了轰动。这场营销活动由多张海报广告组成，上面是各种类型的名人，他们的上唇上挂着一条牛奶形成的小白胡子，仿佛他们刚刚喝了一大杯牛奶，下面写着几个大字：“要喝牛奶吗？”这些广告让大众觉得喝牛奶是很酷的行为，它非常有效地提高了牛奶的销量。如果你初入广告业，你可能会想，只要能抄袭这句口号，把“牛奶”换成自己的产品，就能制作出一鸣惊人的广告。然而，当你看到广告牌、T 恤衫、卡车侧面写满了“有垃圾吗”“有橘子吗”“有冰箱吗”之类的广告词时，你还觉得这些营销人的做法很聪明吗？

在我看来，这些手法都是在说：“我们毫无创造力，这是我们能想出的最好主意。”我们的市场中有多少空位能接受无休无止的“有［填空］吗”广告呢？一丝一毫都没有。抄袭也许是最诚恳的奉承，可惜它绝不会帮你打造独特的品牌和个性。

> “抄袭也许是最诚恳的奉承，可惜它绝不会帮你打造独特的品牌和个性。”

我还要强调，以下的名单并不完整。这只是我做的研究，记录了迄今为止我知道的所有营销故事，它是为今日市场拍的一张快照，仅仅记录了一个开始。在本书的结尾，我提供了自己的联系方法，希望你愿意把自己销售拜访的经历和策略讲给我听。当然，最好的方法是收听我的销售拜访广播节目，这是我每周一次的网络电台节目和播客，我将在这个空间中继续我的策略发掘工作。我希望你也能加入我们的交谈，分享我们的乐趣。

## 成本度量标准：明确了解目标客户的价值

虽然以下例子中营销人思路之精彩与他们的胆识，总是让我赞不绝口，然而一次拜访活动真正让人叹为观止之处，在于它取得的度量标准。这里每个方法中每项工作的成本，都能让你看出它们背后的思路是多么地开阔和灵活。

而其中最让人拍案叫绝的是一些方法根本无须成本——它只是需要你的一点儿时间而已。也就是说，这是一件任何人都能做到的事。任何人都能做销售拜访，这一点几乎与其他所有形式的营销工作截然不同。坦白地说，其他营销方式中没有一种是免费的。不过，这无疑让计算投资回报率变得困难，因为任何数字除以0后，都是无限大。当然，唯一重要的事情是，如果你用0成本创造了大量收入，那么你做的事情一定是非同凡响的。我们只要明白自己得到了“无限大”的投资回报率，然后脸上露出一丝得意的笑容就足够了。

尽管如此，能造成深刻印象的营销活动往往会涉及一定数量的成本。有时，平均到每位目标客户身上后，甚至是让人大吃一惊的数字。因此，当你在做这类决定时，一定要明确地了解每位目标客户的价值。如果你希望以几百万美元的价格出售你的公司，那么花一万美元成本，让对口的买方介入或刺激多家买方互相竞价，会让这笔花销物有所值。下面的章节中就有这种手法的实例。

你即将在自己的市场中得到让他人望尘莫及的优势。而有个好消息是，让你达到这个地位并不需要你破费太多，你愿意使用多少成本，就可以使用多少成本。

“你即将在自己的市场中得到让他人望尘莫及的优势。而有个好消息是，让你达到这个地位并不需要你破费太多，你愿意使用多少成本，就可以使用多少成本。”

## 定制漫画：营销活动成本不过是打印费和邮寄费

使用为顾客量身定制的漫画，将收信人的名字植入漫画中，是我拜访工作的开端。所以，我希望首先能与大家分享这种方法。在我事业的初期，我想把漫画的惊人效果用在直复营销上，我希望与自己能找到的最大、最高级的客户合作，它们都是大型杂志社和报社：美国时代出版公司、《华尔街日报》、康泰纳仕出版集团、《财富》杂志等。

在我的首次拜访活动中，我把自己的漫画印刷在宽 20 厘米、长 25 厘米的卡纸上，并在其对话文字里植入了每位接收人的名字。漫画的附信里介绍了当时我刚为最初的两位客户做到的成绩，并建议他们试一试同样的服务。这次营销活动打开了我生意的大门。每一家出版社都回信与我联系。之后，每一家出版社都成了我的客户。这些生意带给我几百万美元的价值，而开展这些营销活动，成本不过是 100 美元的打印费和邮寄费。

多年来，我在不断地进化和衍生这一方法。我尝试过制作多种形式的漫画，包括镶裱过的和裱在卡纸上但未镶框的，还使用过特殊尺寸的信封、特制的瓦楞纸盒，等等。所有这些方法中，我最喜欢的一种被我称为“大画板”。它基本上就是一张大号明信片，用室内招牌数字印刷技术打印在宽 45 厘米、长 60 厘米、厚 0.6 厘米的泡沫明信片上，用特快专递邮寄。

大画板的正面会印上一幅漫画，画下方的对话文字里的人名被替换成目标高管的名字。它的背面印着一封给接收人的短信，提议我们应该见面，以及 CEO 为什么应该考虑这样一次见面。信上印着送信人的品牌和接收人的地址，还附带一张描述“扣押物品”的纸条。（扣押物品将在第十四章中详细解释。）在我的销售拜访活动中，扣押物品通常是一本由我签名的漫画集——《又肥又大的美丽脑袋》，作为与我会面的奖励。

大画板是一整套营销系统的一部分。这套系统包括一系列各式各样的卡片，上面都印着植入了接收人姓名的漫画。其他卡片可以用来感谢或拜访高管的助理，或是用在其他的拜访时机及后续工作中。

我发现，这些漫画能为自己的拜访活动带来所向披靡的优势。比如，在我的营销活动中，我会打电话给目标高管的助理，向他们解释说我是《华尔街日报》的漫画家，想送一份漫画的印刷卡给他们的老板。这通常都能引起他们的兴趣，让他们迫不及待地愿意参与。

等大画板被送到后，它往往能激起目标客户的兴致。很多人都给我讲过他们的经历，例如公司的董事长是如何托着大画板走遍各个办公室向下属炫耀，甚至还会与他们一起自拍，再把照片寄给发送方，以表示他们的高兴和谢意。

这种方法最为独特的优点之一，就是漫画常常是有主题的。它们并不是单纯的滑稽的画片，它们是为了表达一种被埋藏在深层的事实。当接收人看到它们的时候，我最希望见到的效果是，他们会笑出来，然后接着说："是的，这很好笑，不过也很有道理。"连他们自己或许都没意识到，当他们说这句话时，我已经让他们认同了我拜访他们的主旨内容。

不过，我需要提醒你，做漫画并不容易，想让它准确而清晰地达到目的则更难。每当我首次与新客户谈话时，见面后他们几乎都会立刻说："你能换换这幅画上的文字吗？"或是说："如何才能把我们的品牌加在里面呢？"把品牌加入漫画中肯定不会成功，因为这会让漫画变得不好笑，也剥夺了会让接收人有受宠若惊感的个人价值。挑选漫画的窍门，是你要仔细考虑漫画揭露的事实，以及它将如何与你希望和接收人展开的话题制造关联。

有一次，我给一份名叫《户外生活》的杂志做一次营销活动，那是一份关于捕猎和钓鱼的杂志。我的朋友里奥·卡勒姆是《纽约客》的漫画家，他画了一幅精彩的漫画，上面是两个人站在一块大石头上钓鱼，一个人手中拎着一条奇大无比的鱼，另一个人说："这看起来像是［加人名］扔回去的。"这幅漫画的反响非常好，杂志社得到的订单几乎是之前销售推广结果的两倍。而我们根本没有在画中谈到应该订阅《户外生活》，也没有提及订阅杂志远比从杂志摊上买便宜得多。如果我们谈及这些话题，那么这幅漫画肯定就不会如此有效了。

假如你希望深入学习如何在营销和其他商务工作中运用漫画，我的书《引人入胜》会非常有用。这本书中包含了我积累了30年的学识，以及价值几百万美元、新颖脱俗的经验。它能教给你所有必要的方法，让这件奥妙无穷的工具协助你的营销活动。

关于漫画大画板，我还要提醒最后一件事。在后面章节中我们会讲到数不胜数的奇妙方法，但让我最为赞叹的仍是这种基于漫画的拜访方式。由于大画板的尺寸过大，无法轻易地摆放在办公室的任何角落，于是它们往往被安置于接收人的矮柜顶上，而且或许是地方不够宽，有些漫画会被歪斜着安放在某个柜子顶上。从它们被放在那里的一刻起，它们就会永远留在那里，而且常常能让去访问CEO的客人问一句："哎，这是从哪儿弄来的？是什么东西？"这就足以让那位大人物一遍又一遍地重复讲述你的故事，而这也让作为营销人的你，拥有了一种完全独一无二、让他人望尘莫及的优势。

好了，关于我的营销策略就谈到这里。接下来让我们来研究一些好东西吧。我为写本书采访了众多专家，以下都是他们在奥妙无穷的拜访活动中掌握的秘密。我们将分四个章节来讨论二十种拜访活动种类。在阅读中，你也许会发现某些拜访活动不能被轻易划分到一个类别中。的确，一些方法不仅仅包含一种元素，而是好几种。有些活动的成本可能很少甚至是0，其他的活动则可能很高——比如送礼物、社会活动，或是在《华尔街日报》上刊登整版广告，甚至可能是一只活的信鸽在目标高管的大厅里翩然而落，邀请他出席一次午餐会谈。

在学习这些珍贵的方法时，你只要记住，要想拜访重要人物有很多途径，而你自己的解决方法一定要与众不同，这样才能最大限度地提升你达到目的的机会。

## 本章要点

※ 本书中讲述的方法不是为了让你原封不动地抄袭，而是为了激发你的灵感，创造你自己独特的拜访方案。

※ 它们是来自世界各地思想领袖级销售人最高层次的宝贵经验。

※ 虽然一些花哨的推销方法能在短期内有效，然而它们并不是销售拜访，它们不会让目标高管对你的品牌留下好印象。

※ 下面几章的内容，都集中描述了销售员在搞定重要人物那一瞬间的事情，其实接下来还有大量的后续工作要做。

※ 在每位目标客户身上花费的成本浮动极大，从 0~1 万美元不等，这也能反映出各种拜访活动的思路是多么宽广。

※ 我的拜访方式包括定制漫画，而且往往是特制的，有超大的尺寸，比如我会把漫画印在 45 厘米 ×60 厘米 ×0.6 厘米的泡沫明信片上，以特快专递的方式送到目标客户那里。

※ 使用漫画和大画板的优点之一就是接收人往往将它们视为事业有成的证据，因此接收人会将它们保留在办公室里多年，让这种方式有非凡的持久性。

※ 漫画并不是单纯的滑稽的画片，它们是为了表达一种被埋藏在深层的事实。当接收人笑起来并说“很有道理”时，你就已经得到了对方的好感，以及他们对你核心议题的认同。

※ 把品牌、价码或自己的身份安插进漫画中并不合适，漫画的核心需要彻底集中在接收人身上。

“我们换个思路吧。”

## 第八章

# 礼物的视觉比喻是最好的“对接点”

本章将讨论这个类别中几种不同形式的礼物。这些礼物可以用作奠定拜访活动的基础。赠送礼物是符合情理的做事方法，因为接受礼物本身会引起对方的兴趣。不过，赠送礼物也需要谨慎，因为很多官员不能接受价值超过某个数目的礼物。比如，当我把一幅漫画送给美国联邦储备局前主席本·伯南克时，我要确定它的价值低于20美元。

通常，私营企业的高管在接受礼物时不必遵守如此严格的规定，但如果你的行为类似行贿，仍会让他们怀疑你送礼的动机。综合上述所说，你也许会觉得礼物应该越便宜越好，可惜这个宗旨并非适用于所有情况。有些礼物也许非常贵重，但它们却非常有效。商务活动中赠送礼物与私交很好的朋友之间赠送礼物的规矩其实是一样的：贵在心意。在销售拜访活动中，你需要精心考虑礼物背后希望传递的概念与信息。我们接下来将详细讨论。

## 有针对性地赠送艺术品，并在附信中强调你的目的

### 每位目标客户的预算：1~500 美元

为创作本书采访期间，我发现，在拜访许多思想领袖级营销人的活动中，漫画能起到举足轻重的作用。一天，《赢者如何推销》的作者及《销售与营销杂志》的专栏作者戴夫·斯坦在玛莎葡萄园岛的海滩上散步，碰巧遇到了《纽约客》的漫画家米克·斯蒂文思。两个人立刻就一见如故。后来，斯坦在自己的报告及拜访活动中多次使用了米克的画。斯坦说："我们希望客户还没见我们之前就能对我们产生好感，而幽默能达到这个目的。"

作者奥维尔·雷·威尔森也采用过我为他定制的漫画。这是他从漫画图片库（一家为《纽约客》上刊登的漫画发授权许可证的网站）买来的。他说："人笑的时候，大脑会分泌内啡肽。"

在这里我想再次提醒你，使用漫画的时候，一定要不受诱惑，无论你多么希望突出自己的品牌，也不能改动漫画中的文字。如前所述，把品牌强塞进漫画中，只会抹杀幽默的效果，这个做法往往也会诋毁整幅漫画的意境。你最好的起点是选择一张能够配合你意图的漫画。接下来，你可以在附信中画龙点睛地强调自己的目的。

幽默的形式变化无穷。博主大卫·布洛克说，他有时会采用苏斯博士的儿童故事《绿色鸡蛋和火腿》来搞定重要的人。"这是一本广为人知的畅销书，几乎所有人都知道里面那个张口就说'在下山姆'的主人公，"他解释说，"我使用它，是因为在书的前半部分中，'在下山姆'并没有成功，但在后半部分中，他改变了方法，于是获得了成功。"

布洛克会附上一封专门为接收人写的信，信是这样开头的："你好，

我叫‘在下大卫’。”接下来是他用苏斯博士的风格写的一首短诗，来解释他们为什么应该会面。当打电话过去时，他会自我介绍为“在下大卫”，而这往往能逗得对方哈哈大笑。布洛克花的这些心思，能使他在高管助理和目标高管眼中成为一个活生生的人，他的电话也因此变得非常有效。你也许不觉得苏斯博士是多么的高雅、幽默，然而这本书的主题——虽然它是儿童读物——仍让人无法抗拒，而且它是个非常好的话引子，能让布洛克讲述自己将如何像书里描绘的那样，使对方的销售团队脱胎换骨。

艺术型礼物显然并不仅限于漫画。《如何精挑细选目标才不会失误》的作者迈克尔·克劳斯建议雇一位职业摄影师，拍一件让目标客户觉得重要的事物，然后镶好框子送给目标客户。他讲了一位聪明的风景摄影师的故事：他会在城中各处拍摄美丽的贸易大楼，然后把照片镶裱在精美的相框中，送给大楼的主人。他用这个方法与他们取得拜访机会，成功地获取了更多新生意。

在使用艺术品开展拜访活动时，有针对性非常重要。《华尔街日报》的广告销售就把这门学问利用得炉火纯青。这份杂志之所以出名，就是因为他们在社论部分运用了手绘雕版肖像画。《华尔街日报》为此雇用了几位全职漫画家。当他们特别希望拜访到某位广告商时，他们会把目标高管画成雕版肖像画，然后镶上镜框送给他，结果当然是百战百胜。

> “在使用艺术品开展拜访活动时，有针对性非常重要。”

当然，这种风格的画不是每个人都会画的。幸好，我找到了一种简单且经济的方法：一个价值 4 美元的 Photoshop 插件，就能创造出类似《华尔街日报》的肖像画。由于大多数人都会在他们的社交媒体账号上贴自己的大头照，因此找原画不会费太大力气。等拿到了照片，你可以将创意市场网站制作的“超级雕版化”动作组装入 Photoshop 的动作脚本，创造雕版画的效果，就能把照片转化成雕版画的模样，然后你就可以打印出来装在相框中。不过，我更喜欢一个比较搞怪的做法：你可以把它嵌进一篇虚构的文章中，弄成好像是《华尔街日报》杂志的一页的样子。这样的一张图片装在相框中或做成卡片，一定会是引人注目的礼物。

赠送艺术品时，要注意的一个重要的因素就是，你的礼物必须围绕一个主题。你的礼物要展现你希望给 100 位最佳重要人士送去的价值。这个规矩也适用于任何涉及送礼物的拜访活动。如果缺少这个集中点，你赠送的艺术品就会毫无意义，营销活动也不会成功。

同样，电影碟片也能用来奠定一次强烈有效的拜访活动，因为电影中包含许多引人入胜的剧情和富有魅力的人物。这些人物往往身处生活中的某个转折点，剧情中也总是或多或少地含有冲突。这样的故事能激发人性，让我们随着电影情节发展而有所感悟。这些因素结合在一起，能提醒推销员在更深的层面理解他们希望能为客户做的事情，以及这样做的原因。当然，其困难之处在于你要找到题材合适的电影，用来精确地传递希望传达的消息。

虽然电影情节不能改变，但电影仍能创造许多传递信息的机会，协助你的营销活动。与漫画一样，电影剧情能清楚地定义一个主题，而你可以在附信中把它画龙点睛地强调出来。我曾经使用过电影《超时空接触》的碟片做礼物。碟片中附着一张问候卡，上面印的是为每位接收人定制的漫画，以及我亲笔写的短信。这幅漫画被我收录在本书第六章的开头，画的是一组站在某沙漠中的科学家，周围有几台卫星接收器，一位科学家正在对其他人说："到目前为止，在我们寻找智慧生物的工作中，有两次是虚惊一场，还有一次只找到了一位从新泽西州来的名叫鲍伯的家伙。"你到现在或许也猜得到，"鲍伯"和"新泽西"会被改成每位接收人的名字和他们所在的地方。

问候卡简洁地解释了他们为什么接到了这张影碟，而影碟的包装本身又是协助你的营销活动的一个信息点。大多数影碟都是用密封塑料布和塑料扁盒包装的，打开盒子后，里面会有几张其他电影或商品的广告。你应该把这些广告都取出来，换上带有你自己商标的卡片，然后重新封好盒子，让它看起来像是专门为接收人定做的电影碟片。

### CartoonLink 大画板

这是我的拜访活动系统：我创建的"CartoonLink"图片库中有超过1000张可以更换人名的漫画。你选好漫画后，网站会把它打印在45厘米 ×60厘米 ×0.6厘米的泡沫"大画板"上，用特快专递邮寄。该网站还提供包括给高管助理及其他利益相关者的其他礼物，以及创意、培训或教练在内的服务。

### 漫画图片库

这里拥有《纽约客》杂志上刊登过的所有漫画图片，以及4万多张该杂志以外的漫画图片。它约有12万张漫画供你选择，可以以授权或各种印刷礼品的形式购买。

### 创意市场

这是"超级雕版化"动作组的制作方，该动作组与Adobe公司的

Photoshop 软件匹配。把它加在任何照片上，都能创造出类似《华尔街日报》风格的雕版画。

### 欧迪办公或史泰博印刷服务

如果你想打印自己的图片，欧迪办公、史泰博公司或类似的文具公司都有很多简单经济而且让人喜出望外的选择。他们在大多数商店的后台都设有印刷服务柜台，能帮你把数字图像打印在很多不同质地的物品上，包括茶杯、鼠标垫，以及绷在木框上的帆布画——可以让你的目标高管拆开包裹后就能立即挂在墙上。

### “元影评”网站

“元影评”网站是一个资料库，收藏了几乎所有曾经以家庭观赏格式（DVD 和蓝光影碟）发行过的电影资料。这里也有用户评价系统，每一部电影都有用户评分。这是个非常有用的信息源，能协助你寻找适合自己营销活动的电影。

### Redbox，Moviefone，Fandango

这些公司的网站提供了最近一段时间内以 DVD 或蓝光影碟格式上映的电影。你可以用题材、受欢迎程度和出版时间来搜索电影。如果你希望只用最新上映的电影，这里能帮助你找到最完美的电影。

### 亚马逊，沃尔玛，Movies Unlimited

你可以在亚马逊或沃尔玛买到大部分电影的 DVD 或蓝光影碟。至于那些不太好找的经典老电影，Movies Unlimited 能帮助你找到。

## 花点心思送礼或转送礼

### 每位目标客户的预算：50~1000 美元

送礼，其实是一个相当广泛的课题。公司之间的送礼行为已经衍变成一个相当完善的行业。那么，它为什么能算销售拜访的一部分呢？因为礼物能很好地吸引对方的注意，而这正是销售拜访的核心任务。

这部分中举的例子，都是非常精彩的礼物和“转送礼物”——也就是送到目标高管手上，但目的是让他们再转赠出去的物品。事实上，以下的很多送礼方式都不仅仅考虑了接收人，还考虑到了他们周围的人。

鲁赫林集团的创始人约翰·鲁赫林是送礼物的专家，他的拜访手法中含有十分大胆的风格。他最爱用的方式，由一张邮寄卡片开始。他在卡片中解释，有人希望送给接收人一件量身定做的价值 150 美元的衬衫，请裁缝前来拜访。而他的裁缝会预约一个时间，带着布料样品过去，并量好接收人的尺寸。显然，这会让目标高管有一肚子问题想问——这是谁给的布料？为什么给我做衣服？裁缝解释说，这是鲁赫林送的，但她前来并非是为他解释这件事的缘由——她只是来量尺寸的。

两个星期后，目标高管会接到缝制好的衬衫，附带约翰·鲁赫林的短信：“衬衫不仅仅是为了使用，更重要的是它得熨帖合身。我认为，正如这件衬衫，我们也会与你配合得熨帖合身，请我们见面谈谈吧。”作者汤姆·瑟西非常同意他的思路：“这个方法不仅创造了一次谈话机会，而且在还未接触之前，他就已经在对方心目中打造出一个强烈鲜明的个性品牌。”鲁赫林还说：“如果对方不给我电话，我仍保留一扇敞开的大门，我至少可以前去询问这件衬衫是否合身。”

鲁赫林相信，量身定做是成功运用礼物开展拜访活动的关键。他的公司是Cutco刀具的最大客户，因为他常常用这些刀具作为礼物开展营销活动。他在这些刀身上用激光刻上接收人的商标，有时还会把它演变成一系列礼物：最开始送去的是插刀的架子和几把刀，在随后的几个星期里，他再陆续送过去其他的刀。“这件事最绝的地方在于，它把CEO的伴侣也吸引到营销活动中来了。”瑟西说，“因此，送礼物的人在目标高管身边的人群中建立了盟友。”

布里奇特·格利森是Yesware公司的销售副总，她对送礼物的看法不尽相同。她更喜欢赠送可以让对方能与办公室中的同僚或其团队成员分享的礼物。多年前，当她做销售人员的时候，就经常用这个方式搞定重要人物。“我会送去五六只咖啡杯，上面印着浓粗的大字：‘最高产创造人’。”她对我说，“它们总能让我拜访到目标高管。”礼物的附信会解释送这些礼物是为了让目标高管每个月颁给销售额最高的那名销售人员一只杯子。她还解释，她还有一些其他的建议，远比这些杯子更能帮对方把销售额提到更高点。

《你真心做生意吗》、“工程师的推销健身操”博客的作者芭贝特·特恩·哈肯建议，用礼物来奖励客户确实是件好事，但她提醒读者，有些人会在接受礼物时感到难堪。“礼物往往会让工程师及IT人士手足无措，让他们不好意思。”她说。尽管如此，即便是小礼物，也会起到神通广大的作用。它们也不必特别贵重，只需能表达意义就好。

博主大卫·布洛克讲过一个故事：很久以来，一位推销能手一直努力想与某位信息总监联系上，可对方总是用一大堆借口搪塞她。在反复被告知“我没有时间和你会面，连吃午饭的时间也不行”后，有一天，她送去了一个比萨，里面附带了一张字条：“我很担心您没时间吃午饭，愿意与我一起吃个比萨吗？”这份礼物虽然价格不高，但它体现了人情味儿。于是，他终于被她打动了。

推销博客博主、销售教练托尼·科尔讲过一个类似的故事，也是通过赠送价廉物美的礼物最终使营销者取得了丰厚的业绩。科凯银行辛辛那提市分部的CEO曾列出他希望拜访的100家公司，这次营销活动被他称为“花之力量”。其中的每一组活动包括20组插花花篮，送给他名单上的目标公司，同时附上他的名片。花送到后，他会打电话过去：“您桌上是否有一篮漂亮的鲜花？”他的营销活动每次都能稳稳地收集20%或更高的渗透率。

海克集团的创始人鲍伯·海克说，他们公司的拜访活动曾获得过高得不可思议的结果。他们的营销活动中，一份有效的背景资料关系到整个活动的成败。在收集目标客户资料的过程中，他们留意到，所有目标公司的地址都离棒球场很近。于是，他们把活动设计在棒球场里举行：他们发出了125封邀请信，请目标高管与海克公司的高级经理们一起在包厢里看棒球比赛。这次活动不仅达到了126%的回应率，之后还得到了高达6000%的投资回报率。你也许会问，回应率怎么可能超过100%呢？原来，这些目标高管太珍惜这封邀请信了，以至于很多人把他们的老板都邀请来一起看球——而这些老板正好也是你最希望认识的人！

销售员对成本的计算方法各有千秋，尚无定论，然而有一件事再清楚不过：那句关于送礼的老话——礼轻情意重——在拜访活动中赠送礼物也同样适用。只有花了心思赠送的礼物，才是最好的。

## 先送去一半礼物，同时送去一份保证

### 每位目标客户的预算：40~4000 美元以上

最近一段时间以来，送礼这种拜访活动形式也出现了一个有趣的变种。那就是在活动开始时只送去一半礼物，同时送去一份保证，等发送方与目标客户取得联系后，再送去另一半礼物。虽然这种做法很有效果，不过我本人仍是略有担心。因为有一点你需要考虑清楚：假如你用来诱惑目标高管的那一半礼物，比你希望给他推荐的产品更有吸引力，会出现什么情况呢？

作者迈克尔·克劳斯喜欢采用的一种战略，也是我在做销售拜访的调查工作时经常看到的：他会赠送一台遥控法拉利车模型，但留下遥控器。他在礼物附信上解释，他将在面谈的时候把遥控器送过去。克劳斯认为，这类礼物在圣诞节期间赠送最有效果。但也有人认为，无论在什么时段送这类礼物都同样有效。

《企业间的销售与营销基础》的作者约翰·科埃很赞赏这种做法，但他提醒大家，也要警惕这么做会把事情搞砸。他不止一次听说过他人的经历：高管们虽然同意面谈，但他们的唯一目的是拿到奖品，然后立刻把销售人员赶出门。“有时候，他们会告诉自己的助理在面谈开始五分钟后就走进去说‘您有重要电话’，”他解释说，“于是他们立刻就能结束谈话。”

很多无线遥控玩具（包括飞机模型）都十分有趣。物美价廉的遥控直升机和微型无人驾驶飞机花 50 美元就能买到。不过，我认为你还能把这个思路更推进一步：买一架可以拍摄录像的无人驾驶飞机。它或许价格更昂贵，但正因为它们能拍摄录像，所以会格外引人注意并大受欢迎。搞定目标高管也许根本不必用有录像功能的无人驾驶飞机，但假如高管真的有心躲避你，这个礼物至少仍足够能勾起他的好奇心，从而让他给你一次会谈的机会。

如果你的目标客户喜欢棒球，作者、游击营销法演讲人奥维尔·雷·威尔森举过一个非常有趣的例子：他建议送一个能展示三只棒球的架子，但只送两只著名球员签过名的棒球。而最后那只棒球，就是面谈时拱手相赠的礼物。他曾在一次展销会上使用过类似的办法：他把洋基队的著名外场手米奇·曼托雇来，当场为棒球签字。这样一来，很多重要的客户都不请自来，聚集到了他的展位前。

美国职业销售人员协会CEO、《你能接受挑战吗》的作者罗德·海尔斯顿提出了送半份礼物的另一种方法。他会给目标高管送去一套高尔夫球、一张顶级球场的门票和一只高尔夫球鞋。随着这包东西一起送去的是一张字条：“哎呀，我忘了你的另一只鞋了，我会在见面时带过去。”

科埃把这个方法加以变化，他会送高级礼服鞋左脚的鞋子，然后在附信上解释说，这只鞋子用来比喻自己要用一只脚进门，站稳脚跟后，他会在之后面谈时再送上另一只鞋。

这些故事让我忍不住思考，如果赠送一套遥控高尔夫球，倒更会增添这个方法的趣味性呢。这一定能让你与高管们在球场上的交战变得更有趣。

显然，这个方法的危险之处也是不言而喻的。如果CEO只打算扣下你送的遥控玩具给他的孙子，而转身把你扫地出门，那么这份礼物就送得毫无意义。海尔斯顿曾指出，你赠送的礼物必须能反映出你曾对此做过研究，你要体现送去的礼物的价值要远远高于礼物本身。

### Tower Hobbies

这里有各种各样的遥控汽车、飞机、轮船模型和无人驾驶飞机。他们甚至有一种遥控的小飞艇，看起来就像是在空中飘行的鲨鱼。

### Parrot

这个公司制造了一系列遥控无人驾驶飞机，但让他们的产品与众不同的是，所有的飞机都能用苹果平台或安卓系统的软件遥控。飞机的外观包括传统的直升机、科幻影片中的滚轮式自动车，甚至还有一种能飞檐走壁的蜘蛛车。

### DJI 鬼魅 2 号四旋翼飞机和高清录像机

这种飞机几乎可以与商用无人驾驶飞机媲美，上面备有高清录像机和平衡环稳定系统。

### DJI 展翅 S1000 飞机

前面的飞机仍不够大？鬼魅 2 号四旋翼飞机的设计师还制造了一款商用八旋翼直升机。这的确就是八片翅膀的终极组合，能拍出有电影院质量的空中录像。这真是个好玩具，如果你打算拜访我，请尽管送这个。

## 把焦点集中在让顾客产生共鸣的视觉比喻上

### 每位目标客户的预算: 10~10000 美元

有些礼物能让送信人充分展示自己的品牌或价值，我们将其称为视觉比喻。它们能创造一系列反应链式的思维，让目标高管立刻在脑海中产生共鸣。这一点与漫画的幽默效果非常相像。

为了达到这个效果，你必须仔细斟酌，寻找一些非同寻常的礼物。有时候，你甚至可能需要雇用艺术家或工匠，一件一件手工制作这些礼物。作者、转败为胜专家丹·瓦尔德施密特有一个绝妙的例子，能充分体现视觉比喻是多么独特和有效。

在瓦尔德施密特的商务工作中，他需要经常查询新闻，寻找有关未达到盈利预期的公司的报道。一旦有这类公司出现，他就得到了信号，因为这就是他的下一个重要未来客户。

瓦尔德施密特接下来做的事情，需要相当大的胆识。他雇用了好莱坞一位非常有名的道具制作师，让他打造一把实物大小的中世纪长剑，并在剑身上刻了目标高管的名字。他把剑装在漂亮的木匣中寄给目标高管，并附上一封亲笔信:“我明白你现在正陷于比以往任何时候更急迫的战斗，而你需要最好的武器才能带领你的军队走向胜利。我相信你的内部人员个个精明强干，但如果你需要编外战士，我能帮助你。”虽然所有目标高管不见得都会变成他的客户，但几乎所有的接收人肯定会回他的电话。

这份礼物最精彩的地方在于它传递了一条信息。瓦尔德施密特送去的并不仅仅是一份礼物，还有实实在在的、能充分表现为客户顽强战斗的意愿。据他说，搞定每位客户的成本大约为 1000 美元，但他因此会得到上百万美元的合同，完全可以证明花这些成本物有所值。不过，他也警告说："做这件事需要你送的礼物夸张夺目，如果你做得不够大胆，就毫无作用。"

这个看法真的不错。在我采访的很多思想领袖级专家中，仍有很多人都能以很少的成本取得成功。《高利润销售》、"销售猎人"博客的作者马克·亨特曾靠邮寄一包钉子来表达自己的意图。这个做法是采用视觉比喻，形容目标高管与坚钉[①]一样难以拜访到。他也会赠送彩票，这往往能给他带去高达 100% 的回应率。其中的关键之处就在于，他在附信中点明了赠送彩票的原因：一个人可以买彩票，幻想自己中大奖，但如果这个人雇用亨特，增加销售额就肯定能真正发生。

作者、博主芭贝特·特恩·哈肯使用过很多非常成功而且物美价廉的有视觉比喻效果的礼物：从柠檬、马蹄铁、玫瑰花到旧跑鞋。她想用这些物品表达的意思有：扭转逆境（酸苦的柠檬），转败为胜（马蹄铁的迂回形状），创造你自己的"幸运"（玫瑰花），避免在对自己不利的状态下奔跑（穿旧跑鞋）。由于她的专长是为工程师和 IT 人士推销，她的焦点往往是集中在让未来顾客产生共鸣的礼物上。她最喜欢使用的两种礼物是算盘和滑尺——都是工程师用的古老工具。它们既是奇趣精品，但更重要的是，它们也能提醒对方可能在使用过时的工具。

如果你爱玩扑克牌，你或许会很欣赏奥维尔·雷·威尔森的策略。他会用信封装一张纸牌寄给目标高管，信封里既没有标记，也不装附

① 在英语中，坚硬和困难是同一个词。坚钉是一个成语，形容坚硬，但在这里，它也可以用来形容困难。

信。第二天，他再送出去一张。这样继续再送两天，到了第五天，他本人会亲自造访目标客户的办公室。当对方向他要名片时，他会掏出第五张也是最后一张纸牌——红桃Q。这五张牌组成了皇家同花顺（扑克牌中最大的牌型）。威尔森说：“这个方法屡试不爽。我不只因此搞定了人，而且总会被亲切地接见。”这个方法中虽然带一些推销噱头的元素，但里面也包含强烈的视觉比喻——最后加上他本人，才能凑成一手必胜的好牌。目标高管们不会把纸牌镶在镜框里，这不是那种值得自夸的礼物，然而他们肯定会记住威尔森，并在需要提高销售规模的时候想到他。

威尔森的视觉比喻是想让自己变成必胜好牌的一部分。“斯姆沃里”博客的作者乔治·佩特里给我讲述的一次拜访活动，使用的是完全相反的手段。一家打印公司希望快速赢得新客户，于是他们制作了一则广告邮寄给客户，但故意做成错误百出的样子：信是上下颠倒的，信封上收信人的地址也上下颠倒，邮票是贴歪的，等等。这样一封信想表达的主旨就是：“如果你与我们合作，这将是你最后一次见到乱七八糟的印刷品。”佩特里坚信，拜访活动需要打破目标高管已有的习惯。不过，你应该如何打破它呢？答案就是你要通过聪明的方式，把自己的信息传递到更高的层面。“你需要找到那个忽视你的话就会失败的人。”他说，“而他们能理解这一点，因为你已经用拜访工具表达了你的价值。”

“拜访活动需要打破目标高管已有的习惯。不过，你应该如何打破它呢？答案就是你要通过聪明的方式，把自己的信息传递到更高的层面。”

《怎样把任何东西在任何时间卖给任何人》的作者大卫·卡奥说，他曾使用一些小的视觉比喻工具，来强调自己的推销培训班的各项长处。比如，他会送一个厨房计时器，代表时间管理课。但他最喜欢的视觉比喻拜访工具来自一家广告公司。这家公司分析了100位很有希望的未来客户，然后展开了“轮番轰炸”式营销活动。每一波礼品都使用特定的盒子，包在普通的褐色纸包里，上面有用女性字体手写的地址，由特快专递每周一次地寄到目标客户那里。

第一只盒子里装的是一只柠檬，附信上说：“别让它酸了。”但除此以外，里面没有任何可识别的特征。第二次送的是方糖，附信上说：“保持甜蜜。”当第三只盒子被送到的时候，办公室里的人都开始凑过来，想弄清楚这回盒子里装了什么。而这一次送的是金箔纸花，附信上说：“加上点闪亮。”当第四只盒子送来时，它立刻就吸引了所有人的注意。这一回盒子里面装着一张名片，上面有一张便利贴，写着：“我会在4日星期一给你打电话。”据广告公司的报告显示，100%的高管都亲自接了这通电话。更重要的是，送这些盒子本身已经体现了他们营销的创造力，它提供了一个鲜活而形象的视觉比喻，以表现他们思维的质量。

“最强推销能手”博客的作者斯蒂夫·迈耶讲过一个关于一位颠覆传统的知名设计师蒂伯·卡尔曼的故事。卡尔曼不仅是曼哈顿最火爆的平面设计工作室之一M & Co Labs的创始人，还是被纽约的现代艺术博物馆收藏的“10 – One – 4”钟表的设计者。卡尔曼为自己的工作室做过一次非常有趣的拜访活动。他送给每一位拜访对象一本空白的书，书中夹着石头、剪子、布形状的纸片。之后他再送上一封信，上面写道：“那本石头剪子布的书是我送给你的。”这让他成功地与许多目标客户取得了联系。他的设计能力、简单有效的设计风格，在那本白纸书中充分地体现了出来。

我认为，卡尔曼和丹·瓦尔德施密特都是在拜访活动中运用视觉比喻的最佳例子，因为他们的拜访工具不仅引人注目，还能让送信人有一次非常有效的表现机会。这些拜访工具仍然算是礼物，但它们是极品的礼物——它们不仅能达到让人参与、引人兴趣的独特效果，还带有非常清晰的意义。出于这个原因，我最爱用的视觉比喻方法，是赠送一件让人们爱不释手的东西，甚至也许是他们以前从未见过的新奇事物。

搜寻这类物品其实并不难，我最喜欢的地方是博物馆附属商店和科普商店，那里常常会出售一些与众不同且引人注目的产品。我建议你翻阅一下它们的产品目录，肯定能找到一些既思考周密，同时也能传达关于你、你的品牌或你希望给未来客户带去价值的有战略意义的信息。最好的视觉比喻礼物能一举多得，同时表达所有这些信息。

我给你讲一个很好的例子。我的销售公关公司“Contact”的商标是遍布地球表面的一系列点和同心圆，它表达的含义是：只要你找到了合适的接触点，就能获得影响全球的力量，从而扩大你公司的规模。它能体现拜访活动创造出的非同凡响的成果。我会在拜访信中解释其含义，但是比文字更直接的表达方法，是我会把信与霍伯曼球一起送给目标高管。这是一款深受欢迎的儿童玩具：许多小片由特别的铰链连拼成一体，可以随着你的推拉而伸缩大小。它可以清楚地传达一条信息：球面上一两个重要的接触点，就能让企业的规模大幅度增长。他们只要把这个球拉开一次，立即就会明白我的意思。霍伯曼球与我的品牌结合得天衣无缝，就连它的外观都与我的商标相似。

更妙的是，在他们与我谈话的时候，他们常常还在摆弄这个玩具。它会继续帮助我强调自己的价值主张。最好的视觉比喻礼物需要有这一特点：它既是一个妙趣横生、让人爱不释手的好玩意儿，同时也能以实体来代表你的品牌及你能为未来客户提供的价值。

### 现代艺术博物馆附属商店

这里会出售许多充满艺术气息的日常用品，商品都带有博物馆级别的高端设计元素：订书器、日历、椅子、台灯、开瓶器等。每一件都能让你的目标高管爱不释手，给他们留下深刻印象，并让他们因此重视你希望传递的信息。

### 古根海姆博物馆附属商店

这间博物馆的附属商店有各种妙趣横生的礼物，不过它的主题仅限于与艺术相关的礼物。

### 三藩市现代艺术博物馆附属商店

与现代艺术博物馆附属商店相似，这间位于美国西海岸的博物馆附属商店里能让你找到很多吸引人的礼物、文具及其他货物。这里还有各种各样按需打印的名画印刷品，甚至还有用三维技术打印出来的首饰和糖果。

### Opulent Items

不仅包括与博物馆藏品质量媲美的家具、厨房摆设、计算机附件、电子小玩意儿，也包括男士、女士和儿童用的礼品专柜等。

### UncommonGoods

与前面提到的商店相比，这里的商品要更为经济实惠，但它们的新颖创意同样让人爱不释手，而且还不会让你的成本超标。产品目录中的商品大多数不超过 50 美元，而且很多都非常适合做视觉比喻工具。

Touch of Modern

这是一间妙趣横生的网络商店，店里有种类繁多的新奇玩意儿。这些小物件一定能为你的拜访活动增加一些视觉比喻效果。我找不到合适的形容词，因为这里的货品总在不断更新。最好的方法就是你自己进去看一看！

Edmund Scientifics

去访问这个网站，你会立刻发现它们有很多关于替代能源、人体解剖学、天文学等的产品。浏览他们的商品目录一定会让你流连忘返，而且也能为你的拜访活动找到大量的视觉比喻工具。请记得看看他们的科普类礼物。

dvice.com

这个网站不是商店，但它们的一系列产品可以作为非常有趣的礼物：从气凝胶到火星岩，或是能在你手中融化的镓晶体，还有铁磁流体等等。在这里，你能为营销活动找到非常另类的、超凡脱俗的视觉比喻工具。

## 本章要点

※ 送礼物是符合情理的做事方法，但你需要仔细想好送什么礼物。

※ 一些高管在接到礼物时会觉得不好意思，而且如果你的行为类似行贿，也会让他们怀疑你送礼的动机。

※ 政府和很多私营企业都有严格的送礼标准，高管能接受的礼物有价格上限。

※ 贵在心意，这是送礼物至关重要的一点。

※ 如第八章所讲的，漫画是很好的礼物，它往往在一瞬间就能拉近你与目标高管的距离。

※ 任何形式的艺术品，尤其是专门为对方量身定制的艺术品，都是非常好的拜访礼物。

※ 礼物也可以送给中间人，只是为了让他再转送出去，这也有很好的效果。

※ 送一半礼物很有效，但如果高管误认为礼物的价值高于你将提供的价值，这个方法就存在危险性。一些高管之所以同意会面，只是因为他们想拿到另一半礼物，然后就迅速把销售员赶出门。

※ 遥控玩具模型和无人驾驶飞机是非常吸引人的礼物，你可以等到见面时再把遥控器交给对方。

※ 一件能作为视觉比喻的礼物，是你拜访活动中的最佳武器。

※ 一个有效的视觉比喻礼物能让人下意识地对你的品牌及你的价值主张留下好印象。

※ 最好的视觉比喻工具能让接收人觉得有趣、爱不释手，而且能持续不断地提醒接受人你能带给他们价值。

※ 视觉比喻工具不需要价格昂贵：一袋钉子、一张彩票或一件经济实惠的物品都能成功地传达你的意图。

“这个想法很有创意，只不过已经被别人先想出来了。”

# 第九章
# 不花一分钱就能联络到客户

我们研究了以送礼物为主的销售拜访，现在我们转 180 度，去看看在不花一分钱的情况下，你该如何操作。第一种方法就是打电话。当然了，你需要付费购买电话服务，但我们讨论的前提是，这一项固定成本本来也是你的正常开销。

## 如何巧妙地给客户打电话

### 每位目标客户的预算：免费

在之前的章节中，我们举的例子中都是通过赠送物品搞定重要未来客户的。这些物品有一定的价值，也许还能让你的品牌在目标高管的潜意识中留下印象。这些方式的成本，折合到每位目标客户身上，是 10~10000 美元不等。无疑，这会让我们想到一个显而易见的问题：既然不花钱也能做到，那何必花钱呢？

很长时间以来，电话是全世界各地销售活动用到的基本工具。因此，它也是销售拜访活动的基本工具。这个说法可能会让人觉得有点自以为是，但是销售拜访本身就是电话销售的一种形式，它们的区别在于销售拜访存在于一个固定的层面，专门用来接触CEO等重要人物。

在这一部分中，我们将重点讨论运用电话接触最高层的人士。我虽然曾写过一本介绍销售拜访技巧的书，也多次成功地用漫画及其他礼物搞定过目标高管，但是我有时也会越过这些费时费力的方法，抓起电话直接拨打给我的目标高管。事实上，这件事做起来往往并不困难。

我最爱用的方法，是不断地要求接电话的人把电话转给合适的人。由接待员开始，我会请他们把电话转给合适的人，以及能不能允许我解释一下打电话的原因。因为我是在寻求他们的帮助，而不是一开口就卖东西。我发现，人们常常会更有耐心听我讲话，而不会立刻就警惕起来。

接待员转了我的电话后，我会对下一个接电话的人解释同样的事情，以此类推。最后，我总能与自己要找的那个人联系上。不过，我仍会继续向他们寻求帮助。这样做的好处是，我会有机会解释打电话找他们的原因，而不是急于推销。当我这么做的时候，对方不会立刻戒备森严、不肯通融，而是会耐心聆听。等我做完解释，他们往往会说："啊，我就是你要找的人，你说的这件事很有意思。"

如果你希望联系的人不是《财富》1000强公司的CEO，这个方法会非常有效。不过，假如你需要找那些知名的大人物，又该怎么做呢？《可预计的收入》的联合作者亚伦·罗斯说："当大多数人眼中只瞄准那份名单的前50个人时，我就会去找其余的950个人，这会更容易成功。"当他无法拜访到CEO的时候，他使用的方法与我刚才描述的方法类似，他把这种方法称为"迷途羔羊法"。与高管助理对话时，他会以求助的方式开场，询问对方自己该找谁谈话。"你要用自己事先准备好的话简洁地解释。”他说，“然后停顿一下，给他们时间吸收这些信息。”

一些专家指出，打电话的时间与成功拜访也有极大的关系。博主乔治·佩特里和《音乐界》杂志的出版人约翰·麦克德莫特建议：如果你希望越过高管的助理，那么你应该在工作日中最早或最晚时打电话，避开上班时间。“你可以尝试在早上 7：30 或晚上 6：00 以后打电话，因为这个时段助理们往往不在办公室。”佩特里解释说，“但那不见得总能成功，因为你可能会被留话机挡驾。”麦克德莫特补充说：“如果你在下班后打电话过去，有时候你的目标高管可能在第二天一早给你回电话。”

然而，《不为人知的小秘密：为什么买家不能买而卖家不能卖以及你的应对措施》的作者莎伦·德鲁·摩根指出：“接待员和高管的助理可以做你的好朋友，因为他们的职责就是放合适的人进门。”我也同意这个观点。你需要思考的不应该是如何与高管的助理玩捉迷藏，而是如何才能将他们变成你的盟友。话虽如此，有些助理的确很难应付，而前面的建议都能很好地避开不友好的助理。

> “你需要思考的不应该是如何与高管的助理玩捉迷藏，而是如何才能将他们变成你的盟友。”

针对打电话的时间，作者马克·亨特有个十分有趣的意见，他建议你在整点 5 分钟前到整点 3 分钟后打电话过去。为什么呢？亨特解释说：“在这个时段，CEO 更有可能亲自接电话，因为大多数预约好的电话会议都是在整点开始的。”我的建议是，你可以把这个战略尤其集中在上午 10 时和下午 2 时，因为电话会议经常在这两个时间开始。

但是，亨特强调说，没有人比 CEO 更重视自己的时间，因此在他们接了你的电话后，你应该请他们为你安排一次 20 分钟的电话会议。他们通常不会接受30分钟。但是，在电话会议中，只要他们认为你提供的信息足够重要，他们不会介意你多讲一会儿。

《线索客户之真相》、“视点”博客的作者丹·麦克达德认为，你不但要注意打电话的时间段，还应该有节奏地安排打电话和后续发电子邮件。他建议，在10天左右的时间中，你应该打四至五通电话，发三至五封电子邮件。然后在六至八周后，再进行一轮后续工作。他说，使用这套程序，他总能搞定最高端的未来客户。

博主大卫·布洛克赞同我在前面提过的选择打电话时间段的意见。他建议在早晨6时至7时或晚上6时至7时打电话，并给“伏击战”这个词赋予新的含义。有一次，他在《华尔街日报》的一篇文章中读到当时柯达公司的第三把手杰里·约翰逊谈及整顿公司销售的方法。布洛克给他写了一封信，但可惜的是他立即发现约翰逊已经接到大约70封探讨相同问题的信了。

约翰逊解释说：“我向来不接所谓专业顾问打来的电话。”但是，他记住了布洛克的信，还给了布洛克90秒钟时间来解释自己的计划。不过，布洛克并没有接受这次会谈。他建议约翰逊去联系自己在吉列公司的客户，因为他知道约翰逊曾公开赞扬过这家公司的销售业绩。他与那位客户接通了电话，后者表示对布洛克完全满意。于是，这一通电话最后创造了一笔价值300万~400万美元的生意。

如果你的电话被转到了留话机，那你如何才能让自己的留言被注意呢？作者、博主克雷格·埃利亚斯建议，你第一次打电话过去时，一定不要留言。“新公司销售”的联合创始人班尼特·菲利普忠告说，在第一次发送电子邮件时，你可以搞一点儿花样。“发送一封电子邮件，但是让它说到一半就中断，”他建议说，“然后立即再发送另一封电子邮件，并向对方解释说，你不小心错按了‘发送’键。”他说，这个策略也许会让人觉得你不够细致，然而更重要的是它能让你显得很有人情味儿。他甚至建议，你可以在信中故意写几个错词，好让人感到这封信是你一个字母一个字母输入的，而不是拷贝营销活动的样本。

埃利亚斯还有一个妙招：他建议，在接触任何人之前，你应该先寻找联系他们的最佳时机。他会使用大部分时间寻找刚刚走马上任的高管。“那个时候，他们往往更愿意听取新意见。”他说，“因为他们需要迅速展开工作，做出成绩，但他们不见得来得及建立起完备的供应链。”他说，如果一位高管计划购买价值 100 万美元以上的产品或服务，他们最有可能在上任的三个月之内做这件事——而且在 80% 的情况下，这笔生意都会由第一位上门的推销员赢得。

埃利亚斯搞定人的方式，是一个周密的一星期计划，目标是在周五上午与目标高管通上电话。第一步，他会在星期二打去第一通电话，如果没有人接，他不会留言。但是，他会在星期三再打一次电话，通常是在助理上班之前或之后，而这一次他会留言。接着他会发一封电子邮件，标题只有短短两个词，以吸引收信人的好奇心。邮件的内容不长，而且可以让人轻易地回答“是”或“不是”。但是，他从来不推销产品，而是推销“动词”。他关注的焦点是有效的行动，而不是复制、模仿现成的解决方案。据他说，当他在星期五上午再次打电话过去时，目标客户通常都会亲自接他的电话。

在与目标高管取得联系后，你最好事先准备一份简洁且有实质意义的谈话稿，既要能立刻引起 CEO 的兴趣，还要能把谈话引向你希望的方向。如何准备这次谈话，是一道让人想想就神经紧张的难题。幸好，我们的专家们提供了几种方法，能帮助你降低做这件事的难度。

博主斯蒂夫·迈耶认为，如果你的目标客户是经常在博客上写文章的人或书籍的作者，那么你做工作会容易许多。“假如我是你的目标客户，你只要告诉我，你读过我写的某篇文章就行。”他说，“不过，你最好告诉我，你有问题想问我。”据他说，这个方法能打开话题，屡试不爽。《扩大你的销售额》、“销售难题答疑”博客的作者安迪·保罗从另一个角度出发，表达了相同的意思：“我该如何问一个让对方喜欢回答的问题呢？”在打电话之前，他会花大量时间思考自己的“绝妙问题”，充分理解目标高管面临的困难，并想方设法以新的方式定义它们。“这是吸引他们注意力的最佳方法。”他说。

DiscoverOrg公司的联合创始人及CEO亨利·舒克在打电话给IT公司的决策者时，发现了一件有趣的事。他的公司制作了一套营销数据库，他希望这些高管们会购买这个数据库的使用权，因此，很关键的一个因素就是需要了解他们喜欢以哪种方式与供应商接触。他往往会这样问这些高管：“在什么情况下，你会接素不相识的人打来的推销电话？”他们的回答总是：“从不。”在舒克的追问下，他们才解释说，他们唯一肯接陌生人打来的电话的时候，就是当推销员的产品正好适合他们当前正在进行中的工作的时候。由此看来，你需要精心把握打电话的时机，并在打电话之前就做好所有的调查研究。

这是一个非常重要的意见。不过，Avidian的销售部副总大卫·阿彻尔有一个更直接的看法。他认为，打电话的措辞十分重要，另外打电话要表达的中心意思也很重要。“你要始终坚持把注意力集中在他们身上，而不是你自己身上。”对此，阿彻尔讲了一个故事：有一位保险销售人员在推销保险的过程中，需要拿着一份名单逐个给名单上面的人打电话，然后用一套程序帮助他们计算保险报价。他打了许多电话，可惜没有一个人对此感兴趣。最后，他放弃了正常程序，而是让通话的内容更有人情味儿："你好，我是保德信保险公司的吉姆，咱们以前不认识，但你愿不愿意听我解释一下，你要如何做，才能不再接到像我这样的人打来的电话吗？"这句话每次都能吸引对方的注意力，让他有机会继续解释下去："你之所以经常接到这些电话，是因为我们存有一份名单，上面都是没购买保险的人。万一遇到紧急情况，你们全家人都会陷入麻烦。你的名字也在其中。我能不能为你解释一下，你如何才能脱离这份名单？"这个方法给他带来了潮水般的新客户。

"麦特讲营销"博客的作者、海因茨营销公司CEO麦特·海因茨认为，很多人避免使用电话，因为他们不确定打通电话后该怎么做。可是，"销售能手的内幕"博客的作者特里茜·博图兹的意见很好地解释了打电话的重要性："有些网络文章就是垃圾信件。我们已经忘了如何与别人交谈。现在，使用电话反而成了新的有人情味儿的销售工具，因为它能创造真正的客户关系。"美国职业销售人员协会荣誉CEO斯科特·普拉姆提醒我们，使用电话创造真正的客户关系的关键在于贯彻到底。"最糟糕的情况，就是没有后续跟进。"他说，因为"这会让CEO想：'我说对了吧，这件事对他、对我根本无足轻重。'"

> "我们已经忘了如何与别人交谈。现在，使用电话反而成了新的有人情味儿的销售工具，因为它能创造真正的客户关系。"
>
> ——特里茜·博图兹

## 找准时机给目标客户发电子邮件

### 每位目标客户的预算：免费

电话能免费启动拜访活动，电子邮件也能。事实上，这两者经常穿插使用，往往能取得最佳的效果。我常会在电子邮件中使用植入了收信人姓名的漫画。我有一个简单的小妙方，就是把漫画贴在电子邮件最上方，并把上面的人名改成目标高管的名字。

我最爱用的工具是忠实可靠的谷歌邮箱。谷歌邮箱能让我在邮件顶部的正中插入漫画，紧接着的漫画文字也是位于正中，还可以用漂亮的斜体字。用这种邮件的效果非常好，总能吸引收信人的注意——往往是第一个接到电子邮件的高管助理。在电子邮件中植入与目标高管有关的漫画，会让邮件更有可能被打开、阅读并一路转寄上去。

不过，本书的内容不仅限于使用漫画。因此，我们还是来看看我们的专家是如何使用电子邮件搞定重要的未来客户的吧。本书中有一个频繁出现的主题，那就是：做一件事的时机至关重要。这些专家的电子邮件战术也遵从这个规律。

Skaled公司的CEO杰克·邓拉普专门给处于发展中的新公司提供能大幅度提高效益的策略。他为每个新客户定下的主要目标，就是让他们立即与十到十五位最高端的客户建立联系。为了达到这个目标，客户必须遵循一套“七次接触”的程序：周二给目标高管发一封电子邮件，周五打电话，在接下来的两周内重复这个步骤，在最后一周的周五结束打电话。据他说，使用这套程序，成功拜访目标高管的机会能比原来高5%，而每次拜访活动最终的成功率往往能达到35%。这些数字已经足够让他的客户源源不断地接到大量的新生意了。

邓拉普还建议，你应该在电子邮件中明确地提出要求，并写明将在哪一天的何时打电话过去。而且电子邮件的标题应该类似“我们应该联系一下——［添加时间］”。他还建议，你的文字应该有引荐信的语气，而且刚开始就应该考虑到方便用手机观看，也就是说内容不宜太长。他发现，如果邮件中包含“我的CEO嘱咐我来拜访你”这样的句子，回应率就会更高。不过最重要的是，你需要找到那个“神奇因子”——能让你及你的拜访原因鹤立鸡群、能集中解决他们正面临的难题的东西。

作者、博主马克·亨特与克雷格·埃利亚斯甚至会把时机拿捏得更精准。亨特说，最高级的高管在工作日是不会有时间读电子邮件的，因此，他建议在星期六早上5时或星期天傍晚时发电子邮件。他说：“有哪些高层人士是你拜访不到的？等到周末，用一封电子邮件也许就能搞定他们。”不过他也提醒说：“不要忙于推销产品，你需要提供信息。”

据埃利亚斯说，戴尔公司一位总监级高管，只会回复在周日下午接到的电子邮件。此外，曾经有一次，他之所以能够与一位财务总监在周六早8：30谈话，源于那天早上他发的一封简短的电子邮件。他把发邮件的时机拿捏得非常精准。亨特说，一位CEO每天通常要收到300~400封电子邮件，他们根本没时间全部读完。不过，这位高管在周末只会接到30~40封电子邮件。这样一来，你搞定他们的机会就更多了。

作者亚伦·罗斯建议，避免在互不认识的情况下贸然打电话给未来客户，你应该采用后面介绍的第五类拜访手法：请别人推荐。不过，他最喜欢的办法是直截了当地把要求写进电子邮件，发送给CEO。在电子邮件中，他会询问销售部负责人的名字。因为他的目的是让老板（CEO）把他推荐给其下属（销售部负责人）。而当他打电话过去的时候，他的态度是寻求帮助，而不是急不可耐地描述自己负责推销的产品。

博主班尼特·菲利普采取过相似的做法。“你的目标是被老板推荐给下属，”他解释说，“你需要把目标瞄准在高于你希望拜访到的那个人之上，这样一来他的老板传达下来的推荐信会对你非常有利。”他的操作手法也与埃利亚斯的类似，其最相似的地方，就是他也建议使用一套包含多个步骤的方法。他的策略的第一步，就是发一封内容由三个部分组成的电子邮件：第一部分描述目标高管正在进行中的工作，比如从他们最近的推文中了解到的信息；第二部分集中讲述他能为 CEO 做的工作；最后一部分请求对方给予被推荐或会面的机会。

菲利普认为电子邮件的标题十分重要。你的电子邮件应该包括一些对接收人来说可能是未知的事物，尤其要强调那些被菲利普称之为“犹恐无”（犹疑、恐惧、无把握）的事情。他常用的标题有：开发新技能、一条新消息或一条有价值的情报。无论使用什么样的标题，里面总要含有一些能让 CEO 感到恐惧的元素，还要让他们觉得可以与你合作解决这个问题。

菲利普还建议，电子邮件的内容要保持简洁。为此，他讲了一个如何结识 Salesforce 的创始人马克·贝尼奥夫的故事。“我给他发了一封电子邮件，上面只写着：‘我们在做这件事，你看 Salesforce 是否应该加入呢？’”他说，“30 秒钟后，马克就回电了。”菲利普推荐在标题中使用标点符号，比如“[ 接收人的公司名 ] + [ 你的公司名 ] = [ 一件吸引人的事情 ]”。

关于电子邮件内容的重要性，我们的专家有些十分有趣的看法，而且这些意见不仅仅限于“别忙着推销，要记得提供价值”这一准则。《你好，我名叫最棒》的作者亚历山德拉·沃特金斯喜欢让自己的电子邮件有一些幽默感。她在打了多次电话仍找不到对方时，就会送出自己的“神奇八号球①”电子邮件。这份电子邮件写道：“亲爱的约翰，每到星期一我都会问问我的八号球：‘约翰会在这周给我回电话吗？’而就在今天，它回答：‘完全肯定！’”她说用这招几乎是屡试不爽。

《内部销售》合著者约翰·多尔讲过他自己的一个故事。有一次，他在走路时正好遇到了福特汽车公司董事长，之后他发了封电子邮件给对方，上面说：“我在大厅里与你擦肩而过，但没来得及交谈。”他接下来还说：“我知道你现在想做什么，而我认为你这一步走错了。我愿意为你提供一剂解决问题的灵丹妙药。”这封电子邮件帮助他成功地与对方建立了联系。但是，你应该注意一下这封电子邮件的语气。而且电子邮件中提到了一件对方亲身做过的事情：我今天见到你了，我没来得及与你讲一件很重要的事。

博主斯蒂夫·迈耶认为，描述对方亲身做过的事情可以延伸到 CEO 写在推文中或贴在网上的东西。不过，SalesLoft CEO 凯尔·波尔特和作者亚伦·罗斯则有一个更简单的方法。“我们会发给他们一封简短的电子邮件，”波尔特说，“但在邮件里，我们会巧妙地提供一些与他们现在的工作息息相关的信息。”罗斯补充说：“我会问一些非常直接的问题。”在他担任 Salesforce 销售副总期间，他曾展开过针对各个公司的 CEO 的电子邮件营销活动。由于回应率出类拔萃，这次营销活动已经被坊间视作营销界的新传奇。而他的那些电子邮件中只有一句话：“我来自 Salesforce，能帮我把邮件转到你们公司负责管理客户关系系统的人那里吗？”

---

① 神奇八号球：一种用来占卜的小玩具。球的内部注有液体，里面漂浮的内球上有固定的一些答案。玩家提问题，然后摇晃八号球，内球会漂浮着随机显示一个答案。

## 社交媒体：把焦点集中在你想找的人身上

### 每位目标客户的预算：免费

社交媒体是一个范围非常大的领域，我不敢贸然称自己是这方面的专家。尽管如此，在谈论拜访活动的种类时，这个题目经常会冒出来。社交媒体给我们的生活，尤其是我们与整个世界交流的层面，带来了翻天覆地的变化。它们的出现，也让我们拜访到重要人物比以往任何时候都容易得多。

社交媒体仿佛是把传统的、由真人互相介绍的联络方式，变成了一种紧张运转、二十四小时永不停歇的通道。如果你是领英网的用户（你应该加入），它的界面上有一张图表，显示了你与那些不认识的人是如何通过双方已认识的人连接起来的。它甚至能帮你画好图表，你只要通过这几条渠道就能被成功地介绍给对方。它基本上就是一份教你如何搭建重要客户网的说明书。

社交媒体上被拜访的人通常有两种：那些想找你的人和你想找的人。我采访过的所有思想领袖级专家都认为，第一种人（也就是想找你的那些人）想找你是因为他们认为你的作为正在彻底改变人们买卖商品和服务的方式。不过，销售拜访的方向正好相反。我们的焦点是集中在那些你想找的人：经你仔细推敲写下的100位最佳未来客户或100位最佳战略伙伴名单中那些处于高层、有高价值的重要未来客户。

因此，拜访目标高管的社交媒体可能充满各种各样的内容，而我们要关注的只是对你的拜访工作有利的内容。为了充分利用社交媒体做销售拜访的平台，你必须为名单上的每一位重要人物收集以下三组资料：

1. 你的目标客户写文章、书籍或博客吗？

2. 你的目标客户在社交媒体上活跃吗？如果很活跃，他最喜欢用哪种社交媒体？

3. 你们之间有哪些共同的联系人？

得到了这三组重要资料后，你就会拥有社交媒体这一威力十足的武器。比如，你可以想象一下，如果你发现自己的100位最佳战略伙伴中有好几个人经常写作，那么他们的文章就是制造交谈机会的最佳话引。他们的文章向你展示了他们的兴趣、他们思考的东西，以及他们所处的位置。这都是最适合的开端，能让你从这里开始继续讨论，逐渐发展与对方的关系。

即使你打算采用其他拜访方法，也仍可以把其他方法与社交媒体聪明地结合在一起使用。在互不认识的情况下打电话过去时，来自社交媒体的资料可以辅助你建立关系，也能帮你打开本来可能是关闭着的大门。记住，人们总愿意从他们认识和喜欢的人那里买东西。社交媒体能给你一个预先起跑的机会，让你比其他人更有机会走入目标高管的圈子。你要让它在你的拜访活动策略中占有一席之地。即便只是简单地赞扬一下目标高管的某个推文，或是点赞、转推、喜欢、分享一下他们在推特或脸书上发表的东西，也能为正向的交流铺垫基础。

销售拜访与社交媒体之间有着千丝万缕的联系，很多人都比我更精通使用它的方法，也有更好的意见和建议。因此，我不打算用本书短短的一章或一节内容囊括所有的知识点。我建议你参考第二十章，在那里，我分享了那些接受我采访的专家和思想领袖们提出的关于社交媒体的明智建议。

## 导火索：抓住客户的痛点和引发点迎头出击

### 每位目标客户的预算：免费

作家、博主克雷格·埃利亚斯说，他会时刻关注爆炸性事件的引发点，这被他简称为“导火索”。他的拜访活动策略，是社交媒体及谷歌提醒功能的一个变种。他关注这些导火索，有一个非常合理的原因。

埃利亚斯说，他会寻找刚刚走马上任的高管，因为他们最容易接受改变。“如果他们打算付 100 万美元或更高的成本购买产品，大多数人会在上任三个月内做这个决定。”他还补充说：“在 80% 的情况下，第一个走进他们办公室的人，最有希望帮助他们识别问题，提出解决方案，并最终赢得他们的生意。”

DiscoverOrg 公司的亨利·舒克也同意这个观点，不过他把导火索这一概念扩大了，包含了新的投资。他说，能识别客户的痛点固然明智，但你也需要识别引发点，并抓住最适当的时机迎头出击。舒克说，如果你关注的新公司刚得到一笔投资，在这个时候去联系他们的销售副总，只要发去一封简单的电子邮件，说“祝贺你，但你是否考虑好将如何提高销售额吗？”就肯定能让你搞定他们，赢得他们的生意。

与其他的方法不同的是，导火索不能由销售员制造或引发。但是，导火索作为关键的先决条件，可以让你选择哪些未来客户应该在何时成为你的重要目标，从而开展你的拜访工作。埃利亚斯和舒克都认为，其实决定何时去拜访与想好送什么东西去拜访同样至关重要。

## 谷歌提醒：在你的博客里提一次客户的名字

### 每位目标客户的预算：免费

谷歌提供了一个绝妙的免费工具，叫作谷歌提醒。你已经在用了吗？我建议你应该用。也许你还不熟悉这个工具。谷歌提醒让你预先设置一个搜索，然后它会在后台持续不断地操作这个搜索。一旦搜索结果出现，谷歌就发给你一封电子邮件，提供搜索结果的细节。使用谷歌提醒，你至少应该设置一个你的名字及公司名的搜索。设置搜索十分容易，你只要访问 www.google.com/alerts 就可以了。

事实证明，谷歌提醒也能有效地协助你吸引目标高管的注意。畅销书作者大卫·米尔曼·斯科特说，它几乎能万无一失地创造联系。你甚至不必主动联系目标高管，也不必忙着与他们的助理玩捉迷藏。你只要在自己的博客里提一次他们的名字，他们往往就会从自己的谷歌提醒邮件里看到，结果是他们会主动来找你。

关于这种方式，斯科特有很多成功的例子。“有一次，我写了一篇批评通用汽车公司的博文。”他回忆说，“他们看到后，反而邀请我去与他们的 CEO 面谈。”还有一次，他在看了关于歌星阿曼达·波马的新书后，写了一篇书评，这不但让他直接联系上了波马，而且波马还把他介绍给了她上百万的粉丝。他解释说：“如果某位名人出了本书，而你是第一个评论它的人，那么他一定会看到你的文字并做出反应。”

斯科特说，与他合著《好心的死人给你的营销经验》的作者、HubSpot 公司 CEO 布莱恩·哈利根经常会遇见正在找工作的人。“90% 的人都会采用常见的途径，而这些途径在今日世界中其实没有太强的穿透力。”他解释说，“不过，也有少数几个人会写博文，解释他们为什么适合某项工作。”他说这不仅能体现作者精通营销手段，而且他们还能因此直接拜访到哈利根，因为他的谷歌提醒会把这类博文送到他的手上。“这件事与众不同的地方在于，”他肯定地说，“人们会看到你的文章，从而找到你。”

作者、博主马克·亨特也同意这种说法。他讲了这样一个故事：一家目标公司刚刚收购了一家新科技公司。“我贴了一条博客评论，祝贺我的未来目标客户，”他说，“然后我说，协调两家公司合并的工作一向至关重要，而我能在这方面提供帮助。这条评论，让我得到了他们的回应，也让我得到了一个新客户。”

设置谷歌提醒是你在拜访活动中“必做”的一件事。设置它既简单、容易，而且还一劳永逸。在此之后，只要你在网上发言，就能开始和客户建立联系。

## 邮件：改变普通营销邮件的参数

### 每位目标客户的预算：1~35 美元

以邮件为核心的拜访活动是我的专长，因此我对这种拜访方式很有好感。请记住，在我的营销事业初期，就是为全世界最大的直销商策划和开展营销活动，由于工作出色，我甚至还赢得了直复营销协会名人堂的提名。

当你准备用邮件去联系几百万人的时候，你选择的策略会与你拜访活动的策略大相径庭。由于后者的名单要短得多，因此你能负担得起更高的人均成本。但是，如果用同样的人均成本做大范围的营销活动，那么总开销就会高到匪夷所思的程度。客观地说，打算送给几百万人的邮件，每件的成本必须不超过几美分钱，才能保证收支平衡。

然而，一个拜访工具的成本可以轻易地高达几百美元，但只要它能带来价值几万美元的生意，那么它就仍然物有所值。

对我来说，正是这个思路让我拥有天马行空的设计，以至于彻底颠覆了直销邮件的形式。仔细考虑一下，你就会意识到，我那个宽45厘米、高60厘米的“大画板”，其实就是一份超大尺寸的明信片营销邮件。改变普通营销邮件的参数，往往能带给你出色的结果。在一次营销活动中，我设计的销售方式采用了一封折叠好的信，但信封是定做的，需要从侧面打开。信封上印着一幅颜色鲜艳、为收信人定制的多格漫画（漫画是由几幅画组成的一个故事，上面的文字是我亲手写上去的），然后装进一个专门定制的函套里。这个函套由高级瓦楞纸板制成，大小正好能装下漫画信封和信纸。这让它的外观看起来仿佛是一只藏宝匣，既美观又能达到效果。

另一个营销邮件的变种是采用一套折叠起来的卡片。卡片折好后，里面可以夹一封信和礼品卡。而卡片的外面印着一套多格漫画。当卡片被塞进透明牛皮纸信封后，漫画正好能从牛皮纸中露出来。为了把这个效果推向完美，我在信封露出的漫画下方亲手写上收信人的地址。这封信的外观既别致又精美，让所有人目不转睛。事实上，在这次营销活动中，没有一位接收人忽视过这封信，我们创造了7500倍的销售额。

很多采用邮件的营销活动都会使用“三维邮件”：通常是用盒子邮寄的立体物品。作者切特·霍姆斯[①]讲过一个非常精彩的例子：他的“垃

---

① 切特·霍姆斯，《无敌销售团队》（企鹅出版集团，纽约，2007）。

圾桶”邮件。他在邮包里放了一只小小的金属垃圾桶，里面装着一个纸团，这其实是霍姆斯的信。信的第一句话是：“我知道你会把我的信丢掉，所以我想，干脆我帮你做了吧。”正如你猜到的，大多数人都好奇地打开了那封信并阅读了它，然后与霍姆斯取得了联系。

作者亚历山德拉·沃特金斯补充说：“你需要做点儿出乎意料的、能让人微笑的事。”她回忆，在一次拜访活动中，她给奥特蓝星扬声器公司的营销总监寄了一封粉红色的信，上面印着粉红色的字，还贴了精心挑选的邮票。这封信立刻就制造了超凡脱俗的效果。

邮票尤其能为营销活动添加亮点。我会剪切下漫画的一部分，用来定制邮票，这能让邮件从整体上看有相互呼应的一致性。stamps.com 网站能帮助你定制任何图案的邮票。

“约·巴罗斯”博客的作者约翰·巴罗斯和《永不停歇的销售繁荣期》的作者科琳·弗朗西斯发现，一个有效的方式是在拜访信中加一张礼品卡和彩票。巴罗斯会送一张印着公司商标的咖啡馆礼品卡，在附信中询问能否一起喝杯咖啡谈谈。弗朗西斯曾给一家新成立的农业销售公司做过拜访活动，她在信中夹了一张彩票，上面说：“如果您错过我们的提议，就是最大的冒险。如果你喜欢冒险，那么还是请你玩彩票吧。”信中接下来解释说，如果对方与她的客户合作，就会成为最大的“赢家”。这次活动不仅为她带来了很多会谈的机会，得到的订单还创造出了1700倍的投资回报率。

弗朗西斯强调，邮寄拜访信的工作并不复杂，但一定要持之以恒。她说，60%的人都是在你第六次尝试寄信后才回应你的。因此，她会在第六封信中问：“你真希望我去拿第七张卡片吗，抑或愿意现在就与我谈一谈？”她还说，很多销售人员会在第六次或第七次尝试未果后放弃，而这正是最大的错误。我为写本书采访了 Yesware 公司的销售副总布里奇特·格利森。她告诉我，在她的顾问工作中，她会每季度寄出一张明信片，上面的图案既友好又风格独特，后面是她的亲笔信。这个行动的结果就是，当她打去第二通或第三通电话时，对方不会把她拒之门外。很多次，电话另一端的销售副总会说："我记得你是谁，现在咱们可以谈一谈。"

作者约翰·多尔说，当他想用一份有 100 个名字的名单创造 100% 的联系率的时候，他会发出一系列三维邮件：每次邮包里只装一把飞镖，一直到最后一只邮包，他才会放进飞镖靶盘和他的附信，并把它们一起寄出去。当然，附信的内容会点明寄飞镖的意图：他将帮助自己的未来客户射中靶心。这个策略每次都能为他带来 30%~40% 的回应率。他说："这个策略的核心是：你一定要一而再、再而三地仔细推敲你的名单！"

作者大卫·卡奥和《我算什么，也能开公司》的作者塔拉·特鲁阿克斯认为，你应该把精力集中在你希望传递的信息上并坚持不懈。他们搞定人也是通过邮寄的方式实现的。而且他们都推荐使用联邦快递公司，因为该公司的邮包一看就像重要的商务信件。

卡奥说，有一天他接到一份邮件。"联邦快递的人走进我的办公室说：'请在这儿签字。'"他说，"于是我放下了手中的一切工作，打开邮包，发现里面是一瓶 473 毫升的百事可乐、一包用微波炉做的爆米花和一个黄色的信封。"那个信封里的字条上说，希望能邀请他放松一下，去看一个为时二十分钟的网上研讨会。"他们显然做过研究，在我身上下了一番功夫，"他说，"而且他们付了 35 美元，只为了与我谈一谈，于是我就欣然赴会了。"

其他专家也都提到了亲笔写字条的重要性，这个方式会让你在对方眼中更有人情味儿。关于这一点，杂志出版人约翰·麦克德莫特有个绝妙的主意。他会在杂志及报纸上找对方的广告，并撕下来塞进一个信封里，然后附上一张亲笔写的便贴："我看到你的广告，脑子里立刻有了个好主意。假如你有兴趣知道这是为什么，请给我打个电话。"他说，至少有 40% 的人会打电话过来，进而成为他的合作伙伴。在这一通电话中，他会解释他们的这个广告存在什么样的问题，以及如何改正。"等我说到一定程度后，"他说，"他们总会问：'你是做什么的？'而我基本上都会得到他们的生意。"

《鼓励别人》和《反对！反对！反对！》的作者盖文·英厄姆、博客"赢得更多销售"的作者劳瑞·理查森有些这方面的好主意。理查森喜欢使用定制卡片，外面印着"祝贺你"或"雄心壮志，出类拔萃"等字眼，里面是她写的亲笔信，还印着她的商标和名片。当她向他人表示祝贺的时候，她的文字通常只有几个短小精悍、悉心斟酌的词而已："做得好！"

英厄姆喜欢把亲笔信和漫画结合在一起，从这个角度来说，他与我的手法相像。有一次，我们曾为一家保险公司做了一次提高预约率的营销活动。我们设计了一张问候卡，外面是植入了收信人名字的漫画，卡内侧是一封亲笔信，问他们肯不肯约一次会谈。卡片装在信封里，上面有亲手写的收信人的地址。这次活动的对象有 1200 个人，创造了 100% 的回应率。

卡片也适用于打通凝滞的销售状态。我经常会用一张印有我漫画的卡片，上面画的是一只怒气冲冲的蜜蜂正坐在桌子前打电话："鲍伯，你不能让我一个劲儿地苦等啊，我的寿命只有两个星期。"这样的漫画发出去，十次里有九次，目标高管都会给我回电话。我认为，这幅漫画的效果在于它以毫无挑衅的方式，传递了一个很容易引发挑衅的信息：

“喂，我们在浪费宝贵的时间，快抓起电话找我吧。”

CEO 兼博主麦特·海因茨和作者迈克尔·克劳斯认为，你的邮寄拜访活动应该包括高管的助理，这会对你非常有利。克劳斯养成了一个习惯，他会给所有新近接触的人发一封亲笔写的感谢卡，尤其是在寻找高管的路上结识的接待员和助理们。“有一次，我把感谢卡送给一位接待员，”他回忆说，“所有人都意外极了，她把卡片钉在了自己办公桌的正中间。”他建议把助理包括在内，因为正如他指出的：“CEO 们常常会问他们的助理，某人在电话上对他们态度如何。这不但对他们来说很重要，对助理们来说也很重要。”

海因茨说，很少有人给高管助理寄信，其实他们应该这样做。“高管助理不是你成功路上的绊脚石，而是你的盟友。”他说，“而且他们最熟悉 CEO 的兴趣与关注的焦点。”他提倡，在收集 CEO 的资料时，你也应该收集高管助理的资料。你的出发点应该是帮助他们的老板提升价值，同时也让他们自己的事业更上一层楼。“把高管的助理也看作你的拜访目标，”他说，“站在他们的角度，想他们所想，为他们创造价值。”

拜访活动最成功的结果都是通过邮件达到的。我之前提到过一个非常出格的例子，就是作者及博主保罗·麦科德做的营销活动。在麦科德成为畅销书作者、顾问及演讲人之前，他曾做过房屋抵押贷款经纪人。有一次，他希望能让 70 位当地的建筑商帮他推荐客户。

由于他曾在那一行做过，熟悉其中的奥妙，他设计了一个纸筒邮包，里面装着一张流程图和一张简短的字条，问对方能不能通过电话聊一聊。他知道，建筑商经常接到装在纸筒里的建筑图纸，因此他们不太可能忽略他的邮包。他也知道，建筑商习惯于画流程图跟踪项目的进程，于是他想出了用流程图来展示自己价值主张这个办法。

这次活动的结果好得出人意料。在他希望接触的70位建筑商中，有30位最后变成了他的推荐人。在这之后的一年中，他一共签订了110万美元的贷款。而这全部归功于一次总成本不到175美元的邮件营销活动。投资回报率高达628571%。销售拜访的价值就在于依靠几十位关键推销员的力量，迅速扩张任何公司的规模。假如有人怀疑这一点，你就该让他们去读一读保罗·麦科德的例子。

### stamps.com

这个网站无最低订单限制。坐在电脑前，你就能得到邮局提供的所有服务，而且邮票的价格比你在任何普通邮局买的还要便宜1美分。如果你想定制邮票，请选“照片邮票”这个功能。

### Compendium

这里出售印有励志词句的问候卡和其他商品，适合于各种场合。很多产品都能用来问候你100位最佳客户名单上的人以及他们的助理。

### CartoonLink 服务公司

这是我的公司。CartoonLink每个月都会为会员提供一套新的适合开展营销活动的漫画，题材可以从容纳上千张漫画的网络资料库中任选，还可以针对目标客户替换漫画中的名字。假如你希望对方留意和打开你的邮件，并在之后的几个月中都小心收藏，这个网站可以帮助你达到这个目标。

## 本章要点

※ 销售拜访的手段并不一定都需要成本，其实任何人都负担得起。

※ 作为推销工具，电话的历史悠久，但如果你希望用电话找到高管，还需要使用一些特别的技巧。

※ 销售拜访的一个技巧是寻求帮助。你是希望找到合适的人，而不是急于推销。

※ 另一个找到 CEO 的关键因素是时机。

※ 把语音留言和电子邮件结合使用并坚持不懈，通常有显著的效果——只要你拜访客户是为了提供信息，而不是推销。

※ 接触到 CEO 后，你应该事先准备好相关资料，最好准备一个立刻就能引起高管兴趣的“绝妙问题”。

※ 电子邮件是搞定客户的有效工具。

※ 我自己的妙招是在电子邮件顶端贴一幅植入收件人名字的漫画，这通常都会引起他们注意，并让他们不断地把信转给他们的老板。

※ 使用目标高管名字的漫画，往往也会确保高管助理把电子邮件转发给高管本人。

※ 发送电子邮件的时机非常重要。一般情况下，高管们最可能回复你在周六上午或周日下午发的电子邮件。

※ 电子邮件的标题能决定你是否有机会搞定对方。它要针对接收人、有意义、有趣味，或者你可以点明一件让目标高管感到犹疑、恐惧、无把握的事情。

※ 关于电子邮件的内容，最重要的就是保持内容简洁，甚至可以短到只有一两行字。

※ 时至今日，社交媒体已经成为影响我们日常生活的强大力量。而且社交媒体在任何销售层面都非常重要，尤其是销售拜访。

※ 社交媒体能帮助你与 100 位最佳战略伙伴名单成员在未通过销售拜访之前就建立关系。

※“导火索”能提供你拜访重要未来客户的精确时机，因为“导火索”是基于他们商务活动中发生的某件事件，而他们需要因此寻求解决办法和帮助。

※ 谷歌提醒提供了一个能接触高层人物的简单方式：它能让重要人士打电话找你。

※ 基于邮件的拜访活动威力十足，我在为写本书做研究时发现的最高投资回报率，就是来自这种方式。

※ 漫画，尤其是植入接收人名字的漫画，十分适用于邮件拜访活动。

※ 三维邮件通常使用定制的邮包，能吸引很多人注意。

※ 邮件因其造价低廉，能用来开展“轮番轰炸”式营销。多次邮寄，既能反映出你敬业、坚韧的个性，也能逐渐瓦解重要人物的抗拒心理，让他们愿意与你交谈。

※ 亲笔写字条，无论是哪种形式，都能有效地让目标客户感受到你的人情味儿。

※ 你应该想方设法把高管的助理也包括在销售拜访的邮寄策略中。

第十章

# 拜访的正确渠道：媒体、内行意见、曝光度和活动

“我这就过去，等我让水晶球做完这个预报就好。”

现在，我们来再次改变角度，这一回，我们来看看一系列截然不同的拜访活动种类，这些活动主要集中在信息、内行的意见及媒体上。正如你在前面的章节中读到的，能让CEO们回应你的原因，不是他们自身的利益，而是让他们有竞争优势的信息。CEO的主要任务之一，就是让他们的市场熟悉他们自己的来龙去脉。如果你能帮助他们完成他们的任务，也就能帮助你完成你的任务。我们这就详细讨论。

## 采访和媒体出席：通过强势媒体曝光强化关注

### 每位目标客户的预算：0~1000 美元

采访重要人物是接触他们的有效方法。而且采访能提供即时价值，绝对不会有推销产品之嫌，也能快速地培养融洽的关系。采访的缘由可以是多种多样的，你可以寻求对方的意见，或为对方提供一次可贵的机会，通过有影响力的媒体曝光来讲述他们自己的故事，分享他们的思维方式。

全美营销师协会 CEO 拉斯 · 克莱因说，当他去大学演讲时，大学生们常常会问他：应该如何与未来的雇主接触呢？他会给他们这样的建议：打电话给目标公司，询问能否让目标公司的高管给自己一次“忠告面试”。也就是说，面试不是为了寻求工作，而是寻求工作与事业方面的忠告。“刚开始，你应该去寻找你拜访目标的老板，这样一来，你就有机会得到老板吩咐给其下属的推荐。”他说，“随后，你去问他们能不能与你面谈 15 分钟，要解释清楚，你只是希望得到一些忠告，没有其他意图。”克莱因说，高管很少会拒绝一个真心前来寻求忠告的大学毕业生。在这样的忠告面试后，每十次中至少会有一次，忠告寻求者会因此得到一份工作。他还建议：“结束忠告面试前，你千万不要忘了问：公司里是否还有别人能给你忠告。你一定要记下他们的名字。”

> “结束忠告面试前，你千万不要忘了问：公司里是否还有别人能给你忠告。你一定要记下他们的名字。”
>
> —— 全美营销师协会 CEO 拉斯 · 克莱因

博主斯蒂夫·迈耶提醒，你可以事先搜索一下，看最近是否有媒体引用过目标高管的文章，这是拜访的绝佳方法。“想联系到我其实很简单，”他重申说，“你只要告诉我，你读了我的作品就行了。”迈耶说，只要在网上搜索一下，就能找到很多重要人物发表的意见。这不但是联系他们的合理理由，也能立刻让你们的交谈顺畅自然。

《新的握手法》的联合作者、“社交核心的销售”博客的作者芭布·季阿曼克另辟捷径，她让自己变成目标高管与新闻媒体及其他作者之间的“中介人”。她会伺机等待，查看新书、文章及其他采访中公布的消息。如果这些文章与目标高管的生意有关，她就上门毛遂自荐，表示愿意为高管引见那位作者。如果目标公司的人接受了这个建议，她就有恰当的理由联系她的目标高管，而且提供给对方一份不菲的价值。

杂志出版人约翰·麦克德莫特把季阿曼克的方法发挥得更淋漓尽致。他说：“几乎任何人都能写文章并将其发表，如果那是一篇值得见报的文章，它就会被各个媒体转载，并在社交媒体上传播。”麦克德莫特建议，你要学会让一次会谈变成一次新闻事件。他还从未见过有人会拒绝这种方式，无论是目标客户的助理还是他们的公关人员。“如果你能把文章刊登在受人尊敬的媒体上，”他说，“人们就愿意与你分享他们的故事——更重要的是他们会愿意与你接触。”

即使你不在新闻界，也没有关系亲密的编辑朋友，你仍能靠采访重要人物来为他们提供价值。“如果你没有自己的节目，你就应该发起一个。”销售线索管理协会CEO及创始人詹姆斯·奥伯迈耶说，“你应该打造你自己的媒体公司。”作为这个协会的CEO，他的部分职责就是每周做一期网上广播节目，然后储存在他的播客里。他说，这个节目让他几乎能搞定任何重要人物。而且他发现，那些重要人物的公关人员都会迫不及待地希望自己能尽快联系上他。

SalesGravy 公司 CEO 杰布 · 布朗特也同意这个观点。他发现，采访重要未来客户这个方法在任何情况下都非常有效，前提是你必须拥有一个平台。“至少有 100 个人与我一样，想去找目标高管。”他说，“不过，如果我解释寻找他们是为了我的书、白皮书或播客，希望能采访他们 30 分钟时，他们总会让我如愿以偿。”他指出，最近哈佛大学有一项研究：科学家发现，当人们谈论自己的时候，血液会涌进他们的大脑。“这不但让他们觉得自己很重要，”他解释说，“还会让他们感觉很好。”他说，他的采访往往能创造“大约 100% 的渗透率”。他还说，他曾经获得过一项价值 25 万美元的顾问工作，只因为他为自己的博客采访了人事部的一位副总。

所有个人制作的媒体形式中，播客似乎最适合销售拜访。正如作者汤姆 · 瑟西指出的，播客可以简单到只是一次电话采访的录音。你还可以把它笔录下来，写成一本“名人名言”书。

有一次，他的一位客户新开了建筑公司分部，希望在新市场上打响第一炮，旗开得胜。他为他们策划了这样一个方法：“我们联系了当地一些规模很大的地产开发商，对他们进行了采访，然后把采访稿收录成书出版。”瑟西说，“这个举动吸引他们上门，让他们最后变成了我们的客户。”他指出，采访重要人物也能保证你从此不会被拒之门外，因为你还要在书籍出版前去拜访他们，让他们检阅采访稿。“这是一个绝好的机会，你可以向他们展示你的工作。”

作者托德 · 施内克似乎已经把播客采访这种形式演变成了销售拜访的金字招牌。作为无畏集团的 CEO，施内克在 2008 年录制了他的第一段播客。当时正值北美金融风波，很多金融公司都被迫裁员。他采访了许多刚刚被裁员的高管，这些高管正急于开展自己的顾问工作。“与他们取得联系很容易，”他回忆说，“而这也为我们的听众提供了很好的内容。”不久，他就意识到，他可以用同样的方法去接触任何愿意与自己合伙做生意的人。

时至今日，施内克制作并主持了大约十几台定期更新的播客。播客的内容纷繁多样，这让他的公司变成了他的客户们的“联络工厂”。当他参加贸易展览会时，他意识到，如果他马不停蹄地主持采访，他的客户公司的规模几乎就能在一夜之间更上一层楼。“我们把客户的展览摊位改装成好像电视台采访布景的样子，然后邀请60到70位他们渴望联系的高管来参加我们的节目。”他说，“这能让双方直接联系，他们可以轻而易举地将其转化为客户关系。”

施内克认为，这是任何人都能做的。他还忠告说:“如果你的目标是去接触商界的领导人，你就应该开创一个商业节目。”他解释说，这种拜访方式有诸多优势，“你可以轻松自如地应付他们，因为人们总会迫不及待地渴望讲他们自己的故事。”他又补充说:“他们的看门人也渴望有人会采访他们。”更绝妙的是，目标高管常常在被采访后，会把播客推荐给他们的观众，因此你自己的观众群也会随着每一次采访而日益壮大。

> “目标高管常常在被采访后，会把播客推荐给他们的观众，因此你自己的观众群也会随着每一次采访而日益壮大。”

利用播客联系客户是一个美不胜收的妙方，我建议你立刻就开始制作。请求采访是非常有效的拜访工具，它的成本几乎低得可以忽略不计——即便你使用专业制作，甚至植入广告。作为播客主持人，你还可以在你的重要人士声明里加上举足轻重的一条。而且你还应该想象一下：假如你在节目中植入你自己公司的广告，你的采访对象（也就是你的目标高管）就会毫无疑问地洗耳恭听。你会得到他们的全部注意力。

### 免费电话会议

该网站提供免费服务：同时容纳 25 人的网上会议；苹果和安卓手机软件，让你随时随地进行采访；非常重要的简易录音功能，能让你把会议的录音轻而易举地转化成播客内容播出；等等。真让人难以相信这些服务都是免费的。

### Podbean

这个网站提供播客录音、编辑、发布一条龙服务。你或者使用网站的账号，或者租用他们的虚拟主机，创建属于你自己的播客网站。网站的公共播客会提供播客摘要，向网友推荐你的播客，甚至能帮助你使用播客赚钱。

### OCTalkRadio

如果你希望制作品质精美、专业水平高的网络广播节目，OCTalkRadio 的保罗·罗伯茨提供了一步到位的全套方案，包括帮你创作你自己的广告。他愿意为你的节目提供他本人那舒缓悦耳、让人安心的语音，因为他既是录音师和制作人，也是优秀的播音人。

## 书籍与文章：你的赠书就是你最好的名片

### 每位目标客户的预算：1~150 美元

如果你出版过自己的书，那么你肯定明白，一本有你签名的书，能非常有效地帮助你拜访到各种重要人物。而且它也是你的重要人士声明中举足轻重的一条。你也许会觉得这种拜访方式只适用于作家，但我可以愉快地告诉你，你如果这么想就大错特错了。

在当今世界，你可以付出一年时间专心写作，然后出版一本货真价实、充满知识与经验的书。但是，成为作者的途径不止这一条。任何人只要有短短几小时的时间，就可以自己出书。一本十到二十页的电子书，只需一眨眼的工夫就能做好并以 PDF 格式出版。之后，你可以把它附加在你的电子邮件中，或放在你的网站上供人们下载。

CreateSpace 和 Lulu 等网站会提供按需印刷服务，帮你印刷质地精美的实体书，送到亚马逊或其他网店出售。Blurb 则更上一层楼，它提供的服务能让你制作引人注目的厚纸封面书，还可以配上用自选照片打印的书套。此外，庞大的电子书市场如亚马逊的 Kindle、苹果的 iBooks、巴诺书店的 Nook 等，也可以让顾客直接从网站购买、下载并阅读电子书。

如今，想做一名图书作者，比以往任何时候都更容易，也更好上手。

当然，最可靠的途径仍然是传统途径：与经纪人签约，由他们拿你的书去各个出版社兜售。与自己出书相比，采用这种途径你将无法全权控制书本的细节，但是你换来的是市场上的可信度和成品的质量。假如你的作品带有著名出版社的商标，再配备上他们无与伦比的营销、公关、分销渠道等力量，你的重要人士声明和市场名望都会因此得到重量级筹码。

如果你的拜访策略涉及书籍，你首先就需要选择：你打算送自己的书还是别人的作品？显然，使用你自己的书会有更大优势，你还可以把照片加在封面图案里。用作者、专栏作者戴夫·斯坦的话说就是："你的书就是你最好的名片。"斯坦的赠书是按照对方的需求量身定做的。"我会通读目标高管公司的年度报告，寻找一个我能帮助其改进的难题，"他说，"我会在书的封面上贴一张便利贴，指点他们去读某一页，然后在那一页的页边空白处写一些注释。"不过，他指出，此书完全不必是你自己的作品，你可以使用别人的书，甚至是一篇短文，而达到同样的效果。

"你的书就是你最好的名片。"

——作者戴夫·斯坦

接受我采访的大多数作者都认同斯坦的意见：书是最高级的名片。作者吉尔·康耐斯发现，她的书不光能让重要高管前来访问她的网站，书店售书后还能带给她很多电话和信件，希望与她进一步深谈。作者大卫·卡奥指出，即便你的书未能盈利，但在市场上发行过的一本书，仍会带给你接触更多人的机会，它其实能为你带来难以计数的财富。"无论你用它做敲门砖，还是某人在书店的架子上留意到它，"他说，"一本书都会让人对作者产生强烈的信赖感，也能帮助他们更熟悉你的作为。"

《基准线销售》、"理解销售力量"博客的作者大卫·科尔兰说，他往往只给 CEO 们送去一本有他签名的书，附上亲手写的便签，表示希望能谈一谈，就会很有效果。作者丹·麦克达德则会挑选合适的时机，不仅送一本自己的书，还会附加一张 25 美元的礼品卡和一只咖啡杯，因为他希望打个电话，并在电话中交谈时请对方喝杯咖啡。艾伦·迈尔是《引爆点事件》和《推销比性更爽》的作者。他说，虽然重要人物常常会质问他第二本作品的名字，但是他的工作是运用真正有意义的事件来展开与重要人物的接触，这从来都与对方所处的情况有关。“我不会咄咄逼人，”他解释说，“我只想看看是否有机会帮忙。”

作者亚历山德拉·沃特金斯会把这个方式完全颠倒过来运用。她会搜索写过书的重要人士，然后用他们的书开展自己的拜访活动。“我的办公室里有一台别致的粉红色电冰箱，它兼做我的书架。我会在它前面照张自拍相。”她说，“然后我送去照片时附送一封短信：‘我的粉红色冰箱里只收藏最好的作品，我很高兴你的书也在其中。’”用这个方法，她拜访到了上过纽约《时代》杂志畅销书榜的作者亚当·格兰特、桑迪·卡特和电视节目“鲨鱼池”的主持人之一芭芭拉·科科伦。之后，这三位重要人物都使用了他们人气兴旺的推特，帮沃特金斯宣传了她自己的书。

不过，作者约翰·多尔和安迪·保罗都提醒，如果你希望送书——无论什么书，如果缺少明确的原因，反而可能弄巧成拙。多尔提起，有一次，他的客户曾寄出了自己的500本书，却没有得到什么反应。“一位目标高管的助理告诉他们：‘啊，当然啦，我们每星期总会接到四五十本这样的书。’”多尔说，“这说明你的礼物没能鹤立鸡群。”他认为，如果你没有在封面的字条里清晰地点明本书的意义，那么，单凭送一本书去，对方不会让你登堂入室。保罗说，他会在送书前使用社交媒体给对方打一声招呼，这能确保目标高管本人会留意这件事。

作者科琳·弗朗西斯认为，即便如此，你也应该把自己的书赠送给目标高管。因为如果目标高管欣赏你的书，他们就可能会用到你。“商务顾问们常常担心免费赠书会影响未来的销售或合同，”她说，“然而，没有什么比你自己的作品能更好地表达你的个性。”她也坚信，无论你打算送什么书，一定要在书里插一只书签或便利贴，解释一下你送这本书的意义。

弗朗西斯也鼓励赠送文章，而且你也应该用便利贴附一张字条，解释你送这篇文章的原因。她讲了这样一个故事：有一次，她希望能搞定几位广告公司的高管。“我们给他们送去《快速公司》杂志的一篇关于广告公司内部人员变动的文章。”她说，“这篇文章至少让 50% 的人给我回了电话。”

《投资回报率销售》、“ROI4Sales”博客的作者迈克尔·尼克表示，出版自己的书还有另外一个好处：能让重要人物主动来找你。不久前，他出售了自己的公司，而购买人坚持在合同上添加一条：允许他们继续使用他的书为公司做营销工具。由于每出售一本书他都会得到版税，这个条件为交易双方都带来了好处。

### CreateSpace

这个网站是自主出书时代的奇迹。CreateSpace 为作者提供了一整套以按需印刷为基础的出版平台。因为它是亚马逊公司的分支，所以它早已紧密地融入了实体书的销售平台。网站的控制面板简洁美观，能显示销售状况。而按需印刷产品（只限软皮书）的质量也是第一流的，可以与你在任何书店里找到的书媲美。

### Blurb

Blurb 也是一个自主印刷平台，专门制作高质量的硬皮书，还可以使用精美的自选照片做纸书套。虽然该公司的主要目的是让顾客制作家庭相簿，但采用这个平台，你可以制作独一无二的书籍——即便制作一本稍加修改的杂志（比如以目标高管的姓名和照片做封面人物），也能协助你在最顽固的目标高管那里留下好印象，并最终搞定他们。

### iStockPhoto

假如你打算出版自己的书，它需要反映你的专业与质量。iStockPhoto是一个图库，里面有很多现成照片、图画及视频资源。你可以在里面找到最合适的封面图片和最引人入胜的书内图片。我也建议你用谷歌搜索“现成照片”去寻找其他的图库。

### 鲍克出版社

出版的书籍都需要国际标准书号，而鲍克出版社是美国唯一正式的国际标准书号代理商。不过，他们的工作远远比注册书号多得多。你可以访问他们的网站，注册你的国际标准书号以及对应的封底条码。他们也提供封边设计的建议、自主出书攻略、宣传策略等。

## 视频：录制目标客户的视频，把它送给对方

### 每位目标客户的预算：5~1000美元

近年来，我们的生活发生着日新月异的变化，这让人几乎忘记，其实拥有和欣赏简单、廉价的视频，仅仅是最近这几年间发生的事。而且这类视频的使用范围仍有很大的局限性：不过是一些年轻人对着智能手机自说自话的可爱的猫咪视频和愚蠢的搞笑动作视频。不过，我很高兴

地告诉你，视频也可以做销售员的基本武器。

在第五章中，我们谈到过NoWait公司，他们成功地做过一次震惊行业的营销活动。NoWait公司的产品是一款软件，能帮助餐馆及其顾客管理等待餐位的时间。顾客的智能手机代替了我们以往常用的“餐位已准备好”的亮灯小牌。在餐馆门口，当你告诉接待员你要订一个餐位，并将这个请求输入软件后，你可以继续自在地买东西、散步或在吧台等待。你不必在人满为患的等待间里挤一个小时等座位。

NoWait公司的CEO制作了一张由35家餐馆组成的拜访名单，他任命该公司的联合创始人卢克·潘扎为营销副总，为每家餐馆量身制作了一段视频。这个策略的亮点在于他们的传递方式：每段视频都装在一台全新的iPad里。这些iPad都保留了苹果原版包装，但里面包含一些细微的改动：小小的用户手册变成了NoWait的微型介绍小册子，屏幕的保护薄膜上印着简洁的步骤：

第一步：开机。

第二步：点击NoWait视频图标。

每台iPad里的视频都是专门为目标高管拍摄的。刚开始是一段用夹在衣领上的隐秘针孔摄像机录制的视频，很明显是来自一位“采访者”。这位采访者走进目标高管的一家餐馆里，穿过挤得水泄不通的等待间，好不容易挤到订位台前，他被告知需要等一小时才有座位。采访者继续在人群里走动，询问顾客们对如此长时间的等待有什么看法。

接下来，视频转到下一段，介绍NoWait软件，解释它如何能解决长时间等待的问题。这套视频完美地诠释了公司的价值主张，运用巧妙制作的视频，达到了任何销售人员现身说法都无可比拟的效果。视频的最后一节是 NoWait 的 CEO 直接对目标高管的谈话，告诉他们，他十分喜欢去他们的餐馆吃饭，但不喜欢等一小时才能上座。最后他邀请目标高管与他联系，亲自试一试软件的威力。

潘扎告诉我，这次营销活动的反响超出了他们的预计，回应率高达 75%。之后，38% 的餐馆试用了软件，最后全美国 17% 的最大餐馆的连锁店都变成了他们的客户。潘扎还说，由于这种软件销售周期较长，他们预计，在未来的一年里，试用者及客户的数量还会更多。

NoWait 公司的营销活动中，有一道十分耐人寻味的工序。营销人曾经做过实验，尝试过在一家公司中接触各个部门的高管。等他们得到结论后，再去接触每家公司时，就会专门去联系一位高管，而不是多位。因为他们发现，CEO 或财务总监都不是合适的拜访目标，运营总监才是他们的最佳切入点。潘扎解释说："毕竟 NoWait 软件的长处是协助营运工作。"他们正确地分辨出了"有机会执行这项商务活动的 CEO"，而这正是能引发爆炸性增长的导火索。不过，他们也发现，把 CEO 放在联系名单中仍有其独特效果，因为这会帮助他们得到来自最高层的赞成票。

录制针对拜访目标的视频，把它们储存在价值不菲的平板电脑中送给对方，这一方法已经让人叹为观止。但是，作者塔拉·特鲁阿克斯对此有个更精彩的建议。"我会在送 iPad 的同时附上一张字条，解释说我将于某时造访，去把它取回来。"她说，"等我按时到那里后，正好可以问问他们愿不愿意谈一谈。"这是一个精彩绝伦的策略，既让你把专门录制的视频以非常引人注目的形式送到对方手上，同时你还创造了一个与目标高管会面交谈的理由。除了赞赏，你猜他们还会说什么？你与他们联系的方法既聪明又大胆，而他们当然不会偷走你的 iPad。这是一个很有效的办法，能立即让你与重要人士取得联系。

当然，我们不必操之过急，你不一定非要花几百美元买 iPad 才能送出你的视频。你可以轻而易举地把它上传到 YouTube、Vimeo 或你自己的网站。更好的做法是，你只要把链接插在电子邮件中，就可以把它们送给目标高管。正如作者盖文 · 英厄姆指出的:“大家都爱看视频，一段五分钟的视频远比你五分钟的电话更有效果。”

“大家都爱看视频，一段五分钟的视频远比你五分钟的电话更有效果。”

——作者盖文 · 英厄姆

假如你本人不爱上镜，Find New Customers 公司 CEO 杰夫 · 奥戈登和美国职业销售人员协会 CEO 罗德 · 海尔斯顿仍提供了一些能帮助你的建议。奥戈登的方法是制作一套幻灯片，然后用 SlideShare 软件为幻灯加上音频。海尔斯顿则推荐 Live Spark 网站，你可以使用那里的卡通人物帮你演绎你的信息。他讲到，有一次，他曾利用了一只卡通犀牛，成功地把一套培训课程卖给霍尼韦尔公司，让该公司的利润增长了 15%。

投资人、社交销售的支持者、演讲人吉尔 · 罗利指出，YouTube 是美国使用人数第二高的搜索引擎，可惜的是它没有记录功能。罗利后来之所以成了 Vidyard 公司的投资人，就是因为这家公司的网站包含了记录功能，能让用户看到他们的视频被每位观众浏览的次数。她的另一项投资 Switchmerge，能让用户根据观看对象实时更改视频内容，修改其中出现的人名。“它把视频的这个优势与客户关系管理数据结合在一起，”她说，“这样一来，观众看到的视频是真正为他们量身定做的。电子邮件中带有这样一条视频，将是一个百战百胜的工具。”

社交销售策略专家胡里奥·威斯克维奇指出，拜访活动中，其实还有另一种使用视频的方法。他常常在第一次接触后，使用StoryQuest视频平台，迅速地做一段十五到三十秒长的电话摘要视频，然后送给对方。“客户经常会告诉我：‘哎呀，我以前从没见过这么好的东西呢。’”他说，“这会让他们明白，我为了去接触他们，真正付出了很多精力。”

在拜访工作中，视频无疑还有更多用武之地。我认为它是让我们达到营销活动终极目标的最佳方式，这个目标就是：让我们看起来更有人情味儿。这能迅速建立关系，让对方迅速变成能协助你的朋友。

### SlideShare

这是一个简单好用的平台，能让你把视频、幻灯、信息图、文件和网上研讨会资料分享到你的网站、博客或社交媒体渠道上。

### Vimeo

这是个高端视频储存平台，支持高清无广告视频。

### Vidyard

这里储存的视频能在所有平台播放，同时还能记录浏览数据，能让用户最有效地安排视频，最大幅度地将观众转化为客户。该网站有许多独特的服务，比如在视频播完后弹出一张联络单，为视频自带上回应工具。

### Live Spark

该网站提供的卡通朋友都是由电脑实时生成的卡通人物。你可以用它们与观众实时交流，或将其录成视频，让它们做你的代言人。

### StoryQuest

StoryQuest 最近被 SAVO 集团购买，为该公司提供灵感数字明信片服务。它提供了一个快速而且方便的平台，帮助你做打电话后的工作，其中有许多协助拜访活动的功能。

### VideoHive

这个网站有现成的视频、动画图片、项目文件等。该网站是 Envato 市场的一部分，它还包括无版税照片、编码、图片、音频、音乐及大量制作视频、印刷品和网页的元素，能为你的视频和其他项目带来真正专业的效果。

## 为目标客户送去有价值的信息和内行意见

### 每位目标客户的预算：0 美元

既然送书或送文章是个好办法，那么你何不展开一个持续的活动，让提供信息及内行意见变成你搞定客户的策略呢？这个思路正是第十四种拜访手段的与众不同之处，因为它涉及的是你与重要未来客户之间的一个完全不同的承诺。

“另类销售者”博客的作者堂·库珀说，真正的商机存在于一个持续的信息源中。他为潜在客户提供了可以转赠给他们的信息。这些信息不但是免费的，而且需要言之有物，能为你的重要客户送去有价值的内行意见。“你可以送给他们文章、播客、电子书、图片信息、PDF 文件，”他解释说，“只要你持之以恒，假以时日你就能与客户建立重要的关系。”库珀相信，你要首先赢得重要未来客户的注意，然后用强有力的方式为他们提供信息、价值和内行意见。只要你能持续地做好这项工作，最终就能搞定对方。

作者琳达·理查森指出，互联网的出现极大地打破了传统的销售方式。如今，买家在购物前就已经做好了大部分的研究工作。因此，未来客户最重视的是你的专业知识和内行意见涉及了整个行业，而不仅限于对自家产品的了解。她说：“内行意见与电冰箱有什么相似之处呢？那就是：当你打开冰箱门时，里面的灯亮了。”理查森认为，这种一点即透的内行意见是被她称之为“新型销售”的重要组成部分。

可是，你要如何提供能让 CEO 洗耳恭听的内行意见呢？理查森的办法是：多问多听，用全部注意力集中思考对方的需求。“提供内行意见不是推销，”她说，“只要你的意见能打中他们需求的靶心，就会让他们侧耳聆听。”作者安东尼·依安纳瑞诺也同意这个看法。“CEO 们要一刻不停地观察别人都在做什么，别人都在看什么，他们读哪些书。”他解释说，“如果你能帮助他们解决他们面临的战略难题，那才是他们最需要的。”他强调说，只要有敏锐的商业嗅觉，并在与他们对话之前做足功课，你就可以干净利落地把自己的角色延伸，为对方持续不断地提供信息和内行意见。正如依安纳瑞诺所说的：“CEO 希望能预知每条路上转弯后的情形，如果你越能显示出自己可以帮助他们做到这一点，那么你就越有优势。”

作者芭布·季阿曼克把这个思路更推进了一步。她说:“你刚开始提供的信息越多，就越能表现出你并非只想兜售产品，你能得到的机会也就越多。”季阿曼克用一句老话提醒我们：人们总是从他们认识、喜欢并信任的人手中买东西。“没人愿意从见缝插针、拼命把名片塞进你手中的人那里买东西。”她解释说，“你要做需要别人向你要名片的那个人。”

> “没人愿意从见缝插针、拼命把名片塞进你手中的人那里买东西。”
>
> ——作者芭布·季阿曼克

让自己变成一位值得信任的、能提供信息和内行意见的人，其实没有捷径。你需要寻找并消化大量文章、社交媒体新闻等，尤其要留意你的重要未来客户可能感兴趣的那些题目，而且你需要长时间地保持这个习惯。

而且我还要提醒你：假如你打算使用这个策略，那么你必须寻找位于你名单上的CEO们视线以外的那些信息源。从《纽约时报》和《华尔街日报》上摘抄文章下来或许不会让他们意外，也不会带给他们任何价值。但是，学术活动、网上研讨会和播客却是非常好的信息源，因为CEO们不见得常去这些地方搜索信息。在活动后，你还可以与客座演讲人直接取得联系，从那里源源不断地取得信息及内行意见。这正是你的重要未来客户没有的，他们也会觉得这些信息非常有益。

如果你希望把这个策略提升到更高的境界，我还有个好主意：把你的报告编辑成一份杂志，完全针对每一位目标CEO量身定做。Blurb网站能帮助你，而且它们印刷的杂志物美价廉。这个网站还可以帮助你为每位 CEO 定做书籍。

## 举办活动是与目标客户会面的有效工具

### 每位目标客户的预算: 0~1000 美元

为销售拜访开展的活动，是非常强大的工具。你既可以做它的参与者，也可以做主持者。

最简单的办法，当然是利用别人组织的活动。我最近参加了一次在三藩市举行的 Dreamforce 盛会——这无疑是我见过的最大的营销展示会。与会的有几十万营销人和职业销售人员，莫斯克尼会议中心的每一栋大楼都座无虚席，市中心所有的旅馆都找不到一间空房。参加这次盛会是免费的，而所有我希望拜访的人，正在同一个地点共聚一堂。

我参加这次活动其实有好几个原因：我本来就需要拜访三藩市的几位客户；作为 Salesforce 博客的客座撰稿人，我需要出席他们内部举行的酒会；不过，真正的原因是我希望去那里寻求演讲人及社交销售的支持者吉尔·罗利的意见。

罗利曾说过，这种大型盛会最适合开展她的“社交围攻法”：把目标聚焦于几位关键人物，同时在几种社交媒体上与他们建立联系。她会主动在社交媒体上接触他们，介绍他们双方共同认识的关键人物，然后表示，希望她在大会上发言后能与他们见面。罗利说，作为销售员，如果不出席自己行业的展示会，那么我们就会失掉结识 100 位最佳未来客户或 100 位最佳战略伙伴名单成员的许多机会。

作者戴夫·斯坦建议，只挑出一位演讲人进行联系，会十分有效。你可以站在靠前位置的过道里，等候他演讲完毕后走下来。“不要在这之前打扰他，”他说，“也不要做第一个与他握手的那个人，最好是第三个或第四个。因为到那时，他才会有空聊天。”SalesGravy公司的杰布·布朗特指出：“何不邀请他们共进晚餐呢？你或许不相信，但很多演讲人其实并不会安排演讲后的晚饭呢。”

鲁赫林集团的创始人约翰·鲁赫林把这个方法使用得炉火纯青。当鲁赫林听说他的一位目标高管准备做一次演讲，而那位高管很喜欢布克兄弟品牌的衣服后，他把那个人的旅馆房间里布置满了从布克兄弟商店里买来的货品。当天晚上，那位高管就打电话给鲁赫林：“你彻底吸引了我的注意。”

《游击连接器》的作者理查德·韦勒说，为了发展重要的客户关系，他不会放弃任何展示会。虽然这些展示会的规模不大，但其效果依然很好。“有一次，我坐飞机赶到费城，只是为了参加我一位目标高管举办的一个小会。”他回忆说，“他立刻就被我的态度打动了。”由于他的勤恳，那一次旅行让韦勒得到了许多人梦寐以求的全国巡回演讲机会。

作者吉尔·康耐斯认为，参加会议是拜访工作不可缺少的一部分。她强调说，她最近参加的一次会议取得的收益是她当年收入的四分之一。她认为，即使你的预算不多，仍然能造成大幅度的影响。HubSpot公司刚上市之际，他们希望参加Dreamforce展览会，可惜没有足够的资金租展示大厅的位子，于是他们退而求其次，在展览会附近的大楼里租了一间会议室，仍然开展了他们自己的活动。“这一招十分管用，”康耐斯说，“你看他们现在多成功呢。”

《让销售成功的情商》和“销售领导”博客的作者科琳·斯坦利认

为，举办你自己的活动，能给你最好的机会去接触你名单上的重要人物。虽然斯坦利在多年来承办过各种各样的活动，但她最喜欢的是由她主持的、每月一次的高管发布会。她说，即便到场的只有几个人，她也能做成很多生意。她说:“我们重视的不是数量，而是质量。”

《狂扁！写给刚上任的销售经理们》和“你的销售管理专家”博客的作者肯·索尔森把类似的方法用在了IT界。不过，他瞄准的并不仅仅是科技方面的高管，还有主管营销和销售的副总们。“作为一家公司的信息总监，他们有很强的分析能力，但他们同时也担负着难以想象的压力。他们在每家公司的平均任职期只有18个月。”他解释说，“因此，在这种环境中，我们最需要注意的是要保持好几条不同的联系渠道。”

索尔森最擅长的策略是举办专家高峰会。每次会议邀请的专家都不会超过十几个人，但都是受人尊敬的思想领袖级人士。他常常邀请信息总监来做思想领袖，这让目标高管更加难以拒绝——既有机会出席一次高级专家高峰活动，又能以思想领袖的身份站在其他公司的同行面前。这就能为索尔森创造更多的联系机会。“在这类活动中，你的首要任务是做一位好成员，而不是卖东西。”他说，“重要的是建立诚信。”

速成学院CEO、博主斯蒂夫·迈耶提出的忠告是，最好把活动安排在清晨，这样才不会与高管们的上班时间冲突。而且你一定要告诉他们其他的总监级高管也会出席。“CEO会迫不及待地希望结识其他CEO，以交换意见。”他解释说，“毕竟他们都真正理解客户网络的重要性。”而作为活动主持人，迈耶比在场所有人都更容易建立起人际网络。

“CEO 会迫不及待地希望结识其他 CEO，以交换意见。”

——博主斯蒂夫·迈耶

无论什么形式的活动，都能变成有效的拜访活动工具，它能大幅度地扩展你拜访活动的深远度。如果你刻意把活动的范围缩小，它则能让你集中精力，更亲切、更快速地拜访那些最为重要的未来客户。

## 本章要点

※ 采访是能最快速地搞定客户的方法之一。

※ 采访的基础必须是真正的曝光率。即使你刚刚起步，也仍然有办法做到这一点。

※ 如果你采访了一位高管，他会把观众带进你的广播或播客中，因此，你自己的观众群会随着每次采访而不断增加。

※ 采访的名义可以仅仅是寻求忠告，或以重要人物写过的文章、博客或书籍为题材。

※ 大多数 CEO 有义务为他们的公司做宣传，他们的助理及公关人员往往会积极地协助你促成此事。

※ 播客其实可以是相当简单而便宜的，比如，你可以免费录制一次电话会议，然后将音频放到 10 美元 / 月的播客虚拟主机上提供给大众。

※ 在展览会上做实时播客，会让你有机会联系很多与会的重要人物。

※ 假如你希望制作像电台那种高质量的播客，一些要价适中的服务公司能帮你制作专业品质的节目，还能为你制作广告。

※ 书籍和文章也是强大的拜访活动工具。

※ 如果你自己写书出版，那么你的书就是你最好的名片。

※ 你也可以送别人的书，但无论如何，你一定要附上一个便笺，解释本书如何与你拜访的原因有关。

※ 即使你没写过书，在今时今日写书已经变得非常容易。很多不同的自主印刷平台都能帮助你出版自己的书。

※ 一本自己出的书，质量可以与你在书店里见到的任何书媲美，而且你愿意印多少本都随你，无论是一次一本还是一次 1000 本。

※ 如果你的书被专业出版社出版，不但会大幅度地增加你名字的可信度，而且也能让你在市场上造成更大影响。

※ 目标客户的书也可以做拜访工具。你可以写书评，发推文，留正面的评论，或拿着书自拍。

※ 视频能提供的拜访内容，或许是所有拜访方式中最丰富的。

※ 视频可以被储存在实体播放器中送出，也可以放在网上，或以电子邮件附件的形式寄出，这些都能达到很好的效果。

※ 许多工具能帮你把每段视频根据受众量身定做。

※ 视频能让你在重要未来客户面前显得更有人情味儿。

※ 只要你持续不断地输送信息和内行意见，就能让你逐渐打造出有信任感而且日渐加深的关系，但不能在里面包含推销的成分。

※ 你的信息源不需要包括 CEO 们已经在读的东西，你要寻找除《华尔街日报》和《纽约时报》以外他们还没看到的东西。

※ 你不能只送信息，还要加上你的意见，这样才能显示出你敏锐而深刻地理解了 CEO 面对的难题和忧虑。

※ 举办活动是非常有效的拜访工具。

※ 你可以轻而易举地通过别人举办的活动来联系你的目标客户。

※ 举办你自己的活动，能加深你与与会贵宾的交往。

## 第十一章

# 用“极度夸张”方式创造超级增益效果

“你在说笑话吧。那东西是咱们的营销自动程式弄出来的？”（飞机写的字是：哎呀，多谢）

我把最有趣的方法留到了最后讲。从娱乐的价值的角度来说，下面这些类别都是摇滚巨星级的，不过，也由于它们太过极端，所以不能算销售拜访的核心部分了。尽管如此，这些个案都能非常好地显示销售员的胆识、创造力以及制造非凡效果的思维方式。

## 在媒体上刊登给目标高管的拜访信

### 每位目标客户的预算：500~10000 美元

几年前，营销人瑞克·班尼特接待了一位客户，后者希望他的新公司能成为第一家提供新型语音控制的网站平台。可是，为了把公司推到新的高度，他需要拜访通信业最大的几家公司。换句话说，他需要与思科系统公司的总裁兼 CEO 约翰·钱伯斯、世通国际公司的总裁兼 CEO 伯尼·埃博斯、太阳微系统公司的总裁兼首席运营官埃德·桑德尔等人合作。而且他既需要注入资金，还要能接触这些公司所代表的大量客户。

怎样才能搞定这些人呢？班尼特的解决方案很特殊。他制作了一封给这三位目标高管的拜访信，但以全篇幅广告的形式在《华尔街日报》上登出。据他推测，约翰、伯尼和埃德一定是《华尔街日报》的读者。然而，连他也没能预料到接下来发生的事。

果不其然，这三个人都看到了广告。但让班尼特意外的是，这则广告把三位目标高管的同事和朋友——都是当天报纸的 210 万名读者中的——几乎全调动起来帮助他们。这让他们的竞争对手都慌了手脚。广告登出的当天，约翰、伯尼和埃德的电话一刻不停地响了一整天，他们的朋友们都纷纷打电话去问他们是否看到了广告。

最后，甲骨文公司的 CEO 拉里·埃里森也看到了这个广告，他抢在那三个人之前，与班尼特的客户签订了合同。这次交易价值达几千万美元。看到最后的交易数值，再考虑到目标高管的身份，班尼特采用的策略完全正确，这次营销活动也彻底成功了。

班尼特还使用过别的方法，并取得了类似的辉煌业绩。这一次，他没有把广告发表在报纸上，而是将其打印在泡沫明信片上，用特快专递送给对方。这个方法在公司被收购时能招引来最大的玩家。有一次，他让亚马逊以5亿美元的价格收购了他客户的新公司。“在那一期的广告里，包含了公司的全部价值主张。”班尼特说，“这是一个非常有效的工具，能引起适当人选的注意，并鼓励他们迅速展开行动。”

班尼特解释说，同样的效果还可以用精心制作的广告牌达到。“只要花7000美元的月租，你就可以使用通用汽车公司总部对面的广告牌。”他说，“因此，假如你需要与任何汽车行业的人士接触，这是个好方法。”

> “只要花7000美元的月租，你就可以使用通用汽车公司总部对面的广告牌。因此，假如你需要与任何汽车行业的人士接触，这是个好方法。”
>
> ——营销人瑞克·班尼特

报纸上常常会刊登公开信，这是精心筹划的广告，希望能引起排山倒海般的反响。班尼特不过是把这个方式颠倒了一下，利用它引诱出了某一位有高价值的目标客户的反应。从他的故事里我们能看出，传统媒体不见得一定要按照传统方法使用。班尼特的业绩是个好例子，说明卓越的思维方式能让销售拜访成为卖家、营销人和企业老板手中一个勇敢大胆、变化多端且价值连城的工具。

## 送廉价电话给客户，并找准时机打电话过去

### 每位目标客户的预算：30 美元以下

这个方式比较容易理解：购买一部物美价廉的手机送给目标高管，然后在它被送到的时候打电话过去。虽然如此，你还是应该了解一些其中的细枝末节。

《聪明地打电话》一书和同名博客的作者阿特·索布查克回忆了他曾开展过的一次拜访活动。他使用了一只从沃尔玛买来的廉价手机。“我们把手机塞进联邦快递公司的盒子里，上面贴了一张纸条：‘我将于 10 点钟打电话给你。’”他说，“这里的诀窍在于它引起了对方的好奇心：到底谁会打电话来呢？为了什么事？”

同样重要的是，你必须准确地知道手机会在什么时候被送到。作者大卫·科尔兰讲过一个故事：一位销售人员把一只廉价手机寄给一位 CEO，然后把车子停在大楼外面，一直等到邮包被送到的时候才拨打了那个电话。“CEO 刚接过手机，它就响起来了。”他说，“所以，这自然让他非常好奇。”

杂志出版人约翰·麦克德莫特说，他喜欢用联邦快递公司的盒子装廉价手机，但是盒子会由他亲自递送。“联邦快递公司的盒子可以免费取用，”他解释说，“而如果是我自己送过去，我就能精确地控制送盒子的时间了。”

这件事的关键似乎在于你需要准确地控制时机，在手机被送到的那一瞬间打电话过去。不过，也有人把这个方式颠倒过来，他们把自己的号码输进手机，邮包里附加一张纸条，告诉接收人只要他们按快速拨号键，就能与送电话的那位神秘的人通话。

以上这些方式都基于用手机本身作拜访工具。但是，我还想到另一个方法，那就是把手机与其他拜访策略结合使用，让手机做回应工具。我常常想，假如使用了物美价廉的手机，也许会让丹·瓦尔德施密特的长剑（见第八章）和 NoWait 装着视频的 iPad（见第九章）效果更好呢。

## 调查客户的兴趣，根据其兴趣选送礼物

### 每位目标客户的预算：0~100 美元

马特·海因茨是海因茨营销公司的 CEO，他讲了一个精彩的故事：一家公司是如何用巧妙的方法拜访到他的。这家公司位于得克萨斯州。他们设计了一系列打入市场的策略，包括带动思想领袖级人物，邀请他们或做公开演讲，或写博文，推荐一家名叫 myDocket 的新公司。他们的产品是一套电子邮件跟踪软件。

“让我惊讶的是，他们花了许多心思，做足了功课，”海因茨解释说，“这或许是我所见过的最好的拜访个案。”他们送给海因茨一份拜访礼物：一个鸡蛋盒子，里面装满了塑料鸡蛋和 myDocket 的 CEO 杰森·维斯贝彻写的一张字条。纸条上面写着：“鸡蛋还没孵之前，先别忙着数你的小鸡。”

海因茨对此佩服得五体投地，他甚至把这个故事写进了自己的博客，而且之后也常常讲起这份礼物。“我与我妻子的兴趣是养鸡。但他们唯一得知这一信息的渠道，就是做好功课。”他说，“而他们的答卷十分精彩。”

维斯贝彻说，他给大约二十几位销售界名人送去了为他们量身定做

的拜访工具，目的只有一个，就是让他们了解 myDocket 能提供的卓越产品。

这次活动的独特之处就在于，每一件活动工具都是独一无二的。他们从每位思想领袖级人物的社交媒体简介中调查到他们的个人兴趣，然后基于每个人的兴趣选定了礼物。“我们给吉尔·罗利送了一件粉红色的超人斗篷。”他回忆说，“而她曾好几次穿着这件斗篷上台演讲，也为我们提供了多次正面评论，这都是我们梦寐以求的。”

维斯贝彻认为，使用这个方式的关键是真心实意，再加上大量的研究工作，最后还需要一点诙谐的创造力。“我们的目标是以新颖而不枯燥的形式，去制造好感，去交朋友。”他说。他的拜访名单上有二十几位思想领袖级人物，活动后，有 70% 左右的人都给他回了电话。整个营销活动的成本不到 1000 美元，然而它换来了思想领袖者们提供的大量曝光率和正面评论，这才是无价之宝。

Skaled 公司的 CEO 杰克·邓拉普向我分享了他最欣赏的一次营销活动。那一次，他们研究了 10 位目标高管的毕业学校。“我们找到了他们的大学母校，然后买了带校徽的运动衫。”他解释说，“我们在每件衣服上都附了一封信，信中零星穿插了一些关于他们学校的趣事，然后请求面谈。”据他说，这次拜访活动创造了非常高的面谈率，之后也得到了非常好的转化率。

作者戴夫·斯坦说，他自己是一名业余飞机驾驶员，有一次，他得知一家公司的财务总监也喜欢开飞机，而且把自己的私人飞机停在楠塔基特岛附近的一个机场里。斯坦弄清楚了这位财务总监通常开飞机回家的时间，于是他也会在这个时间自己开飞机过去。最后，他们终于在机场相遇了。两个人在飞机跑道上开始聊天，而这最终演变成了一次合作机会。严格来说，虽然这不能算是一次拜访活动，但它可以很好地解释他的思路。“做销售工作时，你必须时刻准备好这些可以预先得知的信息，”他说，“如果你希望开展销售拜访，那就更要做好准备工作。”

如果你希望采用目标高管的个人兴趣来设计你的营销活动，那么，这一点确实非常重要。

有时候，人性化路线也能帮助你打通不能顺利开展的关系。作者琳达·理查森回忆了她的一位客户。这位客户想尽办法也无法拜访到摩根大通的一位目标高管。“那家伙的态度总是不友好，”她回忆说，“我的客户做了一番研究，发现他是沃特金斯格伦汽车赛的爱好者。于是，她买了一个华美绝伦的保时捷汽车模型送了过去。”这个汽车模型，加上里面充满人情味儿的短信，终于让她搞定了这位高管。由于她了解了目标高管的个人爱好，从而改变了他的态度，最后生意成功了。

博主劳瑞·理查森说：“这件事其实可以更简单，比如你可以去查查他们喜欢哪支球队，他们的爱好是什么，然后以此想出一些有创意的、能让你从人群中脱颖而出的主意来。”《光速客户关系管理》的作者、客户关系管理名人堂成员保罗·格林伯格十分赞同这个观点。“每个人都会对自己感兴趣，”他说，“这是一件好事，不是坏事。”他认为，接触一个人的最好方法，就是先了解他们感兴趣的东西。

可是，如果剪报、社交媒体以及手头的信息都不能提供足够的资料，你无法查到目标高管的母校或最喜欢的球队时，又该怎么办呢？作者奥维尔·雷·威尔森建议，你需要从更深层挖掘，直到找到能打动他的资料。

他讲了这样一个故事：好几个月以来，一位销售员一直给一家电器厂打电话，可惜总是碰壁，毫无头绪。每一次他都被告知：“我们对现有的供应商很满意。”可是，这位聪明的销售员发现，每逢天气晴朗的日子，一些电器厂的职员总会走出大楼，在户外野餐桌上吃午饭。于是，他挑了个日子，带上一大摞比萨去请他们吃，并由此展开了交谈。他询问了某些部件的次品率，以及供应商的供货时间。不到三分钟，他已经得到了足够的信息，并制作了一份强有力的提案。他把提案精心写在一封信中，最后谈成了生意。“有时候，在基层联络客户也同样有效呢。”威尔森狡黠地说。

无论你决定根据每位目标高管的个人兴趣量身定做拜访活动物品，还是对所有人一视同仁，你的每一次拜访工作都需要显示你深刻地理解他们本人、他们的兴趣和他们的顾虑。这是所有拜访策略都需要拥有的重要组成部分。正如上述的几个例子，你也可以着重强调对方的个人兴趣，专门为它展开拜访活动。

## 做投资人，在客户眼中变成一位重要人物

### 每位目标客户的预算：你打算投资多少

在哪个公司投资，是每个人自己需要做的决定。不过，正如作者戴夫·斯坦指出的：“股东们有专门的机会，可以面见总监级高管及董事会成员。”他认为，即使买很少的股票也能让你有机会参加年度股东大会，而所有的总监级高管都会出席。

斯坦忠告说：“你应该提早到场，把自己安排在适当的位置。同时，你需要对他们所处的现状以及未来的展望了如指掌。”在股东大会即将结束之前，斯坦会向高管们做自我介绍，请求单独见面的机会。

戴夫·斯坦提出：即使买很少的股票也能让你有机会参加年度股东大会，而所有的总监级高管都会出席。

这个方法的绝妙之处在于它简单易行。你只要少量地做一笔投资，就会在目标高管眼中变成一位利益相关者：一位重要人物。假如你不满意它的结果，还可以随时收回投资，不过是根据股票的市场价增加或减少一些价值而已。

## 极度夸张法是打消客户抗拒心理的“良药”

### 每位目标客户的预算：无法估量

如果说一次成功的拜访活动体现的是无所畏惧的冒险精神，那么，假如你再注入一些夸张的元素，会不会让营销活动变得更好呢？在前面的章节中，我们的专家们分享的个案和故事里，其实都包含了或多或少的夸张元素。我相信，使用这些方法之所以能成功，就是因为这里面体现的胆识与创意克服了重要人物对前来拜访的陌生人产生的天然的抗拒心理。重要人物都习惯性地警惕陌生人，他们的助理们也无一例外。但是，这些人也在时刻观察，等待新的机会、内行意见和市场优势出现。

因此，假如你在接触他们的过程中显露了过人的胆识，我们自然能想象得到，至少某些目标高管会认为它积极地体现了你的工作、思维及解决问题的风格。从这个角度来说，大胆夸张但又不失明智、敏锐、精确的思考方式，对目标高管无疑非常有价值。

多伊奇公司的CEO、CNBC电视频道的主持人唐尼·多伊奇有个很出名的故事。有一次，他希望赢得一位客户的广告权。这位客户是当地的三州庞蒂亚克汽车行协会的主席。他采用了一种极度夸张的接触方式。在这次拜访活动中，多伊奇安排寄送了一系列邮件，每一件邮件里都装着一个汽车零件。他把邮件每半小时一个送到目标高管家里。每个邮件中都附带着一张纸条，将一系列零件变成了视觉比喻。比如，后挡泥板的附信上写着："我们会保管你的后部。"前大灯的附信上则写着这样的文字："我们会点亮你前方的路。"这些邮包一直持续不停地送达，直到对方终于被打动，把合同交给多伊奇才结束。仅凭这次拜访活动的一份订单，就让他公司的营业总额翻了一番。[①]

多年后，阿特·索布查克回忆，他曾在上多伊奇CNBC的节目时听他讲过这个故事。"他一共准备好了24个邮包，"索布查克说，"他是铁了心要拿下那个客户，他已经准备好会不停地送12个小时。"我觉得，多伊奇的营销活动中极度夸张的地方，在于无休止的邮寄时间。此外，假如这个故事完全属实，那么他居然把这些邮包寄到了目标高管的家里，而不是公司，这其实很可能会引起目标高管的反感。不过，他的确得到了非常好的结果，这一点是确凿无疑的。

在下面这个故事里，我们再次引用《阿甘正传》里的那句台词：因为它与某个"水果公司"有关。作者奥维尔·雷·威尔森有一个故事。

① 斯蒂夫·菲什曼，《纽约杂志》2013年3月9日。

一家软件公司的代表希望把一套会计软件卖给该公司。“会计部的人都很欣赏这套软件，”威尔森回忆说，“可是，当那位倒霉的推销员兴冲冲地跑去联系了采购部后，他被告知这项采购不在预算之内。”于是，那位销售代表意识到，他必须把这件事推到最高处。

然而，十分棘手的是，这间“水果公司”的CEO是个世界级的名人，几乎完全没有可能接触到。销售代表几乎尝试了传真、电报等所有方法，但没有一项有效。到了最后，他决定必须做出大胆的动作才有希望。第二天，送货员抱着一只木箱子来到公司前台，要送给CEO。箱子里装的是一只活的信鸽，还有一张纸条，上面写着：“我已经尝试过所有联系你的办法，现在我不得不出此下策。”信里请求那位CEO在一张小纸片上写下他最喜欢去的饭店、日期和时间，然后把纸片装进信鸽腿上的小筒里，让信鸽送信回去。

连那位销售员自己都不敢相信，他的信鸽真的带回了他想要的信息，而那位CEO也如期去了那个饭店。不仅如此，CEO还带去了一封签了字的购买意向书。于是，那位销售代表做成了一笔价值25万美元的生意。而获得这份合同的成本是多少钱呢？一顿午饭再加上一把鸽食，仅此而已。

这个故事中的投资回报率高得出奇。然而，话说回来，我认为在拜访活动中使用活的动物总是有点不妥。万一那个盒子被人忘记打开，或被随手丢进垃圾箱，怎么办？万一那只信鸽在邮寄途中死掉了怎么办？结果对方收到一只死鸽子，销售代表也会因虐待动物而收到逮捕通知吧？不过，不管怎么说，毕竟一切发展得很顺利，他成功地做成了生意。

这也许会让你误以为，我的态度是认为极度夸张的拜访活动有风险、是不合适的。这当然不是我的意思。事实上，本书所记录的大多数营销活动个案中，都有大量的夸张成分。不过，正如我在本段开始时解释的，这一段中的个案正濒临“过于夸张”的边缘。它们都没有逾越那道界限，因此它们都是非常有效的。

鲁赫林集团的创始人约翰·鲁赫林开展过很成功的衬衫营销活动。我在第八章中讲过他的故事，那一章集中描述的是赠送礼物的拜访策略。但是，由于鲁赫林送礼的方式十分夸张，我觉得应该在本章中再提一次。他赠送礼物的方式层层铺垫，有一种声势浩大的戏剧性夸张效果，实在是聪明绝顶的天才妙招。在还没有与对方正式会面之前，就派一位真正的裁缝前去量尺寸，展示定制衬衫的布料样品，这体现了他过人的胆识。而这个做法，也理所应当地获得了成功。

Axcelerate 国际公司的 CEO 罗伯·斯密斯在拜访活动中，也安排过类似的行动。

有一次，他帮助一位客户的销售人员去拜访十个技术公司的CEO。但是，他决定把整件事颠倒过来做，把营销活动的目标转向CEO 的助理。那位销售人员打电话给每一位助理，询问他是否能送过去一份邮件，还详细地询问，假如邮件送到，能否确定 CEO 会收到。每位助理都认真地听了他的问题，并同意他的方案。

然后，斯密斯送出了被他称为“智能盒”的礼物，这是一只特别定做的、零哈里伯顿牌的全铝公文箱，里面装着一台手提电脑，里面早已储存好了一段三分钟长的视频。邮包里还有一部手机。随着公文箱送去的还有一张刮刮卡，收信人需要刮开卡，才能得到公文箱的密码。每只智能盒造价是5000美元。可是，这次活动送出的10只智能盒创造了58%的结单率，在短短40天之内，就赢得了2400万美元的销售额。

鲁赫林和斯密斯的拜访活动，无论是对目标高管的关注，还是为活动精心安排的细节，都充满了大量的夸张元素。不过，它们显然并未越轨而达到“过于夸张”的境地。

在我为写本书做调查，尤其是当我研究上述这些策略和个案的时候，我也见到过一些越过了界限的营销策略。这样的策略，更应该被称为噱头，而不再属于销售拜访了。那么，在哪种情况下，我们认为哪种策略是噱头而不是销售拜访呢？

我的看法是，当你做一份工作的时候，如果你的目的只是炫耀，或大幅度地制造障碍，那么它就是噱头。而且，如前所述，使用噱头的推销方法，其实很容易让别人对你的品牌留下坏印象。它可能带给对方尴尬，甚至是愤怒的反应，因为他们会觉得被你戏弄了。我不否认，很多情况下噱头很有效果，但是，我并不觉得它在销售拜访中占有一席之地。

《销售的小红皮书》的作者杰弗里·吉托默很擅长开展这类活动，也往往做得非常有效果。在一次推销T恤衫的营销活动中，他把他十五岁的女儿送去出席美国最大的广告代理商扬·罗必凯公司的会议。这次行动很有效果，他得到了这笔生意。可是，我不会建议你把小孩带去做推销工作，至少这不能属于销售拜访的范畴。同样，我也不建议你在拜访活动中非法占用重要人物的停车位，妨碍他停车。因为我认为这些带有噱头的做法，最终会送给目标高管错误的信息。

归根结底，所有这些努力都是为了同一个目标：建立起一个重要客户关系网。这个网上的人越多，你就越有机会认识更多的人，你做起工作来也会更容易。一位 CEO 曾说过："客户关系网需要你用整个事业生涯去打造。"但是，我在这几章中描述的工具，都能帮助你在任何时候搞定任何人，无论你现有的客户网中是否有重要人物帮你写推荐信。

"所有这些努力都是为了同一个目标：建立起一个重要客户关系网。这个网上的人越多，你就越有机会认识更多的人，你做起工作来也会更容易。"

## 本章要点

※ 极度夸张的手法能创造很高的娱乐价值，也能体现你的过人胆识，这往往是为拜访成功添加动力的根源。

※ 即使如此，本章所述的极度夸张法，仍并不一定都属于销售拜访的核心部分。

※ 印刷媒介可以作为很有效的拜访活动工具。不过，你要有心理准备，为每位目标客户定下较高的预算。

※ 租用报刊的整版广告作为拜访信，不仅能让你接触到目标高管，还能调动目标高管周围的人都来帮助你。

※ 虽然预付费手机是一件相对便宜的拜访工具，可是它能促成你与重要未来客户在电话上交谈。如果你匿名送去手机，还会勾引起对方的好奇心。

※ 你可以轻易地从社交媒体上查询到目标高管的个人兴趣，这也是在拜访之前为 100 位最佳名单成员准备资料夹的时候，就应该一并记录下来的事情。

※ 有时候，只因为拥有相同的个人兴趣，就足够运作整个拜访活动。

※ 假如你成为目标公司的投资人，就可以登堂入室与 CEO 们见面。而且如果在营销活动期间该公司的股票升值，你还能多赚一笔。

※ 极度夸张的拜访活动确实有效，但与其他形式的拜访活动相比，它们也更容易过犹不及。

※ 带有噱头的销售方法绝不是拜访活动的一部分，它们往往带有戏弄别人的成分，因此会让你的品牌给人留下坏印象。

SALES VISITING

第三篇

# 开展拜访活动的步骤和流程

“按‘播放’键？这就是你的全部营销策略？”

第十二章

# 销售拜访是如何展开的

我从小在马萨诸塞州长大。儿时的很多个周末，我都会和家人一起，在我们 10 米长的单桅纵帆船上度过。这艘船停泊在韦斯特波特河的东西两条支流汇合处罗得岛州的州界附近。这是一个风景如画的地方，美丽得胜似天堂：海滨是新英格兰[①]式小村庄，被青草地与沙丘环绕。霍斯内克海滩面朝着布扎兹海湾，对面不远处就是伊丽莎白群岛，更远处还有玛莎葡萄园岛和楠塔基特岛。这个地方虽然景色优美，可惜它的天气变幻莫测。我们从小就学会了要尊敬海上那变幻无常的风浪。

有一天，我们开车一小时去韦斯特波特河。就在我们穿过河面上的大桥时，遇上了浓密的大雾。我父亲继续前行，这是他一贯的风格。当我们在游艇俱乐部前停下汽车并开始卸下行李的时候，俱乐部成员都纷纷走过来与我父亲聊天："你怎么想到在这样的天气出海？不等它过去吗？不如你们进俱乐部与我们一起等吧？"但是，他坚定地挥手谢绝了他们的好意。我们用最快的速度准备妥当，把船开出了船坞。

随着我们在河道里前行，雾似乎越来越浓了，但我父亲仍坚持不回

① 新英格兰：美国东北部的一个地区，包括六个州：缅因州、佛蒙特州、新罕布什尔州、马萨诸塞州（麻省）、罗得岛州和康涅狄格州。

头。当我们开出了入海口后，一件真正震撼人心的事情发生了，那让我一辈子也不能忘怀。

我们刚刚驶过标志着入海口的防波堤尽头，大雾突然散去了。其实，不应该说是散去，它仍然笼罩在船坞和韦斯特波特河的上方，仿佛罐头瓶盖一样把那里包得严严实实。然而，布扎兹海湾的其他部分却完全清澈透明、一览无余。整个海面上只有我们的那艘船，那天的天气是那样美丽、晴朗，我们自由自在地在各个岛屿之间扬帆破浪。

那天傍晚，当我们再回到船坞的时候，大雾虽然开始散开了一点，但仍没有挪动。我们沿着河道开回去的途中，能看到俱乐部其他成员的船纷纷搁浅在沙滩上，他们的毛巾和毯子也堆在那里，在“等大雾过去”。他们一整天都浪费在大雾中等待，只因为不愿打破他们为自己规定的界限，即便是迈出去一步，看看外面的情况到底如何。

销售拜访也与这种情况相似。很多人都会告诉你，你希望搞定的某人是根本不可能接触到的。很多人也会告诉你，你的某些目标是根本不可能达成的。然而，你不必听从那些限制你的、哪怕是善意的错误指点。

如果有人对你说一件事情是不可能做到的，那么，请你记住我那个乘帆船出海的故事：你一定要继续前行。你要自己去看看事情的真相，而不要被围困在别人设置的界限里“等大雾过去”。你有无穷无尽的机会让事业增长、繁荣，而且这是即刻就能实现的。你只要立刻着手展开工作就行。

之前，我们研究了很多专家们开展的各种各样的拜访活动，我希望他们的创造力能给你启发。在这一部分中我们会分析，等你在脑海中形成了拜访的策略后，你应该如何切实地展开你的营销活动。我将解释一些成功开展营销活动的基本诀窍和步骤。在本部分，我们会着重介绍如何准备你最初的入手方式，甚至还包括了一些标准脚本，可以让你或是直接引用，或是根据所需做一些简单改动，更准确地表达你的意图。

## 永远不要接受对方回答“不行”

在这里，我不是说你要根据字面的理解，永远不许对方回答“不行”。假如你去接触一位重要人物，而他拒绝了你的接触，我并不建议你从此每天跑去跟踪他的一举一动。但是，你确实应该仔细地思索，想一想他为什么对你说“不行”，然后再考虑你是否应该换个方式，再次尝试拜访他。

主动去拜访重要人物，尤其是总监级的高管和企业老板，是一件困难而艰巨的任务。你将要面对的，是他们对所有前来拜访的人的标准回应：他们不认识你，是你希望占用他们的时间，而他们早就忙得焦头烂额，时间表已经排得满满当当。如果他们不理解你能提供什么，那么他们还需要浪费更多的时间去理解。

永远不要接受别人回答“不行”，其实可以有许多不同的表现方式。它可以是简单地不断联系，或者当一种方法被证实没有效果后就换一种方法，比如停止一次又一次地打电话，而是转成发送让对方感兴趣的文章。不要接受别人回答“不行”，并不是指你要坚决不听别人说“不行”，而是你要爬上一个新的层面。在那里，你会让自己继续坚持做下去，即便你心里的声音告诉自己应该停下来，因为你正踏入了一个陌生的领域。

你要挑战自己，坚信自己能搞定人，而且你要坚持不懈。这种意志，与你的营销活动策略一样，是决定成败的重要因素。

有一次，著名的地产界演讲家布莱恩·巴菲尼希望能邀请第一位登上月球的人尼尔·奥尔登·阿姆斯特朗，并请他在自己的会议上讲话。于是他写了亲笔信送去，可惜毫无音讯，于是他又送了第二封信。在那封信也石沉大海后，他仍不气馁地继续写了第三封信。这个程序一直重复，直到最后他终于接到阿姆斯特朗的回信："你打算永远不停地寄信给我吗？"巴菲尼在给阿姆斯特朗的回信的顶端写下了"当然"两个字，然后寄了出去。就这样，第一个登上月球的人、全世界最出名的隐士尼尔·阿姆斯特朗同意为巴菲尼做一次讲话。巴菲尼的壮举非同小可，因为在阿姆斯特朗的这次演讲后，连美国国家航空航天局都向他要演讲的录像——他们的资料馆里严重缺乏阿姆斯特朗的视频。

假如你的拜访目标的回答只是一句斩钉截铁的"不行"，那么，你不要为此灰心。既然他们没有能力理解你能提供的价值，你还可以去找他们的竞争对手。在他们中的一部分人变成了你的客户后，你可以再回过头去拜访最初想拜访的目标客户。而这一次，你可以告诉他们，由于错失了良机，他们现在已经被甩在别人后面了。客户关系是一种充满变化的动态体，永远随着环境和时间而改变。你会发现，你的决心才是拜访活动中最重要的因素。因此，你需要让它保持生机勃勃，充满朝气。你要相信你的目的，不要回头。大雾和防波堤后面，正有一片蓝天大海一般广阔而美丽的机会等你发掘。

## 提前准备活动策略：步骤、流程图和脚本

在之前的部分中，我们研究了销售拜访活动的各个种类，很明显，不同的活动策略的步骤和流程也不尽相同。虽然如此，拜访活动中其实仍有很多相似的组成部分，我们将在这一部分详细讲解。

在接触总监级高管的道路上，往往设置着好几道障碍。如果对方公司的人事结构属于传统型的，你通常会最先接触到接待员。接待员不能把无关人等的电话转进 CEO 的办公室，否则可能会因此丢了工作，因此，他们往往很难融通。不过，凡事总有例外，毕竟他们的工作也包括转接他们应该转接的电话。

据我的经验，有两种方式很有效果。当我打电话找 CEO 的时候，我会问接待员是否可以与 CEO 的助理谈一谈。也许因为我在电话里底气十足，一听就是有正经事需要讨论，他们通常都会帮助我转电话。利用这个办法，无论是打电话找《财富》500 强公司的 CEO，还是找某家小公司的老板，都同样有效。

另一个有效的方式，我曾在第九章介绍“打电话”的部分讲过。在刚开始，你就告诉接待员你不确定应该找谁，问他们愿不愿意听你解释一下你打电话的缘由。他们通常都会认真地倾听，只要你的解释不过于冗长，他们不会介意帮你把电话转给某个人。在电话接通后，你就重复问同样的问题：“我想找负责管某事的人，被转到你这里，不过我不能确定你是否是合适的人。能让我为你解释一下我打电话的来意吗？”

这个方法能让对方进入“助人为乐”的模式，因此他们几乎都会仔细地听你解释。最后你会与合适的人通话，但即使这样，也请你不要忘了台词：“我的电话被转到你这里，我不确定你是否是合适的人，能让我为你解

释一下我打电话的来意吗？”等解释完毕，你已经找到了合适的人，解释了你打电话的原因，所有这一切都在对方毫无抗拒的状态下完成了。

在拜访活动中，我常会在拜访后打后续电话，因此，下一道障碍是与目标高管的助理交锋。不要把他们想象为看门人，而是这样设定你的出发角度：你希望高管过目的是一件对他来说很有价值的事情，而你希望与助理合作不过是为了帮助他们的高管。

这个态度必须在很短的时间内传递，你不能浪费助理的时间。我的标准方法是这样的：用很短的几句话解释我打电话的目的，然后询问能否发一封电子邮件详细解释。电子邮件在这里起着很关键的作用，因为助理可以轻而易举地将其转发给他们的高管，不用他们浪费口舌解释你打电话来的缘由。

下面是一张标准的拜访活动流程图，还带有简单的脚本，教你如何准备与接待员和高管助理在最初打电话时交流。

## 拜访活动流程图

### 拜访活动的本质

拜访活动应该因每位目标客户而异，充满了个性化。而所有人都各有各的秉性，你得到的反应也会各式各样，差异相当大。因此，你需要准备好一套对应的方式，这样才能让拜访活动继续顺利进行。虽然如此，活动的流程其实仍带有一些共通点。下面图表中描述的步骤，能适用于任何形式的拜访活动。

**接待员**

目标：尽快越过这位守在前门外面的看门人，才能与高管助理通话。

因此，尽量简短地解释你的来意。

| |
|---|
| 打电话，与接待员通话，询问高管助理的名字，尽快与其对话 |

| |
|---|
| 预先准备：你打电话的原因，不过尽量避免对接待员解释 |

避免：

用电话簿功能直接拨打 CEO 的分机现在还为时过早。不过，这个方法在你的拜访工作无法继续进行时会很有效。

**高管助理**

目标：把高管助理与高管本人一起放在拜访对象名单中，找到正确的拜访方式，说服他们做你的同盟军。

| |
|---|
| 解释打电话的缘由，提醒高管助理将有邮包寄到 |

| |
|---|
| 预先准备：更详细地解释拜访原因的电子邮件 |

| |
|---|
| 立即发出后续卡片，感谢高管助理的帮助 |

避免：

回答问题时含糊其词，不尊重高管助理的职权，把他们视为敌人而不是你急需的同盟军。

**高管**

目标：寻找机会与他通一次话，至少应该把你的意思传递过去，或是得到面谈的机会，或是得到由老板吩咐给下属的推荐，从而做成生意或得到有战略意义的合作伙伴。

寄出拜访邮件，附信中写下第一次打电话过去的时间

在预约的时间准时打电话过去

避免推销——在通电话的前 5 秒钟内吸引他的注意，整段解释不要超过 30 秒钟

等待——让高管说话，倾听

回答问题，寻找自己的用武之地，决定下一步的行动

避免：

无论做什么，都不要浪费高管哪怕一秒钟时间。你应该了解他们的公司，预知他们的需求，准备好为他们提供一个有想法、能创造效益的解决方案。

## 应对高管助理的拜访活动脚本

你的目标：以最快的速度越过他们去找高管助理。请他们做你的帮手，让他们协助你把拜访活动的邮件交到高管手中。

**接待员**

目标：越过他们去找高管助理，提供的信息越少越好。

你好，我能与［目标高管的名字］［先生 / 女士］的助理谈谈吗？

**“好的，我给你转。”－〉**

转到高管助理的一段

**或：“请问你是哪位 / 你有什么事？”**

我是［公司］的［职位］，我打电话是想提醒［目标高管的名字］［先生 / 女士］的助理，我打算寄一个邮件过去。你能帮我转过去吗？

**“好的，我给你转。”－〉**

转到高管助理的一段

**或：“我该如何告诉她你打电话的原因？”**

我是［公司］的［职位］，我给［目标高管的名字］［先生 / 女士］寄了一个邮包。我希望与他的助理谈一谈，告诉他们邮件已经在路上了，并解释一下我的物品。现在你能帮我转过去吗？

**“好的，我给你转。”－〉**

转到高管助理的一段

**或：“对不起，我不能帮你转 / 请给我留言，我给你转达。”**

结束电话，第二天再试一次，也许可以等接待员外出吃午饭的时间打电话。

（注：在目前阶段，避免把名字告诉接待员。万一接触不成功，你以后还有希望再尝试。而且记住，接待员有权拒绝为你转电话，他们的责任不包括协助你的工作。）

## 高管助理

目标：取得他们的信息，请他们协助你的拜访，发送拜访活动的邮件。

你好，请问你是［目标高管的名字］［先生 / 女士］的助理吗？

（在做自我介绍的同时，务必记下对方的名字）

我叫［名字］，我是［公司］的［职务］，我是希望告诉你，我会给［目标高管的名字］［先生 / 女士］寄一个邮包过去。因为最近以来大家都对贸然接到邮包比较警惕，所以我不希望它给你们制造紧张。我想为你解释一下里面装的东西。其实，那是一件给他办公室用的［东西名称］，而我认为他会很喜欢，会觉得有用。事实上，我希望能给你发一封电子邮件确认一下，并解释其中的细节。可以吗？

**"是啊，可以的。"－〉**

记下高管助理的姓名的正确写法、电子邮件地址，再次确认邮寄地址，结束电话。

**或："等等，给我说一下你有什么事？"**

我叫［名字］，我是［公司］的［职务］，我会送［东西的名称］给［目标高管的名字］［先生 / 女士］过去。我之所以这么做，是为了向他自我介绍一下，希望在接到物品后，他愿意与我面谈，或把我推荐给公司中的其他人详谈。

**"好吧，这很好。"－〉**

记下高管助理的姓名的正确写法、电子邮件地址，再次确认邮寄地址，结束电话。

**或："他不接受礼物的 / 请让我把你的电话转给另一位。"**

啊，没关系，可我确实对他的公司的整体策略表示担忧，我会很高兴与他推荐的人谈一谈，不过我一向都是与公司的［CEO/ 总裁 / 老板］谈话，因为这涉及公司的总体发展方向。

**"好吧，你就把东西送过来吧。"－〉**

记下高管助理的姓名的正确写法、电子邮件地址，再次确认邮寄地址，结束电话。

**或："我认为你应该与［人名］谈，我这就给你转过去。"**

（见下方的第一种和第二种选择）

**第一种选择**

好的。不过，你确定这个人合适吗？我希望讨论的是公司的战略决策，因为它与［事情］有关，它会涉及［事情］、［事情］，以及股东的利益、你们公司的股票长远的涨落或公司估值。你确定我不能与［目标高管的名字］［先生/女士］谈谈吗？

**第二种选择**

既然是这样，我就不送了。我相信在日后某个时候，我确实需要与你们公司的其他人谈话，但如果刚开始不能与［目标高管的名字］［先生/女士］讨论这些战略上的问题——那或许是能改变公司方向的价值几百万美元的问题——那么我就先不联系了。

在打电话后你要完成下面这些工作：

1. 把助理的姓名和拜访信息写进记录表格里。

2. 在"需要行动"一栏里写下有拜访邮件需要发送。

3. 在"备注/注释"一栏里写下细节，好让你的团队成员都了解拜访的进程。

## 你要制造的效果：清楚地阐述你能给客户贡献什么

如本书第二部分所述，许多拜访活动形式并不需要复杂的步骤与材料。显然，某些涉及电话或电子邮件的销售拜访种类可能会省略很多步骤，也会节省一些成本。我的经验是，在大多数情况下这样做并无损失，我也经常在自己的活动策略中使用。然而，假如我非常需要搞定某位重要人物，希望给对方留下最好的印象，那么，我就会使用一些更花费心思但也更有效的方式。也就是说，我会采用以下这几个关键因素。

第一个关键因素是你的拜访信必须简洁清晰、威力十足，而且要开门见山、目的明确。它应该让读信人清楚地了解你是谁、你拜访的目的是什么以及这在战略意义上将如何协助他们。它不应该仅仅是为了帮对方节省一些花销，这样的原因是不够的，它必须包含一些重要的事物，能帮助对方公司走向正确的战略方向。

同样，你的拜访信也能帮助你。这是一个能锻炼你思维的关卡，你需要花一些心思，考虑你价值主张的本质。而这正是与你的拜访对象首次展开交谈时，你需要掌握的切入点。

另一个关键因素是你应该准备第二次尝试拜访的材料，送给未回应你的那些重要未来客户。你可以使用亲笔信或电子邮件。我通常会使用一些描述对方成功业绩的漫画问候卡，这总是为我带来非常好的效果。

漫画非常适合这项工作，因为它能制造一个毫无威胁感的环境，帮助你传递信息，而它所能传递的信息几乎是无所不能的。

无论你选择哪种营销活动方式，你的后续工作都需要包括一些因素，督促对方回应你。它应该带一些幽默感，或是触碰到一个可能存在的痛点。你要清楚地阐述你能给对方贡献什么，同时避免提及你的产品或服务。比如，你可以专门描述你已经在帮助目标高管的竞争对手，信中应该迫切地要求对方与你联系。

如前所述，你应该考虑在营销活动中包含一个“扣押物品”，我会在第十四章中详细讨论。扣押物品就是一件你许诺给对方的礼物，促使他们更愿意与你会面或在电话里交谈。

## 你将得到的结果：搞定任何人

接触重要人物本来就是一件存在高风险但能获得高利润的事情。刚开始做这件事或许会让你望而生畏，但你一定不要放弃。与我在本章开头讲的坐船出海的那个故事一样，刚开始你或许与其他人一样处于大雾中。只不过那片雾是他们的误解，他们以为拜访目标有些居高临下，常人根本无法接触到，结果他们连尝试一次的勇气都没有。

在你翻山越岭前进的过程中，你会发现，你走每一步都会很轻松，此后甚至越来越乐趣无穷。你将学会与电话中结识的朋友自在地交谈，包括目标高管的助理。你会把他们视为乐于帮助你的人，而不是你成功路上的绊脚石。

在本书前面部分中描述的方法，全部都是为了创造最佳效果而精心设计的。每当我送出了拜访物品，并听说目标高管在收到以后是多么高兴的时候，我也会非常高兴。

假如对方告诉你，你赠送拜访物品是他们所见过的最聪明的营销手段时，你体会到的欣喜就如我与家人穿越迷雾并发现眼前一片辽阔无垠的碧海蓝天时的感受一样。你会高兴地发现，你搞定任何人的能力日渐成形，并且在重塑你未来的人生。

## 本章要点

※ 销售拜访的目的是与身份重要、几乎难以接触到的人建立联系。但这其实并非绝无可能。

※“永远不要接受别人回答‘不行’”这句老话非常适用于销售拜访。

※ 虽然接触重要人物会让你望而生畏，但是你不必胆战心惊：他们也与我们一样是活着的人而已。

※ 如果一位 CEO 最后回答“不行”，你还可以去找他们的竞争对手。

※ 在通过拜访活动去接触重要人物之前，使用一份脚本对你会很有帮助。

※ 脚本可以确保整个销售团队都会传递一致的信息。

※ 选定了拜访活动的策略后，你需要写一封拜访信，并做好后续工作：比如给高管的助理送感谢信，或是当拜访活动遇到阻力时需要送拜访信。

※ 很多最有效的拜访活动都含有一项“扣押物品”。它能鼓励目标客户如期回应你。

※ 刚开始拜访 CEO 时可能既让人望而生畏又觉得难如登天。可是，你很快就会发现它其实很有效果，也其乐无穷。

第十三章

# 准备拜访信、脚本和“逆推销”

“这样写保修书怎么样？‘任何不满意之处，请告诉我们，我们也许能帮点儿忙。’”

如前所述，我认为销售拜访是打了兴奋剂的直邮营销。我本人的营销活动中使用的那些为拜访对象量身定做的漫画，其实就是基于我为许多全世界最大的直销商设计的、曾打破很多纪录的直邮营销活动。

近年来，直复营销似乎不再受人重视，因为它早已被数字、搜索引擎、社交和手机营销等方法取代了。然而，我们在这种营销形式中积累的经验，仍对我们的工作很有帮助。事实上，邮寄营销活动已经再度辉煌，达到了一个标新立异的层次。在今天，接到一份精心设计的实物，反而成了让人兴奋的新奇事了。

我曾被杂志社雇佣，做创意工作。在我做这项工作的巅峰时期，寄给顾客游说其订阅杂志的每一封营销信，都会获得高达 2.5 万美元的报酬。虽然这个报酬很高，但这些信是需要创造神奇结果的：它们首先会被送去做测试，与当时的“控制数据”（也就是杂志社当时曾做过的最有效的营销活动）比较，看我是否能做出更好的东西来打破这个纪录。杂志社做的营销测试是世界出名的，他们的“控制数据”几乎根本没法被击败。即使与控制数据不相上下，也已经是难能可贵的，因为这表示你刚刚与杂志社有史以来最有效的营销活动打成平手了。

所以，需要你在一个残酷的竞争环境中创作。假如你的作品没法打破新纪录，那么你就要做好准备收拾东西走人了。可是如果你的创意作品真能创下新纪录，你就会得到丰厚的报酬。这一行的规矩就是如此。当我为信件的内容提出忠告时，希望你肯洗耳恭听。因为这些意见来自 20 年艰苦奋斗积累的经验，来自一个曾无数次打破“控制数据”纪录的营销人。

你以为我措辞太过夸张吗？是的，我确实希望夸张地给你解释，一封精心编辑、威力十足的信，的确是价值连城的。我必须让你明白这一点。你在写信或指示广告撰稿人如何写信的时候，你要这样假想：不论你因此得到的报酬究竟有多少，你这封信的创作费的确高达 2.5 万美元。因为它关系到的利益确实有如此高。

## 营销信要点明共识，并阐述如何解决客户的难题

最精彩的、能打破纪录的营销信，都会在一开篇就点明共识，而且都包含能牢牢抓住对方注意力、让对方愿意仔细阅读的内容。在这方面，我有一项别人不能及的优势——我的信几乎总是以一幅漫画起头。本书中每章开篇的漫画就是非常好的例子。

乍一看，这似乎有些莫名其妙，但使用漫画其实有着坚实的营销原理。对读者的民意测验显示，一件印刷品中，漫画几乎总是被读得最多而且被记住最牢的内容。因此，它们比印在纸或在屏幕上展示的任何内容都更能吸引人注意。如果仔细推敲一下这件事，你也许会发现，幽默的本质其实就是把简单的真理用迂回、诙谐的方式表达出来。也正是这个原因，我们在因某件事哈哈大笑时，往往会脱口赞叹："说得太对了！"

漫画是一个完美的工具，它既能吸引读者的注意力，迅速植入共识点，漫画中的文字还能制造强烈的吸引力。无论包含漫画与否，你的信必须做到这一点，这样才能吸引目标高管的注意。在那之后，你的信要使用简洁明白、掷地有声、深思熟虑且洞悉情况的措辞，把你希望表达的意见一一展示出来。

之后就是你的价值主张部分。你要保证营销信简洁、精炼，集中阐述它将如何解决目标高管的难题。不要忙着添加产品或服务的烦琐细节。你的价值主张也是以后你用来与那位未来客户交谈的开场白。它的内容应该越精短越好，但不要简短得忽略了它能带来的影响。

如前所述，我也强烈建议你在这里加上一件"扣押物品"。这可以是一件与你的拜访目标有关的、有价值的东西。你可以在信的倒数第二段中点明，你要在这一段解释你希望与对方讨论的商机的内容，然后保

证面谈时你会带上扣押物品赴会。

信的最后一段应该只有一句话——寻求一次电话约谈或面谈。在《向高管推销》一书中，安东尼·帕瑞尼罗建议，你应该在这一段定下你准备打电话过去的日期和时间，同时注明：你愿意协助目标高管的助理将电话改在其他合适的时间打过去；或者目标高管也可以随时直接打电话找你。

这个建议并非不好，不过我认为执行起来会有些麻烦。比如，你准备送一件实物过去，可是万一到了约定的打电话时间邮件尚未寄到怎么办？而且虽然这样急不可耐地请求面谈精神可嘉，不过，据我观察，在信里就定下打电话的时间会让人觉得你一厢情愿、自以为是。很少有人愿意腾出时间等你这一通电话。

因此，我的建议是让目标客户等待你的电话。比如，说“我很快就会打电话给你”或“请等等，我尽快打电话过去”都很有效。而且这个方法也能避免你的营销活动因邮寄问题而陷入窘境。

不过，我们的工作尚未完成。信的签名部分应该怎么写？如果你是公司雇员，就应该写上打印体的名字、职位、电子邮箱地址和电话号码。不过，你应该考虑一下能不能在这部分包括一些其他内容，比如我们在第四章中谈过的“重要人物声明”？你是否还有其他与拜访目标有关系的职称吗？你是否得到过让对方以接到你的电话为荣的荣誉？

你应该精心设计自己的签名。我的签名是这样的（这张图片包括下划线，用在电子邮件中，这是可以单击的链接）：

斯图·汉尼克

Contact 和 CartoonLink 公司的 CEO 及创始人

销售拜访广播节目主持人

（周四太平洋标准时间早10点实况播放，iTunes上存档）

《没有搞不定的人》《引人入胜》和《又肥又大的美丽脑袋》的作者

《华尔街日报》漫画家

直复营销协会名人堂提名的营销人

现在，我们来讨论一下其中的内容。首先，我是一家公司的CEO及创始人，而且是销售拜访广播节目的主持人。因此，这部分内容在一定程度上要表达出其重要性。这一点，因我在名人堂的提名而被进一步巩固了，何况我还是《华尔街日报》的漫画家和图书作者。

我自己的重要人物声明是在不断进化的。但是，我可以告诉你，以上这个声明其实已经十分有效了。这在很大程度上要归功于我是《华尔街日报》的漫画家和图书作者，这往往能引起对方的兴趣，并以能与我通电话为荣。你要仔细安排并利用你自己的重要人物声明，创造类似的效果。

很长时间以来，直复营销人都知道一个诀窍：读者接到一封信时，他们最先留意的是自己的名字，然后就是信末尾的附言。因此，他们会利用这条经验，在信的结尾“附带再提一下”部分，重申他们所提供的益处，并提醒读者回复的截止日期。你也应该利用这个窍门，在附言部分重申你与对方面谈或电话沟通的核心原因，尽量不要超过15个字。

写信的语气也是要特别花一点心思的。精彩的信往往会使用口语风格，从而与读者从情感层面建立联系。你应该避免使用行业术语或缩写，也不要让读者觉得生硬、做作或过于正式。你的目的是让他们明白你提供的事物非常有价值，如果对方忽视，他们会遭受极大的损失，而且如果他们愿意与你见面，你将非常感谢他们的谦逊态度。

> “精彩的信往往会使用口语风格，从而与读者从情感层面建立联系。”

## 做一张记录所有活动步骤的流程图并及时更新

制定你的活动程序的第一步是做一系列选择：你的名单上都有哪些人？他们大都是总监级高管吗？你希望能帮他们解决什么困难？接触他们是否会很困难？他们有助理吗？你计划使用哪一种或多种拜访方法？

在你确认并研究了名单上的每一位成员后，就需要做一张流程图，把所有活动的步骤都写在上面，以便公司其他同事也能在经你最简短的说明后重复你的程序。这样他们可以在你活动的过程中随时加入工作并提供协助。

在第十二章中，我描述过自己的活动流程。其第一步是打电话给拜访目标的助理。在我脑中有个脚本，不过我会用自然流畅的语言与其交谈。在初次接触时，我的目的是准确地得到高管及其助理的姓名和助理的电子邮箱。做这项工作有两个目的：首先，助理既然愿意提供地址，就表示他们允许我发电子邮件过去——可以是我预先剪贴好的一封电子邮件，它解释了我寻求会面的原因，而且可以让他们轻易方便地将其转发给老板。

其次，等我得到了助理的电子邮箱地址，我就能研究那家公司电子邮箱地址的结构。[名][姓]@[公司名],[名的第一个字母][姓]@[公司名],[名][姓]@[公司名],甚至是[名]@[公司名]都是常见的电子邮箱地址结构。你只需要留心一下,就有可能猜出高管本人的电子邮箱。

接下来的步骤包括制作、邮递、跟踪拜访物品的邮递状况——在拿到邮件跟踪号码后,你要记得把它发给高管的助理。与助理们保持联络,随时通知他们你的工作动向,这会使他们更愿意帮助你与他们的高管取得联系。

接下来就是给 CEO 打电话。由于你或许不会事先定下打电话的日期与时间,所以你要做好准备打多次电话,这也许需要一两个星期的时间。你要记住,重要人物每日工作繁忙,他们常常不在办公室里,时间表也总是排得满满的。

你也会不可避免地遇到困难:一些目标客户总是不肯回应你。你也许能够拜访到至少 50% 的目标客户,但在达到这个比例之前,你也要做好心理准备,你需要尝试各种不同的方式,然后研究比较它们的效果。你的活动程序中还要包含一些后续步骤:比如邮寄问候卡、寄信、发电子邮件或打电话。

假如你的营销活动里包括一件"扣押物品",那么它也许会在你的活动程序中出现两次;如果你们的会面如期进行,那么就只有一次;可是如果对方在整个程序中没有做任何回应,扣押物品就会再出现一次。这一次也许你会发现,这件扣押物品终于让你得到了自己期望的结果——你拜访到了目标高管。不过,也许它仍然石沉大海,此时你可以再拜访一次目标高管,询问你该如何处置扣押物品:是不是应该捐给慈善机构呢?如果是,对方是否建议送给哪一家慈善机构?问这些问题的目的显而易见是为了你有机会与目标高管通话。

随着经验的积累，你也会越来越熟练拜访的程序。不过，你要记住时刻更新你的进展状态。利用这个方法既能让你准确地了解活动进展是否顺利，同时你团队的其他成员也可以轻松地复制并重复它。

## 编写一份新颖独特、简洁精炼的脚本

脚本是活动程序的文档之一。你需要编写至少三份脚本，从入门时与接待员的对话开始。脚本的内容可以以上一章中介绍过的脚本为基础。但我建议，你应该编写自己的脚本，以更好地适应你独一无二的营销活动。

脚本的形式不限，逐字逐句编写的台词固然好，但也可以只是一个谈话大纲。而我更倾向于后者。你可以事先写下谈话要点，然后在打电话时不离主题地自由发挥。你可以选择适合自己的那一种方式。

当接待员把你的电话转给高管助理后，这一段脚本需要包含一段简洁的自我介绍（根据该目标高管的需求而修改过的重要人物声明），以及你打电话的原因。这些内容已经在第十二章中讲过了。我的意见是，你要重点描述将要送给高管的邮件。不过，你也要准备一份解释性文字：为什么送这件礼物，你的最终目的是什么。这一部分工作做起来也许很棘手。一些态度坚定、顽固的助理可能会打断你的谈话，叫你不必送邮件过去。但是，我通常仍会发出邮件，因为我们不知道这位助理是否真正理解所有信息，而我也不希望在这个时候与他争执邮件的重要性。我更愿意把拜访邮件直接送到目标高管的手中，让他们自己决定是否应该见我。

最后的脚本当然就是打给目标高管的那一通价值连城的电话。一通电话怎么能价值连城呢？当然能。我们会在第十六章中更详细地讨论。在接触每一位目标客户的过程中，你必须抱有这样的态度：对你来说，每一通电话都可能价值连城。因此，你需要准备好一份新颖独特且简洁精炼的脚本。你应该开门见山地表达出自己的价值主张，而且要让目标高管发问："你是怎么做到的？"或者你可以提一个问题，让他们忍不住自言自语："可不是吗，正是这样！"你要用20个字以内的句子表达出这些内容，不能烦琐拖沓，仅此而已。你也应该准备好自己的"重要人士声明"。这样一来，当他们问"你是谁"的时候，你就能快速、精彩地应答。（在第四章讲过。）

## 准备好"逆推销"

准备谈话的开场白与准备推销完全是两码事。我建议你采用"逆推销"法。我举一个例子说明。

为了增加CartoonLink的服务订单，如果我需要与一些公司的高管建立联系，比如Constant Contact公司的CEO盖尔·古德曼，那么我会使用这样的开场白："我的卡通服务能让你打开信封的概率提高一倍。你感兴趣吗？"不过，我的拜访物品已经传递了这个信息。因此，接下来我会展开"逆推销"。

我会这样介绍自己："我叫斯图·汉尼克，是CartoonLink公司的CEO，也是《华尔街日报》雇用的漫画家之一，是曾被名人堂提名的直复营销人。我有一件工具能让你的客户打开信封的概率提高一倍。我认为，如果将其推广给你公司的用户，会增加你的战略优势。不过，我并不知道这是否能配合你的计划。你愿意与我谈谈吗？”

如果她同意，我就会继续说下去：“从我得到的信息来看，你的电子邮件营销平台上有70万名用户。Constant Contact公司给自己的定位是‘参与营销工具’，而你本人也写过一本关于参与营销的书。我的想法是，我的漫画工具简单好用且价格低廉，假如你把它用于你的用户群，一定会让你的电子邮件更有效。因此，你的服务也会有更多人参与。你觉得我说得对吗？”

如果她的回答还是肯定的，那么我就会询问她：她认为这个工具该怎样配合他们的服务。我会问她，她认为下一步工作该如何展开，以及我应该与她公司的哪一位经理建立联系。我会提议，我将送给她一本我的书，让她更好地理解CartoonLink服务背后的思考方式。而我也会询问她，是否愿意以后直接用电子邮件联系。然后，我就会挂断电话。在这份全新的关系开始后，我希望她明白我尊重她的时间。这是我能告诉她的最重要的事情之一。

我把这种手法叫作“逆推销”：我没有抢在她打断我说话之前咄咄逼人、口若悬河地向她介绍我的产品。我与她进行了一次轻松的、试探性的交谈，而且我给了她好几次机会，允许她打断我的谈话。但是，随着我提供的每一条信息，我强调了自己能为她提供价值的原因。而且，我也在不断地观察她的反应，确保她赞同我的想法。即使她不赞同我的想法，那也没关系。她已经把自己非常宝贵的时间交给了我，我十分感激她给我这次机会。我们能合作就合作，不能合作也不必强求。

在这个过程中，我唯一没有做的事情就是推销。我的态度是通力合作，邀请她加入并表达对此事的意见。我没有强迫她。我不过是把一件我认为她也许会感兴趣、有重要战略意义的事情，用清楚、简单的手法呈送给她而已。我甚至不会提我的品牌以及公司提供的各种服务项目。

通过开展拜访活动，我清理出了一条客户关系通道。我熟悉了她的助理，我演示了我希望为他们的电子邮件营销平台带去的效果，我也十分坦率地告诉她，她随时都可以退出。用这样的态度开展活动，反而会让你拜访的目标客户感兴趣。他们会开始信任你，因为你已经表现出对他们极大程度的尊重。你并没有蛮横地推开看门人，也没有把重要人物强拉到电话前与你谈话。他们不会允许你用这样的方式，即便你真能闯进门，事情也不会成功。

你的“逆推销”法也应该有类似的设计。以一段简短的开场白开始，激发他们的兴趣，让他们开口问:“你是怎么做到的？”然后与他们展开一段试探性的谈话，说:“我有一套解决方案，我认为它会适合你的公司或项目等等，但我不能确定是否合适。我能为你解释一下吗？”

从某种角度上来说，“逆推销”法的使用与第十二章中描述的多次寻求帮助的方式十分相似。你在解释的过程中，要征得目标客户的同意，并询问他们认为下一步工作该如何展开。

## 本章要点

※ 我的销售拜访经验来自为全世界最大的直销商制作的一些非常出色的营销活动。

※ 最精彩的营销信都会在一开篇就点明共识，而且都包含能牢牢抓住对方的注意力、让对方愿意仔细阅读的内容。

※ 幽默的本质其实就是把简单的真理用迂回、诙谐的方式表达出来。它会让读者脱口赞叹："说得太对了！"

※ 拜访活动策略决定了拜访信的内容。切记不要跑题，集中阐述它希望为目标高管带去什么价值。

※ 你的信要使用简洁明白、掷地有声、深思熟虑且洞悉情况的措辞，解释你将如何解决目标高管的难题。

※ 在信的结尾处，你要表示希望接收人有所准备，你会在不久后打电话过去。

※ 最好不要在信中写明第一次打电话的确切日期和时间，否则会被对方轻易地忘记，从而阻碍你的拜访进程。

※ 签名部分应该体现你在前面章节中制作的重要人物声明。

※ 避免在信中使用专业术语和缩写语。这封信要立足于人性层面，要表明你将提供的是一件有价值或有意义的事情，需要对方重视。

※ 不要让信变成推销渠道。你的注意力应该集中于你希望为 CEO 带去什么价值，以及你为什么是最称职的提供者。

※ 你应该在刚开始写一份脚本，然后随用随改。你可以把脚本

分享给你团队的其他成员，让他们拜访重要未来客户的方式与你保持一致。

※ 思考属于你的“逆推销”法：这是一段以双方合作为核心的谈话，探讨你的提议是否适用于对方的公司。

“给我们从后门外的垃圾箱里随便捡点东西就成，

给我们一个惊喜吧。”

## 第十四章

# 你的秘密武器：保留策略

从本书的开篇开始，我就不断地重申，销售拜访是销售与营销的混合体，它的出现是为了辅助特定的、直接的、有战略意义的销售拜访目标。由于销售拜访的功能包括支持销售，我们往往会忘记它其实也属于真正的营销形式，它也遵从其他营销形式需要遵从的规律。

在我为杂志社策划大型营销活动时，一个话题经常围绕着我，那就是“赠品”——也就是为创造更多订单而免费送给客户的礼物。赠品通常能非常有效地创造订单，可是它们会提高营销活动的成本。在计算营销活动是否成功时，盈利和亏损之间往往只差几分钱而已。很明显，当营销活动的支出中多出这么一部分不必要的开销时，就不能不让营销人精打细算了。

让杂志社格外担心的是，一旦开始提供赠品，他们就再也无法收手。他们从此就得持续不断地把这一项成本加进预算中。而更为糟糕的是，在广告中加了送赠品的内容后，他们似乎还得不断提升礼物的价值，否则活动的效果就会不明显。而这当然就更提高了支出。这样一场永远无法打赢的战役，是杂志社乐于避免的。

另一个担心就是客户之所以订阅期刊，是因为想要礼物，而不是因为喜欢期刊。广告商明白这一点，因此他们会要求杂志社列出订阅杂志的客户中有多少人要求送赠品。广告商只会为这些订阅客户付部分广告费，而不是全部。

任何一个优秀的营销人都知道，解决这个难题的办法就是测试——你要探索各种可能性，直到你明确地了解了哪些方式有用，哪些没有用，以及它们为什么有用或没用。

扣押物品与附赠物品有很多相似之处，因为它们也是为达到我们期望的回应率而提供给对方的一份有价值的物品。在这个过程中，我们希望联络目标客户，以期他们愿意与我们会面或交谈。但两者有一个非常重要的不同点，而正是这一点，需要你在制定营销活动策略时仔细斟酌。

销售拜访的目标主要集中于很少的几位拜访对象身上，他们对你或你的公司有非常重要的潜在价值。因此，这与差几分钱就让整个营销活动亏损完全不一样。恰恰相反，我们的目标是得到 20%~50% 的回应率，以及非常高的投资回报率。如果一件价值 500 美元的礼物会对你有益，而你能因此获得几十万美元的大生意，那么这 500 美元的成本与盈利相比就显得微不足道了。

销售员不必担心扣押物品的成本。而且在某些情况下它们并不会增加开支。第八章中谈到的“赠送半份礼物”的方法，是把营销活动礼物分成两部分，比如先送出遥控模型，同时解释会在面谈时再赠送遥控器。大多数情况下，扣押物品都能增加价值，而不会减少价值。

## 它为什么是必要的，它有什么作用

在第一章中我曾讲过一个关于桑德勒培训测试的例子。我曾用印着漫画的大画板拜访到了桑德勒公司的CEO。桑德勒公司是一个国际性的销售培训网络。我还讲述了这次活动的结果：许多次与《财富》1000强公司的CEO们会面的机会;高达100%的回应率和8000%的投资回报率。

在那一部分，我解释了一件出类拔萃的扣押物品，这是桑德勒公司CEO布鲁斯·塞德曼的建议。桑德勒公司的创始人大卫·桑德勒写过一本畅销书《不能在课堂上教小孩骑自行车》。我们把它当作新客户的开户奖励。在测试中，我们设计了一个个性化的封面，让这本书看起来是在讲述目标高管的销售成果。在作者姓名的位置印的是目标高管的名字。这就让这本书看起来像是那位目标高管本人写的，讲述了他们如何让自己的公司飞黄腾达。这本书的照片被印在大画板上，同时还附了说明性文字：本书将在与目标高管如期面谈时赠送给他们。

由于所有五位目标高管最后都与桑德勒公司进行了面谈，我只能相信这个结果与那件扣押物品不无关系。显然，那幅漫画也很有效果。据我猜测，事隔多年后的今天也许它仍被挂在每一位CEO的办公室里呢。

尽管如此，扣押物品显然充分地发挥了效力。其实，很多人心里都暗藏着一个梦想，希望有朝一日能出版自己的书，而扣押物品让接收人有机会实现这个梦想。于是，它成了让人“梦寐以求”的事物——一件对目标高管来说有个人意义或价值的东西，一件他们必须同意与我们会面或通电话才能得到的东西，而这正是扣押物品的目的所在。

"其实，很多人心里都暗藏着一个梦想，希望有朝一日能出版自己的书，而扣押物品让接收人有机会实现这个梦想。于是，它成了让人"梦寐以求"的事物——一件对目标高管来说有个人意义或价值的东西，一件他们必须同意与我们会面或通电话才能得到的东西，而这正是扣押物品的目的所在。"

## 为客户提供独特、切实的价值

在思考拜访策略的过程中，你要考虑好如何为重要未来客户提供独特而切实的价值。这才是搞定他们的关键。它本来就应该是贯穿你营销活动的核心思想。不过，在拜访的过程中，这部分就要格外超速运转。

你可以站到未来客户的角度上想一想：你忙得焦头烂额，也许正准备出差去外地，或要给董事会做个报告；你的电话总是响个不停；没有助理的帮忙，你的电子邮箱会被来自陌生人的成千上万份电子邮件挤爆了——他们每个人都渴望占用你的时间，瓜分一些你的生意。在你的眼中，这些无休止的骚扰很快就会变成让人讨厌的噪声，你早已经学会如何毫不留情地把它们排除在你的注意力以外。

因此，我需要再次重申，你的难题并不是仅仅让自己在目标高管眼中变得重要，而且你要让你的目的与目标高管重视的事情挂钩。我们可以想象你的目标高管全力以赴希望做到的事：达到并超越自己的目标；窥视一眼未来，找寻新的竞争优势；再多付出一分努力，提高运营效率。

这是一个很好的起点，很多时候，这已经足够让你的营销活动命中靶心。我有一个非常好的例子能说明这一点，那就是我会在营销活动中使用一幅表达接收人在商业上硕果累累的漫画。本书导言前面的那一幅漫画就十分适合开展这项工作。

那幅画中有在美术馆里闲逛的几位高管，两位站在最前面的高管一边打量着一张画着销售额节节增长的图表，一边交谈说："那幅画很适合挂在'乔伊'的办公室里。"显然，乔伊是个可替换的名字。带着那幅漫画的拜访物品，往往会长年累月地被摆放在CEO的办公室里。这说明，我希望传递的信息以及我的拜访方式仍然常驻于CEO的视线中。

这固然很棒，可是如果它的分量不够，目标高管仍不肯花时间打电话或找你面谈怎么办？

你的扣押物品要能延伸你的初期理念与宗旨，还要能提供让人难以拒绝的价值。在上述例子中，我往往会在附信中送给对方一本有我签名的我自己的漫画集《又肥又大的美丽脑袋》。这个做法的用意很简单，如果接收人喜欢拜访物品上的漫画，他们也会愿意收到一整本漫画集作为面谈的奖励，而且上面还有《华尔街日报》漫画家本人的签名。

但是，你不能抄袭我的扣押物品。你要送一件出类拔萃的、有价值的、与你和你的公司及你所提供的事物息息相关的东西。你必须自己动脑筋。为了向客户提供真正的价值，你的营销活动应该集中在接收人的需求、环境与目标上，同时也应该体现自己作为对方新的心腹至交的价值。

你应该把公司独特的有利条件诚实地列出一个清单。在你做的工作中，究竟哪个能给目标高管带来价值？如果你的公司提供顾问服务，你是否能为目标高管的公司制作一份让人刮目相看的报告？大多数高管都渴望看到坦率、真实的数据，如果你的报告能分析他们公司与竞争对手之间以及在未来市场中的位置，他们会很高兴接收你的报告。

如果没有报告，那么你也可以调查分析一下高管以前说过的话，或收集一些最能表达你希望用自己的产品将目标高管的公司带到何方的文章和书。这两样都很适合做扣押物品。

本章开篇提到的杂志社的营销活动是很好的反面例子。赠品的选择需要精心斟酌。杂志社的研究发现，赠品的价值越高，往往会离出售杂志这个目标越远。这样一来，销售额与读者喜爱杂志的程度就完全脱节了。读者订阅杂志不是因为他们想看《体育画报》，而是因为他们更想要那只橄榄球形电话赠品。

我们从中得到的教训是，销售拜访不是行贿，否则对重要人物毫无效果。如果他们想要，他们自己也买得起橄榄球形电话。你面临的挑战是，你要提供一件能帮助他们达到目标的东西，而且这是一件无法在别家得到的东西。正是这一关键，能提供最有信服力的原因，能表明为什么目标高管需要与你及你的公司建立关系。

> “销售拜访不是行贿……你面临的挑战是，你要提供一件能帮助他们达到目标的东西，而且这是一件无法在别家得到的东西。”

## 第三个步骤，大幅提高成功率的关键

在开始建立任何一段商务关系时，有一个必不可少的因素就是你要源源不断地提供某件东西。既然你是关系的追求者，你就需要保持它的进程不断前进。在拜访重要未来客户的初期，你需要把事情做得非常夸张，这样才能给对方留下深刻的印象，因为直到这时，他们或许宁可忘记你的存在。

你可以把扣押物品当作拜访进程中关键的第二步。如果说你最初的拜访活动吸引了高管的注意力，那么准备好强有力的第二步就能大大提高你成功的概率。

在送出扣押物品后，你就已经与目标高管做过三次重要且积极的接触：最初的接触；面谈或电话交谈；因对方同意你去拜访而赠送礼物。十成工作你已经做完九成，成功已经在望了。

当然，为了你希望争取的销售机会或有战略意义的盟友，你仍需要准备一套有说服力的资料。不过，送出扣押物品的那一刻，你就已经打通了目标高管外面那堵“没时间与那家伙废话”的墙。目标高管已经听过了你的“逆推销”，也已经开始了解你和你的公司。你现在正站在一个合适的位置，可以清楚地看到你们双方从今往后的发展道路。

这对于拓展你的商务规模有着极其重要的意义。而更重要的是，如果你的拜访活动开展得恰到好处，那么目标客户现在不光已经认识了你，他们也已经开始喜欢你解决问题的方法和思考事情的方式。这一切都与你最初构想这次拜访活动的思路息息相关。你不要只考虑第一个步骤，而要把策略当作一系列活动来设计，让它们带领你穿越客户关系最重要的三个步骤。

## 本章要点

※ 扣押物品是拜访活动中事关成败的第三个步骤。

※ 扣押物品的操作方式与营销中赠送物品十分相像，都是为了提供重要的推动力，促使重要未来客户同意与你见面或交谈。

※ 扣押物品要能为目标高管提供与他们的生活或工作目标有关的独一无二的价值。

※ 扣押物品可以被打上品牌印记，不过你越是不去强调你的品牌，就越能把注意力集中在目标高管面对的难题上，这件物品能提供的价值也就越高。

第十五章

# 搞定至关重要的高管助理

“既然这样，那您看，我下次什么时候拜访您比较好呢？”

高管助理、行政助理、行政人员、秘书、助理、看门人，无论你怎么称呼他们，只要你需要去接触地位显赫的人，你就很有可能会先与他们打交道。

一想到要面对高管助理，你会不会很紧张？有一项研究表明，人们害怕当众演说更甚于害怕死亡。做这个研究的人肯定是忘记了去调查人们对高管助理的恐惧，因为不知出于什么原因，与高管助理交谈似乎才是大多数销售人最害怕的事。

当你向大多数销售人员谈到高管助理时，你们之间的对话往往会变成发牢骚，或是分享躲避他们的窍门。可惜的是，助理们似乎总是清楚你打算什么时候想从外场侧面迂回进攻，他们总是能熟练地把你挡回去。而且他们也早已经厌倦了你那些老套的方法，因为实在太浪费时间了——不光是他们的时间，还有你的时间。

既然高管助理是如此紧密地关系着你的奋斗目标——拜访那些对你来说至关重要的人物，那么我们何不利用这个机会，重新研究一下他们究竟是怎样的一群人，以及他们如何能协助你，而不是阻拦你达到自己的目标？请让我重新为你介绍一下这位一人之下万人之上的高管助理吧。了解他们，很可能会改变你的生活。

## 把高管助理当成最重要的人

假设你是一位 CEO 的高管助理：与公司中其他大多数职员不同，你要给处在顶端的这位老板直接汇报。更何况，你的一切成绩都要毫无保留地呈现给 CEO。假如你搞砸了一项工作，CEO 不但会直接受到影响，而且他也肯定不会满意。

我们说高管助理生活在高压锅中，其实不为过。高管助理的上司与公司副总的上司是同一个人。这是一份艰难的工作，只有最有资格的人才能胜任。

也许我这个说法会让你惊讶，但我认为，高管助理其实是公司中最聪明的人之一。与其把他们当作看门人或高级一点儿的秘书，还不如把他们视作隐形的副总。他们的工作与公司副总的工作一样：引人注目且经常被挑剔和评论。而且他们的决定与行为，能够帮助或诋毁他们的高管的工作。高管助理本来就是重要人物。如果你一直在努力躲闪、欺骗或用其他方式避开高管助理，那么你很少能搞定总监级高管，这不足为奇。

从现在开始，当你听到“高管助理”这一职称的时候，你应该想的是“能帮我搞定高管的副总”。保持这个态度会帮你做好工作，并让你恰到好处地与目标高管团队中这位重要的成员接触。你要把他们也想象成是高级官员、重要顾问及有影响力的人，并适当地在拜访活动策略中安排他们。

与任何副总一样，高管助理对他们老板的目标和策略了如指掌。他们的工作很多，但其中最重要的一点也许就是去接触大量前来拜访 CEO 的人，并把无关紧要的人屏蔽掉，或将其转给团队的其他成员处理。

如果你有机会与一位总裁或 CEO 做一些非正式的交谈，他们很可能会告诉你，他们的工作其实就是处理“商务关系”。而且他们可能还会讲到，打造一个可以信赖的坚实团队对他们来说极其重要。你可以考虑一下这两句话，再联想一下，最佳的高管助理往往骁勇善战，能竭力维护他们老板的时间与资源。你看，其中的道理再简单不过了。当几百通电话或其他方式的通信冲着他们狂轰滥炸时，高管助理必须学会在最短的时间内决定如何应付每位前来拜访的人，然后决定允许哪些人登堂入室。

如果你把高管助理看作是目标公司中最重要的人物，那么你的态度就对了。这些高级职员的位置既关键又敏感，而且从很多角度来说，他们是公司中真正干活的人。然而，尽管他们的工作如此重要，但令人惊讶的是，他们往往会说自己不过是在做本职工作而已，也没有什么实权。我对此看法既表示尊敬，又不敢苟同。在培植重要商务关系的过程中，他们将是你遇到的最重要的一群人。

“在培植重要商务关系的过程中，他们将是你遇到的最重要的一群人。”

## 把高管助理想象成“星探”

似乎很少有人意识到，高管助理的工作虽然包括把那些无足轻重的人挡在外面，但他们的职责也包括让合适的人进门。正因为这个原因，你不应该把他们想象成看门人，而是应该把他们想象成“星探”。你只要想一想他们在公司中的特殊位置就能明白这个道理。希望接触他们老板的有成百上千个人，但其中大多数人都因为推销方向错误，或是只顾及自己的利益，或是与高管的长远目标毫无关系，最终只会浪费高管的时间。助理们总会时刻留意寻找能与他们老板的目标吻合的人、事情、主意、角度和机会，尤其是那些可能被 CEO 本人忽略的事物。

你应该好好想一想：高管的助理，也就是那些你长久以来忙于躲闪的人，他们的责任就是寻找本来可能会被忽视的、非常有潜力的机会。他们才不是你的敌人。他们是你成功路上最重要的同盟军。正是这些人可能会告诉他们的 CEO：“我认为你应该听他说一说。他是个好人。”他们肯定能协助你搞定 CEO。

在商界，CEO 与助理之间的关系非常独特。为了让工作关系更和谐，站在最高层的高管往往会非常尊重与信任助理的判断力，以至于允许助理每天以他们的名义做出上百个决定。我们可以很容易地看出其中的模式。你的电话打进来时，高管助理已经开始替 CEO 做决定了。你要明白：你其实已经在接触高管了。

因此，你的工作不是躲闪、忽视或欺瞒这些助理，而是要帮助他们，让他们从你的电话中找到可能引起高管重视的事情或人。你要记住下面这句话，因为它至关重要：你必须相信，你希望带给 CEO 的是一件价值连城的事物，也是一件需要他立即关注的事情。而你必须准备好，要能迅速地将其表达出来，因为你的谈话对象是一位日理万机、非常重要的人。

## 让高管助理成为你的同盟军

我们再考虑一下高管助理给人的印象，以及他们的工作。是的，他们的确会把不合适的访客拒之门外。但是，他们之所以这样做，是为了能把时间用来与合适的人沟通，说不定那些合适的人中就包括你。你找到他们，表示希望与 CEO 接触并探讨商务问题，他们就已经准备接受你的投标了。现在该是你上场表现的时刻了。

你首先要做的事是把“你”这一概念介绍给他们。而你采用的方法就是通过一句强有力的自我介绍——包括你在第四章中让自己变成重要人物时写下的重要人物声明。你的目的是立刻引起他们的兴趣，同时与他们的高管建立起平起平坐的关系。

我自己的重要人物声明是：“你好，我叫斯图·汉尼克。我是《华尔街日报》的漫画家，是曾被名人堂提名的营销人，还是一名作者。”这段话是否能引起助理的注意？应该可以，但不见得能完全吸引他们。我这样做的目的是告诉对方，我的经历很吸引人，我的故事值得一听——无论我们的交谈多么短暂。

接下来我会迅速解释这次拜访的目的，以及我希望为目标高管带去的价值：“有一件事，我希望与某某女士谈一谈，我想她会觉得这个提议能既有趣又有效地协助她实现近期目标——深入小型企业市场发展。”这个拜访理由声明是我虚构的。在说这番话时，我的措辞其实仍然比较模糊，但我言简意赅的话语已经显示出我曾经研究过他们的主要战略目标，我非常尊重高管及其助理的时间。而更重要的是，我朝着“被允许进门”的那一组人迈近了一步。

只凭这两份声明，我已经让对方明白：我是一个很重要的人，我有着令人好奇的声望，我已经花时间研究过他们的业务及近期目标——而且我有一件对CEO来说很有价值的事物，需要与CEO讨论。不过，我的话还没有结束。

我需要协助高管助理再向前走一步，也就是告诉他们，我会写信告诉他们我拜访他们的原因。我问：“能不能给你发一封电子邮件再进一步解释解释呢？”大多数助理会欢迎这个做法，因为这让他们有机会再读一遍你的自我介绍并深刻理解请求会谈的原因。

更重要的一点是你直接减轻了助理的工作：精心准备的详细解释被交到他们手上，可以轻易地转发给他们的老板——更何况，在每一个步骤中，你都向他们展示了你的工作方式。你拥有集中精力注意他人需求的能力，你能迅速而言简意赅地表达你的意思，而且你重视助理的时间，这体现了对他高度的尊重。你或许会意识到，只凭这三份简短的声明，你已经变成了电话线对面那位“星探”的下一位目标了吧？

你不仅为助理简化了他的工作，还赢得了一个重要的立足之地。现在助理那儿出现了一扇为你敞开的门。在你渴望建立联系的公司中，有一位重要人物刚刚与你建立起了崭新的联系。你的手中拥有他们的电子邮件地址，也就是说你可以随时直接联系他们——请他们回答问题，让他们协助你在前方的风浪中为他们导航。

本书曾多次提到过这个建议，但在这里我还想再说一遍：你应该写下自己的自我介绍及拜访原因，因为这让你能够全权控制你拜访客户的内容。这样一来，你不必担心别人是否记住全部内容或传错话，也不怕他们遗漏了你拜访原因中的重要因素。

现在，你已经稳稳当当地走在成功路上了。你已经得到了“星探”的注意。那么，你从此就大功告成了吗？当然没有。

无论在什么情况下，一个好的拜访活动策略，都应该包括几次与高管助理的接触点。他们也是重要人士，而且对你的成功起着关键的作用。因此，你需要以行动来坚实地奠定这一层重要关系。在我运作过的个案中，我总会送一张感谢卡过去，上面印着我惯用的漫画，还把上面的名字改成了助理的名字。而且卡片上的文字是我亲手写的，下面是我在漫画中使用的签名。这往往能让我的生意一帆风顺。

我知道，并不是每个人都是《华尔街日报》的漫画家，因此你不必担心无法使用你本人的漫画——不过，即便是一张简单的亲笔感谢卡也同样意义非凡，而且同样能控制好局面，让接下来的工作更加顺利。

## 我开展拜访活动的真实例子

上述文字中有大量模拟成分，因此，我现在就谈一谈我亲自开展过并亲身经历过的拜访活动。你在第七章中读到过，我喜欢使用大画板：也就是巨大的泡沫明信片，一面印着植入了目标高管名字的漫画，另一面是我写给他们的信，解释我们为什么应该见面。

我早期的拜访工作是彻底了解我希望拜访的目标客户是什么样的人，他们能从中获得什么，以及为什么我的方案有可能帮他们解决需求。这也就是我在第五章中介绍过的 100 位最佳战略伙伴名单。在第六章里，我谈了如何收集他们的资料。如果你希望营销活动得到最好效果，就应该格外重视这一步。

在研究 100 位最佳战略伙伴时，你的一部分工作就是研究他们的助理。不过，这份资料往往是我在打第一通电话时才得到的。这通电话一般是这样进行的：

你已经知道了我的重要人士声明，就是下面这样："你好，我叫斯图·汉尼克。我是《华尔街日报》的漫画家，是曾被名人堂提名的营销人，还是一名作者。"

然后，我迅速转到介绍价值主张，到现在你也早已了解了它的内容："我希望把我的一幅漫画送给你的老板，虽然我希望这能给她一个惊喜，但是我不希望让你吃惊。当然了，我送这个礼物的目的是我有件事想与卡瑟琳谈谈（请你注意，在这里我熟惍地使用了 CEO 的名字，没有加姓）。"

接下来就需要创造我们之间的联系了："我能不能发给你一封电子邮件，解释一下细节，再把邮寄漫画的跟踪号码给你呢？" 谈到这里，他们的回答总是："好啊。"

更重要的是有一位《华尔街日报》的漫画家要赠给他们的老板漫画，这往往会让助理激动起来。你要记住，高管助理会时刻留意出类拔萃的事物出现：他们的老板可能忽略的事物，或者对老板或公司非常有价值的事物。而这份礼物会让那位助理有出色的表现。

当然，真正让助理完全满意的是我在事后送去的感谢他们帮助的问候卡。从此，我得到了一位拥护者、一位关键目标客户、一位在目标高管办公室中协助我开展拜访活动的生力军。当大画板寄到后，这个效果仍会继续，因为目标高管通常都会高兴地接到它。

从高管助理的角度来看，这项工作是我们两人共同做的。我送去的是独特的价值，而他们是伯乐，是把精致的礼物呈送给他们的老板的那个人。说到底，这正是助理的真正职责。他们不仅要把不应该出现的人拒之门外，最重要的是发现你以及你能提供的独特价值。

## 本章要点

※ 高管的助理不应该被看作是看门人，而应该是“星探”。

※ 大多数人以为应该闪避助理，但这样做只会让你失败。

※ 从很多方面来说，高管的助理是你在目标公司建立的最重要的关系。

※ 你应该把高管助理看作是与其他直接向目标高管汇报的人同级别的人。

※ 高管的助理们要时刻留意扑面而来的信息，收取他们的老板觉得有用以及能协助他们达到目标的至关重要的人、机会、主意与视角。

※ 总体来说，CEO 往往会非常尊重与信任助理的判断力。

※ 高管助理的权力其实要比别人心目中甚至是助理自己心目中的范围大得多。

※ 你与目标高管助理的初次谈话非常关键，你必须在前两句话中立即建立与对方平起平坐的关系。

※ 你务必问一下能否送一封电子邮件解释你打电话的原因。这会坚实地奠定你与这位助理之间以后的联系。他们也会轻松地转发你的邮件，从而让你完全控制拜访活动的内容。

※ 你应该把每位高管助理想象为一位潜在的同盟军，并以这个态度对待他们。

## 第十六章

# 出色的拜访一定要有一套标准的系统

“好了，我已经把你加进我们的资料库，并且在销售自动化程序和客户关系管理系统里激活了你。现在剩下的工作就是，我们要坐下来开个什么会。”

到现在，我们已经研究了 CEO 及他们的高管助理的本质。我们把“CEO”这一词扩展为“有机会执行这项商务活动的 CEO”，他可以指一家公司中的任何关键人物，也就是你的 100 位最佳未来客户或 100 位最佳战略伙伴名单中的成员。我们讨论了 20 个拜访活动的种类，每一种都是威力强大的工具，能够帮助你搞定最重要的客户或最有战略意义的合作伙伴。你做过了一次从普通人到重要人物的大转变。你已经全方位地接触了销售拜访的目的，即协助你商务或事业的规模迅速膨胀。

我们也研究了销售拜访的本质。销售拜访是一种绝妙而且不乏趣味地将销售与营销融合在一起的形式。它默默无闻地为营销人提供了长久以来被认为是绝无可能的结果，包括 100% 的回应率和超过 1000% 的投资回报率。

以前，销售拜访是营销人靠自己的聪明才智想出来的点子。他们几乎靠独立摸索，因为谁都不知道其他人是如何搞定重要未来客户的。这种销售方式十分隐晦，以至于直到今天它才有了一个正式的名称。而你正握着一份前所未有的优势，因为你了解了它，也学会了其他人使用它的方法。你已经掌握了充足的战略汇编，这将给你灵感，并协助你打造自己的营销活动。

现在，我们应该把所有这些信息都收集整理，与那些能改变你生活的人展开联系了。

## 成功接触客户的四个阶段

一次拜访活动结束后，它的回应率、投资回报率、支出和收入数字，都可以告诉你活动是否成功。不过，据我发现，在活动进行过程中，归类分析每一位目标客户，然后跟踪他们的变动顺序，总是能帮助你取得最好的结果。这就是下面我们分析“四个拜访阶段”的用意：帮助你为每一次拜访活动准备一套标准的评估系统，因地制宜地实施必要的行动，从而最大限度地提高营销活动的成功率。

### 第一阶段：无足轻重

拜访活动刚开始，你的目标高管要么就是不知道你或你的公司的存在，要么就是隐约地听说过，但对你或你的品牌毫无印象。他们会觉得你无足轻重，觉得你是陌生人，或者比这个更糟糕——目标高管对你或你的公司抱有负面印象。在这种情况下，外部的措施会对你有帮助，比如在社交媒体上的建树、写作和宣传。这些工作加在一起能帮你改变目标高管对你的负面印象，从而让你更有可能与他们建立起更有意义的关系。销售拜访的首要功能就是帮你打通这个拜访阶段并走向下一步。

### 第二阶段：产生兴趣

在第二阶段中，某件事引起了你的目标高管的兴趣，让他们更愿意去了解你和你公司所能提供的事物。这时，目标高管通常会要求你提供更多的信息，或希望你与公司其他人谈谈。这是销售拜访活动中非常关键的一步。因为这说明你已经真正推动了拜访进程，而且也许正在朝着自己期待的终极目标前进。不过，让目标高管感兴趣是不足以让对方与你谈一笔生意或在合作协议上签字的。为了得到这样的结果，你提供的价值主张必须能让对方认同，并有可能与他们的计划吻合。而且你必须帮助他们，让他们对你的提案持赞同意见，这样才能让交易进程继续。

### 第三阶段：得到承诺

如果你进行到了这一阶段，那么这表明你已经粉碎了目标高管对你及你的公司所持的抗拒心理。而且你已经提供了让对方难以抗拒的条件，并让交易进程迅速地发展了。目标高管及他们的团队正张开了双臂接受你的解决方案，而且他们信任你、你的公司和你的品牌。这也是大多数交易与合作伙伴能够成形的阶段。

### 第四阶段：坚强后盾

在最后的这一阶段，你的目标客户已经变成了你的拥护者和支持者。他们会全心全意地信任你和你的公司，而且愿意把他们对你的满意度分享给他们的朋友及同僚——希望他们也能因你的服务而受益。你的名字会出现在目标高管的谈话中，他们经常会向他的公司内外的人推荐你。

那么，随之而来的一个明显问题是你的目标高管会在哪一个阶段与你做成交易呢？可惜，这个明显问题的答案不是那么明显。有些交易进展速度很快，从最初接触的第一次谈话就能迅速上升到承诺签合同；而其他的个案则需要更多的步骤和时间。甚至一些拜访活动是从第三阶段开始的，但随后却令人意外地停滞不前了。

| 拜访活动的四个阶段 | | | | |
|---|---|---|---|---|
| 阶段 | ❶ 无足轻重 | ❷ 产生兴趣 | ❸ 得到承诺 | ❹ 坚强后盾 |
| 现况 | 目标高管没有听说过你或你的品牌，或对此觉得无足轻重 | 目标高管感兴趣了，准备接受更多信息或提议 | 你已经展示了优越的条件，目标高管承诺会立即付诸行动 | 目标高管是你的客户或合作伙伴，也是你和你品牌的热衷支持者 |

续表

| 拜访活动的四个阶段 | | | | |
|---|---|---|---|---|
| 行动方案 | 使用各种方法引起对方注意，改善印象，用拜访的方式搞定对方 | 提供能增加目标高管兴趣的价值主张，解决一个特定且实质性的需求 | 确定所有利益相关者都被考虑到并完善处理，警惕从任何方面带来的拖延 | 通过拜访的手段，更频繁地交流，经常告知对方你的最新动态及提供的服务 |
| 结果 | 搞定目标高管，得到交谈或会面的机会 | 目标高管希望能更上一层楼，找到能让参与者满意的途径 | 在毫无阻力与拖延的情况下，得到交易或合作伙伴 | 目标高管变成了你在商务与发展中最强大的资源 |

通过以上图表你可以看到，要想让交易付诸实现并与客户建立关系大都需要达到第三个阶段。在这个阶段，目标高管完全接受了你和你提出的解决方案。要想达到这个层次既需要功夫也需要更多的拜访手法。正是出于这个原因，你需要把分析和重新为目标高管排名作为追踪营销活动的工作之一。你的名单上要特别关注处于第一阶段的每位目标高管，将他们尽快推向下一个阶段；假如你总是得不到有意义的反应，那么你就应该把他们从名单上剔除，换上新的目标高管。

处于第二阶段的目标高管是炙手可热的优质潜在客户，但你需要迅速展开行动，把他们移到第三阶段去，这样才能得到真正的承诺。你应该多关注他们，这样你才能了解为了能让谈话进行下去你还需要做什么，是否还有别的什么人需要被包括进来，以及是否还有哪些障碍有待清除。

处在第三阶段的目标高管代表的是近在咫尺的交易。假如不是，那么你的首要任务就是要搞清楚是否还有拦路石。交易进程往往会被不明不白掺和进来的因素干扰而停滞不前。不要因为你的拜访对象已经达到了第三阶段，就误以为交易已经胜券在握了。你会发现，有时候你或许需要再做一番努力才能让对方与你签订合同。“啊，正好有件别的事冒出来了，现在那项工作有最高优先权。”假如你收到这样的回应，就说明你的计划已经被搁置了。这与从刚开始就被拒绝一样毫无希望。因此，你的工作是始终让它生命旺盛，直到正式签约。

即便到了第四阶段，一些企划也可能会无疾而终。但是，这也是最有魔力的阶段。在这个阶段，由于被推荐，你的目标高管的数目与商务机会都会成倍地增长。如果你发现自己的业务在这一阶段停滞了，那么一定是你做错了某些非常基础的事情，你必须立即改正。

我最近就有过一次类似的经历。我的客户是从事保险业的一间重要的公司。在我们最初的测试中，拜访活动创造出了 96% 的回应率和 30000% 的投资回报率，而且我们的拜访目标也变成了我客户的热心支持者。尽管如此，这次营销活动忽然停顿了，因为目标客户没能得到来自必要的利益相关者的投资协议。幸好，我们迅速地修改了方案，把一切又都拉回了正轨。不过，这让我们看到，即便是拜访与承诺都到达最高阶段后，假如不保持警觉并偶尔做相应调整，你的交易仍可能会不了了之。

如果拜访活动已经达到第四阶段，那么这是否表示你的销售拜访程序从此就不必再考虑他们了呢？绝对不是。他们是带你走向成功的关键人物，因为他们在帮助你宣传你的名字和你的服务。因此，销售拜访还有一个重要的任务，就是维持交流：你要让这些人保留在你心腹的小圈子里，你要不断地挖掘新东西，好让他们在谈起你时总是有新的话题。

亚马逊创始人杰夫·贝佐斯有句很出名的话：“一个人的品牌就是人们背着他时做的评论。”拜访工作能直接影响他人，尤其是处于第四阶段的目标高管对你的评论。难道持续地提供你的信息并与他们保持联系不是最合情合理的策略吗？当然是。

> "一个人的品牌就是人们背着他时做的评论。"
>
> ——亚马逊创始人杰夫·贝佐斯

现在让我们再回头仔细探讨销售拜访第一阶段打的第一通电话的结构吧。

## 初次接触不要转弯抹角，迅速讲明正题

一切准备就绪，好戏已经拉开帷幕，你该登场了。现在你已经做足了功课，已经对目标高管非常了解，也知道你提供的机会能如何配合他的目标。凭借你的拜访物品，你已经铺垫好你的话题。你的拜访物品已经引起了 CEO 的兴趣，也提供了简洁清晰的理论根据，解释了你们为什么应该交谈。你要满怀信心、严阵以待，时刻准备着让企业的规模高速增长。与此同时，你也需要尊重对方的时间，不要转弯抹角，而要迅速讲明正题。而且你谈话的角度应该来自如何帮对方达到目标。这样一来，你就能稳稳当当地顺利前行了。

## 你要做的是不要偏离正题

对于同样的难题，有些人能轻松地应付，而对其他人来说可能就会是难得令他们窒息。假如你属于后者，我们就需要谈一谈你打电话的技巧，并讨论一下你在哪些情况下容易偏离正题。

从打过去第一通电话开始，你就已经为自己立起了一个靶子。你希望与 CEO 或他们的助理谈话，这立刻会让接电话的人警觉起来，准备防御措施。他们明白，如果接进去错误的电话，他们就有可能丢掉饭碗。他们每天八小时都在做同样的练习，因此他们很善于招架、转移你谈话的中心。而你要做的就是不要偏离正题。

在第一次打电话找 CEO 的助理时，最常见的圈套就是他们会把电话转给你不愿意交谈的人。除非你提供的事情会让人事部有兴趣，否则几乎能让你百分之百地肯定，被推荐的那个部门接电话的人根本不理解你想谈的事情。我建议，你永远不要同意把电话转去人事部。如果他们建议你这么做，那么你就要耐心地再解释一遍你想要做的事情。

你要记住，高管助理的工作就是快速剔除毫无价值的电话，保护 CEO 的时间——但同时他们也要搜寻他们的老板可能没注意到的隐藏珍宝。你的工作就是躲闪他们为你布下的重重路障。要做到这一点，你必须让自己成为一名接电话的高手。你需要从容自信，双脚稳健地站好，时刻准备用你的逻辑大脑了解 CEO 工作的目的，进行招架和反攻。

## 如何让接待员把你的电话转给高管助理

如果是一位真人接待员接了你的电话，那么你应该态度礼貌，但也要保持思路集中。你要少说客套话，简单说明你的来意。而且你应该做好与他们争辩的心理准备。如果他们询问你来电的用意，那么你提供的信息应该越少越好，只要说得足够明白并让他们放你通行就好。你不必急于让他们相信你的电话是有价值的。你的目标是与目标高管的助理通话，你需要以最少的对话迅速达到这个目标。

自动电话接线系统常常会增加寻找 CEO 助理的困难度。最完美的情况是你能找到真人接待员，询问 CEO 是否有高管助理，你是否能与他们谈一谈，然后被转接到那里。但是，当你面对一台机器时，你往往只会听到一长串部门名称和可做的事情，你要从中选出正确选项，这样才能被接通。尽管如此，这里其实仍有一些窍门可循。

如果有可能，你应该尽量朝完美的情况靠拢——寻找接待员，让熟悉内情的他们把你的电话转给目标高管的助理。很多公司会使用自动电话接线系统，但同时也会雇用一些电话接线员。因此，你的任务就变成如何找到真人接待员。在很多系统中，只要按“0”就能找到接线员，或是对着电话说“接线员”。还有一些系统需要你听完所有选项后再按合适的键，才能被转到接线员那里。在我最近打过的几次电话中，我得按“4”或“9”才能找到接线员。另一些系统会在念完所有选项后要求你留在线上或按“0”，才能转到接待员那里。假如你希望越过自动接电话系统，就需要有足够的耐心和注意力。

有些比较困难的系统在念完所有选项后，却没有找接线员的选项。这类系统的最后一个选项往往是要求你在公司的总收信箱里留言。在这种情况下，你最好不要留言。这和把留言丢掉一样，只会让你的拜访工作掉进一个永不见天日的无底洞里。在这时，如果你听到有转到销售部或客服部的选项，那么这些往往是你退而求其次的选择。在电话被接通后，我建议你应该表示：你为电话被转到他们那里感到抱歉，但接下来要立即解释那是因为你没找到电话接待员，而你是希望寻找目标高管的助理。

最后一个选择是通过自动接线系统的目录找到目标高管的直线电话。如果走这一途径，你必须事先安排好计划。有些推销培训人会建议你一接触到 CEO 后就立即开始推销。不过，我更愿意克制自己，并对他们的时间及隐私权表示尊重。因此，我会解释我的本意是寻找他们的高管助理做自我介绍并解释拜访原因。有趣的是，这样的言辞往往会让 CEO 们开门见山地问你要做什么。因此，你要事先准备好面对这样的提问。如果需要留言，要礼貌地解释你其实是希望找他们的助理。这通常都能让高管助理回你的电话。

最糟糕的是有些自动接线系统被设计成拒绝一切来电的系统。如果你拜访过谷歌或领英的人，那么你想必领教过这种把访客彻底拒之门外的服务。面对这类系统，你基本上只有两个选择：要么拨打对方的分机号，要么走人。在这种情况下，你应该尝试从社交媒体平台上接触他们，而不要再拘泥于寻找对方的直拨电话号码。

## 初次打电话给高管助理该如何应对

如果你找到了目标高管的助理，那么你的目的地已经遥遥在望了。你应该进入面试状态，要集中精力、保持机敏，随时准备好搭构一次有史以来最重要的人际联系。

高管的助理风格各异。有些人很随和、友好，有些人则待人毫不客气、雷厉风行。你要留意他们的谈话风格，一定要让自己跟上他们思维的速度。这就像你在开车上高速公路时需要调整自己的车速才能灵活自如、见缝插针地穿过车流。如果他们态度友好，你可以略微放慢谈话的速度。而如果他们不友好，那么你就应该迅速把事情说完。无论是否友好，他们都会留意你打电话时的适应能力。

不过，你一定要把话题集中在你的目标上。有两件事是高管助理想立即从你身上得到的：你是什么人，你能提供什么价值。因此，你要尽快入题，说“我是某某”，罗列你的重要人物声明及你打电话的用意。

高管的助理从来都希望访客是真诚而透明的。你一定要保持机敏和对他们的尊敬，准备回应高管的助理提出的问题。如果你帮助他们做好他们的工作，他们就会帮助你完成你的工作。

## 如何打通价值百万美元的电话

你要随时准备打一通价值百万美元的电话。通过打电话与一个人交谈几分钟，从而做成价值几百万美元的交易，这样的事情并不是传说，而是你首先就要适应的一个概念。

你不但要准确地了解是什么让你的电话价值百万美元，还要准备如何表达这件事。如果你不知道该如何表达，或是从来都找不到合适的机会询问对方，那么又怎么可能搞定重要的人呢？

话虽如此，但这的确是一件让人望而却步的事情。你不是职业球星、畅销书作者或电影明星，如何开口向别人要百万美元呢？事实证明，这其实不像你想象的那么难——只要你知道应该如何问。

更确切地说，你需要在提问之前就考虑清楚该如何靠你自己的商业模式做到这一点。如果你模式的基础是每月有一笔保留款和制造产品的成本，那么你希望对方付多少保留款？你需要每个月制造多少产品，才能让它成为价值一百万美元的生意？

比如，如果你的企业出售定制窗户，而你希望建筑商在他们的项目中使用你的产品，那么你需要做多大的生意才能达到一百万美元销售额？在你把这个数字搞清楚后，事情就变得简单了。你只有去寻找愿意用你的定制窗户且每年能盖那么多栋房子的建筑商，才有可能得到一份价值一百万美元的合同。

每次接触新的重要未来客户时，你不见得都能卖那么多产品，但这不是关键。我希望你学会从长远角度看事情——一定要真正让自己站得高、看得远——因为这才是销售拜访的实质。为了让你的事业或生意规模产生爆炸性的增长，你需要知道该提什么问题。

> “为了让你的事业或生意规模产生爆炸性的增长，你需要知道该提什么问题。”

毕竟你希望使用拜访策略去接触你最有潜力的未来客户，因此你必须明白，这次营销活动比你以前习惯开展的营销活动规模更大，它得到的成果也会更加丰厚。把打一通价值百万美元的电话这一概念经常植入你的日常思考中，是达到目标的关键所在。

当然，要想成功地与CEO在电话中交谈，不仅仅需要你了解该如何请求对方与你做价值一百万美元的交易，你还必须从刚开始就相信自己比以前任何时候都更有能力达成更高、更大的目标。

## 本章要点

※ 拜访活动有四个阶段：无足轻重、产生兴趣、得到承诺和坚强后盾。

※ 把每项拜访工作的进程归纳到这四个阶段中，就能协助你分析拜访活动的进展程度。

※ 拜访工作的每一个阶段都需要你保持警惕和敏捷应变，这样才能将它们推向下一个阶段，做成生意，并让工作走上正轨。

※ 处于第四阶段中的目标高管能为你的拜访活动吸引最强的注意力，因为通过他们的推荐与持续支持，你的目标高管的数目和商务机会都会成倍地增长。

※ 为了让这些工作有成效，你必须变成一位打电话的高手，时刻准备用你的智慧、逻辑思维能力和机敏应付一切麻烦。

※ 无论是真人还是机器，你打电话的对象必须由接待员开始，你必须学会尽快通过这一道关卡。

※ 提供的信息量越少越好，你的目的是让接待员尽快把你的电话转到下一阶段。

※ 有时候，如果你遇到了自动电话接线系统，那么通关的最快方式就是拨“0”。

※ 时刻准备好向 CEO 寻求价值一百万美元的生意。而且你要清楚地了解如何运用你的商业模式实现这个价值。

※ 在你的拜访工作中，你必须把拨打价值百万美元的电话变成一件司空见惯的事情。直到这之后，你的事业才能得到爆炸性的增长。

第十七章

# 把打给 CEO 的每个电话看成价值百万美元

"我想哈，你们看，也许我们能做的一件事就是多卖产品……"

在前面的章节中，我们讨论了拜访活动最初阶段发生的事情，包括你第一次与接待员级别的人联系，以及 CEO 的"星探"即高管助理给你的那个至关重要的"面试"。我们也讲过，你要调整思想，把打给目标高管的每一个电话都看作是价值百万美元的电话。

这是个良好的开端，不过与 CEO 第一次通话时，你需要的远远不止是一个希望打价值百万美元电话的决心。事实上，你需要精心地展开你的计划，确定它有价值，确定它能适用，直到你的目标高管终于认识到其中含有能足够开启项目的价值。直到那时，它才能算是价值百万美元的电话。而且即便到那时，目标高管决定做的也许只是为期一年的测试和评估。在这个过程结束之前，你还不能看到自己期望的结果。

因此，我们现在需要仔细研究一下你的第一通电话或面谈应该包含的内容，以及你应该如何提出建议。

## 定义目标：讲清楚会面的目的和对 CEO 的好处

开枪之前，你一定要先瞄准。那么，你去接触对方的目的是什么？当然，你的答案是扩大你生意或事业的规模。不过，你的电话将如何改变目标高管的生意规模呢？你的电话与他们的工作目的有什么关联？将如何帮助他们更快或更有效地达到他们的目标？问这些问题的目的是要提醒你，在进入目标高管的视线之前，你一定要事先把功课做好，同时你的脑子里要有一个清晰的概念：你希望发生什么，该如何发生。

在第三章中我解释过，CEO 的职责就是高瞻远瞩地预计几年以后的事情，并为他们的公司尽可能地制定出最好的航线。他们如饥似渴地希望得到信息，不过必须是与他们的独特环境有关系的信息。而且这些信息必须简洁明了，能让 CEO 迅速读完并理解其意思，因为读这些东西需要花费很多时间。

你在电话中的每一句发言，必须能适用于他们的体系。最好的开场白是清楚地定义你的动机。如果你希望会面，那么你要讲清楚会面的目的是什么、对 CEO 有什么好处（这才是他们与你见面的核心原因，所以你一定要充分准备这个答案，这样才可能让会面发生），谁应该出席（你需要的人越多，会面的可能性就越小），诚实地估计这次会面需要多久（如果你说只要十分钟就好，那么你一定要确定会面在十分钟或更短的时间内结束），你希望得到什么样的结果（不要期待太高，比如这样的行动计划就已经足够好了：建议做一次测试，并让 CEO 推荐他们公司的合适人选协助你完成）。

也许你打电话的目的并非向目标高管的公司出售产品，而是希望建立起有战略意义的合作关系。那么，你觉得这应该如何做到，并将对 CEO 的公司带来什么利益。“这对我有什么好处”这个问题的答案对每位合作伙伴都极其重要。需要多大数额的投资才能让 CEO 采用你的建议而盈利？ CEO 的每个行动必须与投资回报率挂钩，因此，你需要做好帮助他们立即看到价值的准备。CEO 将如何看待这次合作最有可能达成的结果呢？（你需要给他们展示，你建议的合作关系能帮助他们留住或增加客户，为他们的客户提供更好的服务，帮助他们提高效率，等等。）

> “‘这对我有什么好处’这个问题的答案对每位合作伙伴都极其重要。”

在与 CEO 建立联系的过程中，有一个事半功倍的方法是你应该把目标定位于让对方把你推荐给公司的其他同事。也就是说你希望获得他们的帮助。但是，要想得到帮助，你首先必须解释自己提出请求的原因。正如前面所述，推销电话会让他们立即进入防御状态，但请求帮助的电话往往能消除他们的警惕，因此对方会更开明地考虑你打电话的原因。

来自 CEO 的推荐有以下几个重要的好处。如果 CEO 耐心地倾听并仔细地考虑了你寻求推荐的理由，那么你的计划就有可能被他们亲自批准。当他们把你推荐给他们团队中的成员时，就如同他们对他们的下属说:“这件事听起来很有意思，我希望某某去研究一下究竟是怎么回事。”在这种情况下，CEO 就帮了你一个非常大的忙，因为他们介绍给你的是一个重要的机会，以及“有机会执行这项商务活动的 CEO”。如果你能成功地向前推动你所建议的销售或合作关系，那么 CEO 会记住自己以前就认同过你的主张，不会轻易反对你与他们公司做生意。何况大多数公司的职员都无法抗拒一位 CEO 亲自推荐的人。你的电话在带上 CEO 的印章后，就变得远远比以前重要多了。

## 进入主题，寻找合适的机会

如前所述，既然你打电话的目的之一是让 CEO 同意你提出的建议，那么我有一个非常有效的办法，就是你应该在刚开始提出自己是在寻找一个可能存在的合适机会，而不要坚持认为双方一定适合合作。这其实就是我们在第十三章中谈过的“逆推销”的本质。向一位 CEO 保证你与他们的目标能百分之百吻合，会让对方认为你太过自以为是，只会让他们心存戒心。

因此，你应该精心准备一套简洁明了的发言。你要解释自己的提议，同时解释它在你的其他客户那里是多么有效。接下来你应该声明你不确定它是否也适合对方，不过你要向对方讲清楚你觉得这件事值得深入探讨。这样一来，目标高管更有可能认真地听你讲话。也许最后你们会发现无法继续深入交谈的原因；或者你们会发现，你们合作的结果比你原来预期的还要更好。在与 CEO 通过电话交谈时，你越能提供更多信息，就越能促进双方共同探讨，你能得到成功结果的可能性也就越大。

还有一点很重要，即你必须尽快进入主题。应该如何做到这一点呢？现在你应该已经了解了这里面的窍门。在刚开始，你会做自我介绍，即用二十个字或更短的一句话做重要人物声明。然后你会解释打电话的原因，也就是你为什么认为自己的提议适合 CEO 曾提过的某一个特定的商务目标。你应该使用二十个字或更短的句子来解释，并且你的表达方式要能吸引 CEO 的兴趣，能让他提出反问："怎么才能实现这个目标？"接下来你要建议对方做一次短暂的研究，并设计一个行动计划。这可以是一次市场测试，也可以是 CEO 将你推荐给别人，或者你们的谈话会随着 CEO 的要求而转向完全出人意料的方向。

## 不要浪费客户的宝贵时间

你要时刻牢记，CEO 的时间概念与大多数人的时间概念完全不同。你要展现出对这一点很尊重：假如你保证在某时打电话，那么就准时打电话过去；保持谈话简洁入题；帮助 CEO 理解你谈话的内容，以及你希望带给他的独特价值。你要展现出你理解他们的世界，并尊重他们的时间。

事实上，电话交谈用时的长短并不由你来控制。CEO 会迅速推动它的进程。其实，一次成功的电话交谈往往能够出人意料地短暂。当然，失败的电话交谈用时会更短——欢迎你进入 CEO 的世界。

我希望你做好心理准备，与 CEO 级别的人合作，你必须使用最短的时间。你的任务是尽快推动自己的议程。CEO 会明白地告诉你，他是否打算花时间考虑此事，因此你要准备好使用他们的规则玩这个游戏。

## 定义接下来的行动步骤

虽然电话沟通要求简短得出人意料，但是绝对不能在还没有定好你们下一步的行动之前就挂断电话。如果目标高管表示不感兴趣，当然也就没有必要安排接下来的行动。不过，即使在这样的情况下，你仍可以询问对方公司中是否有别人能与你再谈一谈。这样在挂断电话之前，你至少还得到了来自 CEO 的推荐。

如果对方的态度是积极的，那么你就要准备下一步的行动方案，弄清楚你将在什么时候再次与 CEO 通话或者对方团队的成员将于什么时候联系你。在挂断电话之前，你要确定自己已经真正了解了能推动进程的下一步行动。你是在与 CEO 通电话，如果你得到了积极的回应，那么你就一定要不虚此行——你的目的是搞定对方，扩大你的销售量或企业的规模。

本章简短明了，你与目标高管通电话也是一样。而且你要把话题集中在能推动进程的关键点上——既为达到你的目标，也为达到他们的目标。无论如何，你不能让有可能改变自己生活的这一通电话，在所有成员都明白朝哪个方向前进之前就挂断了。

## 本章要点

※ 在给任何一位 CEO 打电话之前，你应该花几小时去理解他们的世界、他们面临的困难与他们的目标。

※ 与 CEO 谈话时，你必须有明确的目标。

※ 如果你希望组织一次面谈，那么你要弄清楚这次面谈对 CEO 有什么好处，谁应该参加，他们会赢得什么。

※ 如果你希望建立有战略意义的合作关系，那么你要弄清楚这将对他们有什么好处，他们需要付出些什么。

※ 请求被推荐给别人是能让 CEO 仔细听你陈述来意的有效方法。

※ 来自 CEO 的推荐有好几个优势，可能是你获得新交易的捷径。

※ 与 CEO 谈话时，你要确保尽快进入主题：你的计划与他们面临的情况有什么关系？这个计划将如何为他们的企业提供独一无二的价值？

※ 永远不要对 CEO 说“这个解决方法完全适合你的需求”。你要询问他们，看是否有可能适合。

※ 人们更愿意留意能提供信息、能让双方共同探讨的电话，而不是以推销为主的电话。这往往能大幅度地提高你成功的概率。

※ 与 CEO 谈话时，尊重他们在你身上付出的时间，避免浪费时间。

※ 打电话时间的长短不由你控制，而是由 CEO 控制。

※ 其实，一次成功的电话沟通用时会短得让人意外，当然失败的电话沟通用时会更短。

※ 永远不要在没有搞清楚下一步该如何行动之前就结束与 CEO 谈话。

“再见了，儿子，记住有空给我们发个推特……”

## 第十八章

# 超级订单是磨出来的

到现在，你已经做好了100位最佳战略伙伴名单，考虑并创造了你的拜访活动策略，完成了你的重要人物变身，说服了每一位高管的助理，并让他们把你的电话转给了CEO，而你也与CEO在电话中做了初次交谈。你要记住，在你的活动中，“CEO”只是“有机会执行这项商务活动的CEO”的意思。

做了这么多事后，你的工作也仅仅是“即将展开”。为什么这么说呢？哎呀，事实正是如此。

你还没有拿到巨额订单或得到有战略意义的合作伙伴呢——这才是你投资开展拜访活动的原因。现在不是应该靠在沙发靠背上长吁口气、庆祝任务圆满完成的时候。现在时机还未到。

在长跑时，当你跑完了四圈中的三圈，而且超过了所有的竞争对手，那么你已经赢得比赛了吗？当然没有。不穿过终点线，成绩是不算数的。在拜访活动中，与客户的关系一旦建立，你的终点线就已经遥遥在望了，但你仍要跑下去，直到穿过终点线。因此，我们现在就讨论你将如何穿过去。

## 把整套计划实施到底

你或许已经注意到，一个人想在任何方面取得成就，只能靠持续不懈的努力。专家们常说，做成一笔生意至少需要六个以上的接触点才有可能。而到现在为止，你仅仅做了第一、第二、第三次接触（包括你的扣押物品）。

因此，现在你必须回去埋头工作。我在本书中反复提及，我一向把高管的助理包括在营销活动中。他们在电话中帮助过你，尤其是在第一次接触后。你应该送给他们一张感谢卡，上面写上你亲手写的表示感谢的话。在第一次会谈结束后，你要再次感谢他们给予你的帮助。这么做的关键原因是你要培养与助理们的关系，从而更坚定地敞开与 CEO 交流的大门。

更重要的是你要培养与 CEO 本人的崭新关系。在挂电话之前，如果你们已经安排好了接下来的行动计划，那么你承诺过要为他们做的每一件事，都务必既快速又仔细地做好。你为自己定下的目标应该是尽可能地超越 CEO 的期待值。由于他们花时间与你见面或在电话中交谈，你也要表达谢意。

> “你为自己定下的目标应该是尽可能地超越 CEO 的期待值。”

从某种角度来说，如果你打的第一通电话的结果是 CEO 把你推荐给了公司中的其他人，你的这套程序就要重新开始。你是带着目标公司从上到下的人员的一份推荐信去敲他的门的，这固然是一个极大的优势，但是你仍需要努力去与这位新人建立联系，这也包括他们的助理。

假如CEO不遵守约定，没有真正把你推荐给他的下属，那么你就要付诸行动，确保他会把你推荐出去。你要督促自己跟踪进度，不要异想天开地认为别人都会把这些事情安排妥当。你需要确保一切都在照着计划进行，这些事情都要靠你才能够做到。因此，你一定要做到。

## 关键回应率：做你需要做的一切，打破拖延

请记住这句话：被拖延的交易就是被拒绝的交易。在推动拜访活动的进程时，你务必记住这句话。

这样的错误我本人也常犯过。当一个非常重要的新客户或新合作伙伴答应我，说我们会一起合作时，我也常常有错觉，以为我的工作已经完成，应该可以庆祝一下了。可惜，一件很不愉快的事情很容易在这一阶段出现：交易进程突然停滞不前了。

通常，这并没有明显的原因，也没有能引起我们警觉的事件发生：也许某人将出差至月底，或者他们已经承诺要开展项目，但要等到下个会计年度才能开始；也许他们有另一个更重要的项目正在进行中，或者下个季度的展览会正吸引着目标高管的全部注意力。

不论原因是什么，都可能让你们的交易毁于一旦。在刚开始，虽然这似乎不是什么大问题，但是最后的结局就是你们的交易被拖延了。而当拖延开始出现，往往就会持续下去，最后发展为无限期拖延。拒绝这个新交易也许并非你的新客户或新合作伙伴的本意，但如果他们总是没时间去做这件事，那么这与他们在刚开始就直接说“不”一样让人绝望。

因此，你不能让交易脱离轨道，必须做你需要做的一切来打破拖延与借口。这是通过拜访活动得到了新交易后你需要做的最关键的回应。

但是，这要如何做到呢？

其实，拖延的原因往往是对方隐蔽了对你的评估，他们认为与你交易没有足够的影响力。那么，你面临的第一个挑战就是迅速制造新的影响力，倾尽全力向他们施加压力。如果新客户在优先名单中把其他项目排在了你的项目之前，那么你一定要详细检验全局，寻找新的影响力。

检验的一个方式就是试探一下他们的竞争对手，看竞争对手愿意出什么价格来与你做同样的生意。有时候，这可以简单到只说一句话："既然你们想暂时搁置这个项目，那么你不介意我去问问你的竞争对手某某公司吧？"你要保持这样的重要态度，即你要把这项交易看作是非常有战略意义的，而且是很有价值的。即便你的目标高管没有这样的态度，不过也许当他们一想到不做点什么就会失去这个机会时，他们就会改变态度。

有一个更为柔和的做法是持续定时为 CEO 提供有价值、不偏袒但支持这笔交易的信息，确定他们时刻理解这个商机整体的重要性，以及他们继续暂缓交易后会有什么损失。

无论如何，你必须时刻警惕交易被延误，而且绝对不能坐以待毙。让这笔交易尽快达成是决定你成败的关键。

## 把新的利益相关者包括在营销活动中

导致交易被拖延的原因之一可能是以前未知的利益相关者凭空出现并制造了障碍。他们提出顾虑的原因也许仅仅是当初未被邀请加入讨论。因此，你的一项重要的回应工作就是尽快找出一切利益相关者，确保他们都被包括在你的营销活动中。

找出这些人其实非常简单。你只要拿起电话，询问那位新的内线同盟——CEO 的高管助理，就可以了。他们有可能知道还有哪些利益相关者，如果他们不确定，他们还可以问他们的老板。

在你得到利益相关者的名单后，就需要展开新一轮的拜访活动。当然，开展这一轮活动绝不会像初次接触那样困难。通常，只要给他们的助理打一个简单的电话，解释你是在与 CEO 合作一个新项目，希望得到高管的意见就足够了。用这个方法其实就是对所有那些拖延或摧毁你交易的人说:“我理解你的重要性，我希望把你包括到我的项目中。”

这样做在对目标客户表示尊重的同时，你也得到了重要的内部信息。这会让你的交易变得更坚实。应付大量利益相关者其实是一个聪明的商务手段：那些本来可能是隐藏着的、非常危险的、有影响力的人，会因你的拜访活动而转过来支持你，让你的交易成功。

我最喜欢采用的方式是以采访的形式打电话给他们。你可以对每位利益相关者解释，你的采访是在为项目搜集资料，而采访的结果会被收集到一起，编成一份可行性报告交给 CEO 审阅。这样一来，CEO 的每位下属都会很高兴，因为他们将有机会把自己的工作与贡献醒目地展示给 CEO。而且当他们意识到你尊重他们支持或顾虑什么时，他们也愿意把精力投入进你的项目和你期望的结果上。这就更能帮助交易成功。

妥善应付利益相关者，不但能减少你的路障，也会让你的交易显得更加举足轻重，因为现在你已经把所有重要人物都拉到你这边了。

## 不能在赛跑的四圈中跑完三圈时停下

本章的核心就是希望你把精力集中在完成工作上，确保你的交易达成，让你的事业或商务突飞猛进，从而改变你企业的规模。

千万不要在赛跑的四圈中跑完三圈时停下。务必跟进所有向对方承诺过的行动，把每一个工作目标都要定位于超额完成CEO的预期值，绝不能让你的交易被拖延。而且要把所有的利益相关者包括在内，确保他们不会有机会让你的交易脱轨。

现在你已经准备妥当，眼看就要一关接一关地突破你的事业丰碑。让这一切实现的人非你莫属!

## 本章要点

※ 虽然你的拜访活动已经取得了丰硕的成果，但是你最初的联系只是整套程序中的第一步，它能带领你到达你梦寐以求的突破点。

※ 突破点要在你完成全部工作后才能达到，那时你的交易已经正式签约并且开始运行了。

※ 接触到目标高管后，接下来的关键就是你的后续工作要锲而不舍。

※ 在你初次拜访到 CEO 后，如果拜访结果是他把你推荐给了别人，那么你一定要尽快搞定这位新的目标高管。

※ 如果你的交易有希望，那么你一定要全力以赴，这样才能让这次拜访活动不断发展直到最后成功。

※ 永远不要忘记：被拖延的交易就是被拒绝的交易。

※ 把拖延视作严重的威胁，一旦出现拖延，你要启用新的影响力迅速克服它。

※ 继续为你的交易做“售后服务”，持续地向 CEO 输送对交易有利的信息。

※ 如果拖延持续不断，那么你可以把交易送给目标公司的竞争对手，以此来为交易注入新的推动力。

※ 项目出现拖延几乎百分之百是来自未曾应付的利益相关者，因此你要确定将他们包括在你的拜访工作中。

※ 协调所有利益相关者的一个好办法是征求他们的意见，然后以此编写一份可行性报告给 CEO 审阅。

“请所有同意再多印钱的人说‘是’。”

## 第十九章

# 重新定义成功的意义

作为营销方式，虽然销售拜访也许是新近发明的，不过它的确是一个全新的方法，能用来解决一项重要的任务——让你与那些能为你的生活制造大事件的人联系起来。成为一位客户关系广泛的人，不光会提高你的业绩，也能让你变成一位重要人物。CEO 们一向为自己在事业生涯中建立起来的客户关系网而感到自豪，因为他们明白，他们联系到的合适的人越多，他们就越能做好工作、达到目标，向前推进他们公司的业绩。

当然，销售拜访的近距离目标是帮你搞定 100 位最佳未来客户或 100 位最佳战略伙伴名单上的人，好让你在事业或商务上的成就突飞猛进。这个目标成功与否，能体现在多种不同的形式上：有些时候，你根本没见到目标高管本人，但仍得到了你需要的推荐，因此你的交易能够达成；或者目标高管向你引见了他公司以外的人——你与新公司做成了交易，但没能与目标公司合作；还有可能你也许与 CEO 面谈过或通过电话，但没能得到生意。

所有这些结果，究竟算失败还是成功呢？

与生活中的大多数事情一样，这个问题的答案相当复杂。上述所有情况都可能通向成功的交易——事实上，第一个例子已经做到了——但或许是以你意料以外的方式。在这三种情况中，你至少与目标高管有过某种形式的接触，而这本身就是扩展你客户关系网的机会。不过，只有第一个例子直接得到了生意，后两个也许要再花些时间才能有效果。这也可能需要好几年。

那么，你该如何定义拜访活动的成败呢？我们这就仔细地讨论一下。

## 把高管助理当成你的长期目标客户

高管助理通常是你接触的第一个人。我在本书中反复强调过，他们也将是衡量你成败的第一个标尺。要记住，他们不是看门人，而是“星探”。那么，你与“星探”的“面试”进行得如何呢？

助理也是人，因此他们也和普通人一样有这样或那样的毛病。有些人天生脾气不好，或不喜欢自己的本职工作，也许有些人讨厌他们的老板，因此不愿意替老板搜索出类拔萃的计划。

不过，总体来说，高管助理通常都是一间公司中最敏锐的一群人，虽然他们没有他们的上司那样光鲜的职称和优厚的待遇，但他们往往有很大的可支配的权力。在某些情况下，他们能触及企业的各个角落以及所有总监级的高管，基本就是“隐形的副总”。他们往往是做事最多的人。

他们对你讲的话，以及他们在你前去拜访时的反应，都能强烈地显示出你作为销售员的成败。那么，你应该衡量一下：到现在为止你的销售拜访活动开展得怎么样？高管的助理们会友好地对待你吗？他们变成了你重要的长期客户了吗？或者他们与你保持距离，甚至是更糟糕的情况：他们直接拒绝了你的拜访。

初步使用这种衡量方式，能帮你辨别出一些重要的因素：假如助理们不断地打击你的拜访工作，这其实是一种很有意义的反馈："你应该重新思考你的方法。"你要思考是否落下了什么，是否破坏了某一道重要的程序？你跑去联系一位像他们老板那样有重要战略意义的人，你是不是没有解释清楚你去拜访他的原因？或者你是不是一直在忙于推销？这往往是所有事情中最招人讨厌的一件事。

如果你发现自己陷入了这样的境地，那么有一个十分简单的解决办法：询问助理，让他给你一些忠告。你可以向他们解释一下你希望让他们的老板注意你的计划，你觉得它是一件非常有战略意义的事。然而，助理的反应可能让你十分意外。他们能否给你一些反馈呢？

据我猜想，他们的忠告很可能会是：因为你看起来像个四处兜售货品的销售员。你要时时刻刻记住，助理是希望放合适的人进门，因此你要仔细听他们描述究竟什么样的人才是他们会放进门的合适人选。

> "据我猜想，他们的忠告很可能会是：因为你看起来像个四处兜售货品的销售员。"

然而，如果你遇到的是另一种情况——基本上来说高管助理的态度很好，这就说明你的拜访活动已经初步成功了。这其实是值得庆贺的好事，因为能让那些精明严厉的"法官"满意实在并非易事。这也说明，你是在朝着正确的方向前进。

## 回应率测量法：对拜访活动做出反应的三个条件

获得回应率是销售拜访令人振奋的目标之一，因为它往往是让人大跌眼镜的惊人数字。如前所述，在拜访活动中，能得到接近 100% 的回应率并不鲜见。如果你是营销人，那么你一定明白，这样的成就一向被认为不可能实现。但是，现在你已经知道，如果使用拜访策略，这是很有可能实现的。

尽管如此，我们仍应该调整我们的期待值——我不希望你认为任何小于 100% 的回应率都是无法接受的失败。在第二部分，我讲过一次非常有效的营销活动，它的回应率在 30%~70% 之间。我们发现，在 IT 界，即便是 10%~20% 的回应率也要算非常好的结果，因为这些目标高管的性格都偏冷淡。换句话说，假如能随他们的愿，他们或许宁愿不与任何人联系！因此，在某些情况下，只要能打通一部分客户关系就已经算是胜利。

如何计算回应率也是一个难题。比如，由于你的拜访，一位 CEO 回应说他们公司没有与你合作的机会，那么这算不算是回应呢？此外，如果他们的助理给你同样的答复，然而助理并没有在回话之前询问他的老板，这又算不算是回应呢？

由于拜访活动的目标是与重要高管建立联系，所以我认为任何因你的营销活动而发生的直接联系都算是回应。也许这并非是你期待的回应，但是毕竟你有机会展示自己的计划，而且你也确实联系到了你的目标高管。至少你通过这次拜访得知对方公司在倾听了你的计划后，他们并没有你期望的那个机会。甚至 CEO 会给你一些反馈，告诉你你的计划为何没能引起他们的注意。如果是这样，你仍得到了非常珍贵的内部情报，可以用来修正接下来的活动。

但是，如果同样的否定答复来自助理，而且并不是转达目标高管的态度，我不会把它视作回应，因为你的营销活动没有得到直接联系。

那么，让我们来定义一下哪些条件能算作是对拜访活动的反应：

1. 与目标高管在任何形式下的直接通信或联系。

2. 目标高管直接把你推荐给他们公司的其他成员，后者有权力管理你提出的机会。

3. 任何形式的推荐或把你引荐给公司外部的人，对达到你营销活动的目标有重要的价值。

运用这个测量法，你看自己的拜访活动是否创造了自己希望的回应率呢？你是否能把它做得更上一层楼？你要记住，虽然回应率是计算你成败的一个重要标准，但它并不是全部标准。比如，虽然你只拜访到了10% 的目标高管，但每位高管都带给了你几百万美元的利润，这难道不算是空前成功的营销活动吗？当然算！

## 如何正确计算投资回报率

本书列举的一些拜访活动曾创造了很高的回应率，更有甚者一些活动创造了 600000% 的投资回报率。多年前，我开展过一些拜访活动，去联系几家大型杂志社的发行部副总和主管，得到的投资回报率或许要在百分之几百万左右。因为我花了 100 美元把为二十几位重要目标高管量身定制的漫画和信送到了他们手中，而我的公司因此能够发展，并得到了几百万美元的收入。

其实，回应率与巨大的投资回报率并无直接关系。重要的是你得到了合适的回应、足够多的人回应，以及每个人带来的平均交易额足够高。

其中的道理并不难懂。在上述例子中，如果你的拜访活动“仅仅”得到了10%的回应率，但每个回应都得到了100万美元的销售额，那么你的投资回报率其实非常高。同样，即使你搞定了每一位目标高管，但他们每个人带来的交易额却很小，那么你的投资回报率仍不会很高。

计算这些数字有利于你未来的成功。在获得10%回应率的那个例子中，相对较低的回应率却能让你得到很高的投资回报率，这说明你有巨大的、尚未发掘的隐藏优势。你只需搞清楚如何提高回应率就可以了。比如，如果回应率能提高至20%，你的销售额就会翻一番。而在第二个例子中，较低的投资回报率说明，要么是你对目标高管的层次估计错误，要么是你的收入模式有问题。是否是别的公司有更高的预算购买你希望推销的产品呢？或者是否有什么方法能提高你的平均销售额呢？或者你是否错过了与你的产品有关的、利润丰厚的某个市场领域呢？

我必须在此解释清楚，正确计算投资回报率的方法不是简单地把营销活动中赚到的钱除以它的成本。其实，其计算方法更复杂。专业会计计算投资回报率时，需要包含所有的开支，包括工资、管理费、固定消耗、利息、税款等。更精确的计算方法应该是收入除以支出。

用这种测量方法来衡量，一次被行业标准接受的开发潜在客户的营销活动，收入应该是直接支出的10倍~20倍。这个数字用百分比表示就是 1000%~2000%。在销售拜访中，你的目标至少应该是达到这个数字的 10 倍。假如未能达到这个目标，你就应该做些自我检查，搞清楚你需要做怎样的调整。

## 你赢得的是让事业得到爆炸性增长

我再次重申，销售拜访的目的是让你有机会站在那些你辨认出的、对达到你目的最为重要的人面前。不过，它并非到此为止。你与这些人取得联系是为了让你的生意或事业得到爆炸性的增长。这样你就会拥有更高的销售额、更大的影响力和名片盒里那些价值百万美元的目标客户。

你是否联络到了新的目标客户并得到了他的推荐，从而把你的客户网更拓宽一步？你是否打通了一条新途径，让你达到了生命中的其他目标？也许这些事在刚开始并不明显，可是当你与客户网中的人开始交流后，它们都会一一显现。

记录你的成就。如果你使用了销售拜访的方法，你会发现自己正处于一条直指云霄的飞行曲线上。如果不是，你应该研究一下自己的数据，理解它们的含义，做必要的调整，然后准备好搞定你未来道路上的客户。

## 你的客户网有什么意义

我不认为成功的销售拜访后，你唯一的成就是在更高层次打通了精彩的客户关系，而没有可显示的东西。只不过我是把最好的部分留在了最后。据我预期，你会通过自己策划的交易与合作伙伴共同变得非常富有。你甚至可能会展开一段奇妙而意外的探险旅程，或许与我遇到我妻子（见第五章）的方式类似。你也许会创建一个新的慈善机构或新的商务领域，让你与自己敬仰崇拜的大人物们经常会面。有了销售拜访，能被带入你生活中的成功是永无止境的。

字典里对“打通”这个词的解释是“任何重大或突然的前进”，而这正是对你拜访活动成功与否的终极测试：它是否让你的生活或生意有了一个重大或突然的前进？

## 本章要点

※ 从狭义的角度来看，拜访活动的目标不过是让你站到你 100 位最佳战略伙伴的面前。

※ 从更广义的角度来看，拜访活动是为了帮助你在事业、生意或生活中得到爆发性的增长。

※ 计量拜访活动的成功程度是非常复杂的，它有很多种不同的演绎方法。

※ 在最初的销售拜访活动中，判断拜访是否成功的一种方法是看你与高管助理建立联系的成功率。

※ 由于高管助理的责任就是为他们的老板做“星探”，因此他们的反馈对你很有价值，他们也是你应该询问的对象。

※ 如果你曾接触过的大多数助理都变成了你的长期目标客户，那么，这能强有力地说明你的方法是十分合理的。

※ 拜访活动通常都能制造其他营销活动无法比拟的回应率。

※ 100% 的回应率是有可能达到的，即便你的营销活动的回应率可能略低一些，但它仍会是非常成功而且利润丰厚的。

※ 拜访活动的回应包括任何形式的直接联系、推荐或一份有意义的介绍信——把你介绍给能直接采用你建议的人。

※ 回应率本身不足以评估拜访活动的成功率。

※ 投资回报率或收入支出比是你的营销活动和收入模式直接的反馈。

※ 如果你销售拜访的回应率很低，但投资回报率很高，那么你应该寻找提高回应率的方法，从而得到更大的收益。

※ 如果你销售拜访的回应率很高，但投资回报率很低，那么要么是你对拜访目标的定位太低，要么是你推销的东西价格太低。

※ 应该通过销售拜访去做的事情之一是用重要目标客户去打造一个更大、更广的关系网。

※ 衡量你是否真正搞定了目标客户，应该用回应率、投资回报率以及你的生意是否有爆发性增长来计算。

第二十章

# 利用社交媒体提升你的“关键角色”

“弗雷德，你先走吧，我打算在电梯里再待会儿，看看能不能想出什么新线索来。”

我必须承认，我也属于在社交媒体上动作迟缓的人。在很长一段时间里，我一直觉得使用社交媒体就仿佛与一群偶然相遇的人一起走进电梯，然后期待在电梯升至顶楼那30秒钟里会出现什么有意义的交谈似的。原本就是让人匪夷所思的事情。

之后，我开始用脸书与我童年、高中和大学时的朋友联系。脸书上的联系人都不是偶然相遇的人。这让我的每一天或我愿意在脸书上消磨时间，都变成了在虚拟空间里举行的老友聚会。可是，这对我的公司有益吗？没有。尽管如此，我通过脸书开始明白社交媒体的运作方式了。

我脑筋下一次开窍是在几年后。当我们开发一笔交易时，我得知我的 100 位最佳战略伙伴中的一位成员对我进行了资信调查，调查步骤之一就是查看我在领英网上的个人资料。这让我非常意外，因为我根本没想到有人在意那些貌似与我生意核心相隔甚远的资料。这为我敲响了警钟，于是我立即行动起来。我第二天就更新并扩展了我的个人资料，领英工具帮助我自动地把以前的目标客户都邀请过来与我联系，我的“目标客户”迅速地增长，超过了“魔法五百”的数字（在领英网上，一旦你的目标客户超过 500 名，就都会以“500+”显示。因此，你最重要的工作就是尽快达到这个数字）。这时我终于意识到，社交媒体已经在我的生活中（应该说是我们所有人的生活）占据了核心位置。在为写本书而采访时，我也有过类似的感悟：几乎每一位与我交谈过的思想领袖级销售人都认为社交媒体是商务成功的重要组成部分，也是成功销售的关键因素。这些专家中的大多数人都出版过书，专门讨论了社交销售的大革命或销售企业应该如何衷心接受社交媒体，否则就只能等待绝迹。

“几乎每一位与我交谈过的思想领袖级销售人都认为社交媒体是商务成功的重要组成部分，也是成功销售的关键因素。”

因此，现在我把舞台交给接受我采访的所有无私的客座专家们，他们为本书慷慨地分享了他们对与销售尤其是拜访有关的社交媒体的看法。

## 社交媒体是提升你名气最好的渠道

社交销售的支持者吉尔·罗利说:“要想让别人对你感兴趣，你必须对你自己以外的事物感兴趣。”她坚信销售人员早晚会绝迹，因为他们会被搜索引擎和社交媒体代替。“要么演变，要么灭绝。”她忠告说。可是这与拜访的任务有什么关系呢？她认为，一上来就忙着推销、催促对方签合同的行为已经不再适合了。在当今社会，你的任务应该是谦逊地询问：能否让目标高管将你加入他们的网络中，把他们的光明带给你。“客户关系需要时间才能巩固，”她说，“而这正是社交销售的关键，也是拜访的关键。”

关于使用社交媒体接触重要人物，Nimble公司CEO乔恩·费拉拉有个非常有趣的看法。他公司的产品中有一个人气很高的社交媒体软件，能帮助你既迅速又容易地拜访到企业高层人物。“我与我核心群体中有影响力的人联络时，从来都是基于诚挚的关系以及‘预先付账’的思想。”他解释说，“我在结束每一段交谈时总会问：‘还有什么是我能帮助你或为你效劳的？”

社交销售的支持者、博主吉姆·克南解释说:“我使用的工具中，社交销售占很大一部分。我用它拓宽我的客户领域，而不仅仅是为了去联系某一个人。这样做使我与每个人拉近了距离。”这是个有趣的意见。你在社交媒体上越活跃、联系的人越多，你就越能获得更多重要人物声明的素材，而后者在搞定重要未来客户时向来都是最让人留意的。

克南指出，在过去，大人物之所以被认为是大人物，就是因为他们接触过的领域很广泛。“全世界最有钱的人都是办报纸的。”他说，“之后他们延伸到广播、电视。到了今天，普通人也能（通过社交媒体）接触到很广泛的领域。你能触及的范围越广就越有力量。”

HubSpot公司营销总监、《加速销售的公式》的作者马克·罗伯格回忆，他曾接到过《财富》500强公司的一位销售副总打来的电话。罗伯格说：“他打电话对我说：‘我们需要你帮忙，我们需要见面。’”而他们在见面时，罗伯格说：“他们带来的HubSpot模型的幻灯片是我见过的最好的一套。他们就自然而然地成了我们的客户。”罗伯格要表达的意思很明确：他的名气成就了他的拜访活动，而这直接来自他使用的社交媒体。

克南指出，接触广泛的领域不是一下子就能实现的，它需要时间的考验。而且这必须是在你提供了人们想要的东西后。他问：“你希望给世界提供什么？你可以一点一滴地提供这件事物，而这就能让你接触到更多领域。只要你每天都做一点，人们就会蜂拥而至。”

## 选择一两个平台，坚持使用它

“无论以什么方式开始，都要自始至终保持一贯性。”“书呆子谈话指南”的主持人之一苏珊·芬奇解释说：“它必须是基于真正的交流，你要融进社团和小组，否则就是在浪费时间。”也许这听起来要比你原计划投入的精力多得多，但芬奇有个简单的解决方法。“你不必花太多时间，甚至每天只需要花15分钟，”她说，“如果你没有这个时间，你就要去找个能帮你做这件事的人。”

芬奇建议，你每天要定一个15分钟的约会，专门用来灌溉你的“社交媒体花园”。但是，哪个平台最好？“这个问题没有答案，”她说，“你只能使用你或你的团队最了解的那一种，或愿意学习使用的那一种。”

芬奇说，最常见的错误是营销人一鼓作气用上了每一种社交媒体平台，结果由于太多，反而力不从心。“营销人有时会以为：‘哎，咱们得立刻占领所有渠道，否则就不够有效。’”她解释说。芬奇的忠告是选择一两个平台，然后坚持不懈地使用它。

无论你选择使用哪一个平台，你仍要把它融合到你的拜访策略中。虽然接触广泛的领域会吸引其他人来找你，并能提高你的重要人物身份，但是如果你的目标是与100位最佳未来客户建立联系，那么你应该考虑如何使用社交媒体回答下列问题：

1. 你的拜访目标撰写文章、书或博客吗？
2. 你的目标高管是否活跃于社交媒体？如果是，是哪一个平台？
3. 你们之间有没有共同的联系人，他们是谁？

以这三个问题为向导，社交媒体就能帮助你更容易、更快速、更深层地拜访目标客户。可是，究竟哪一种平台更适合你和你的拜访策略呢？我们再次邀请专家们来分享他们的见解……

## 领英

作者安东尼·依安纳瑞诺言简意赅地描述了领英对他商务工作的重要性。“有些人会先对你做一些了解。”他说，“有一次，通过领英上的一位目标客户，我赢得了价值一百万美元的会谈。”

很多人都提到了领英网一个独一无二的功能，那就是它能帮助用户获得位居高层的介绍人。而且它也能向你显示，你是如何与拜访对象联系上的（Reachable 平台能协助你更好地做这项工作，参见本书结尾处的第四部分：“资源和工具”）。作者、博主芭布·季阿曼克说：“当公司外部一位值得尊敬的人员为你推荐客户时，你得到会谈的机会至少会有 50%。”她建议，你不仅仅要通过你和目标高管共有的关系网帮你介绍，还可以加入领英小组。你可以寻找你的 100 位最佳未来客户可能参加的领英小组，并在小组中积极发言。

博主芭贝特·特恩·哈肯建议使用领英的 InMail 功能去接触对方。“这样一来，他们就会主动来看你的资料，”她说，“因此，这个工具很有效果。”

不过，作者琳达·理查森提醒我们，使用领英网寻找介绍人也是有局限性的。“如果你选择的介绍人信誉不够好，”她说，“那么，你可能无法接触到对方。”

理查森建议把新闻提醒和领英网结合起来使用。“每当我的目标公司发生了什么事情，”她解释说，“那就是我的新机会，我会带上他们觉得有价值的信息和专业知识去接触他们。”

美国职业销售人员协会荣誉 CEO 斯科特·普拉姆说，如果你在领英上有超过 500 位目标客户，那么很可能你与领英上的每个用户都有共同的目标客户。普拉姆最喜欢使用的方法是邀请一位中间人帮他转一封由他写好的电子邮件，而不是使用领英的 InMail。“在电子邮件中，我解释了希望与他们探讨的事情，这让他们意识到我尊重他们的时间。”他发现这个方法能有效地帮他约到为时 10 分钟的电话会谈。

作者、博主戴夫·斯坦把这个做法又向前推进了一步。“公司的组织结构并非在 CEO 一级就结束了，”他提醒说，“我喜欢到 CEO 的更上一级董事会成员那里寻找我们共同认识的目标客户。这能简化拜访 CEO 的过程。”斯坦也是《销售和营销管理》杂志的常驻专栏作者，他建议，你应该分出一部分精力来，挖掘那些能做介绍人的资源和人才。“做这件事你毫无借口，”他说，“领英已经让你的工作再容易不过了。”

芬奇建议，你应该积极参与领英小组，公开赞扬他人的作品，推荐其他成员去读某篇文章，等等。不过她也提醒说：“不要光分享，你要写下自己的意见。你必须告诉大家你为什么对这篇文章感兴趣。”芬奇接着说：“你要避免使用领英提供的‘我希望与你联系’默认请求拜访信，人们往往不会回这样的信。你要写你自己的信。”

我发现领英有一个非常有用的功能，那就是自动邀请你所有的目标客户加入领英客户圈。它能把你的所有电子邮件收发信人、你地址簿中的所有人名，以及你在脸书和推特上的一切联系人都加进来，让他们迅速成为你的目标客户。随着人数的增长，找到重要未来客户的共同联系人的机会自然也会大幅度增长，即便你是像我一样的英领的初学者。我可以告诉你，我已经把这项工具非常有效地投入于我的拜访工作中了。

## 推特

如果说领英是社交媒体中一片井井有条的商务领地，那么推特就应该算是横霸了全世界的狂野西部。在这里，从中学生到著名演员、卑鄙的恐怖分子、抗议示威者、学者、吸毒者、名声远扬的专家，甚至国际空间站里的宇航员和各国领导人，都无话不谈，百无禁忌。

事实上，正是推特给了我灵感，让我画出本章开头的那幅漫画。使用推特会给人十分随意的感受，而它使用起来的确十分随意。不过，它也奇妙地将你卷进任何你能想象出的题材、人或思考方式中了——也就是说，你希望它是什么，它就能是什么。你不必浪费自己的时间去关注真人电视明星的最新动态——他们渴求关注的欲望是无止境的；你更不必在意哪一位童星最近又做了什么自毁前途的蠢事。你可以选择你自己的推特体验——你要仔细选择自己愿意跟随谁，而且更重要的是你要仔细选择未来推文的题材、你提的问题和你的兴趣。随之而来的是大群喜欢你文章的读者。突然间你也许会发现，那位对你来说至关重要的目标高管也变成了你的粉丝。

不过，我们讨论社交媒体归根结底是希望用它做辅助你拜访策略的工具。我们必须把精力集中在前面“社交媒体策略”部分中谈及的三个基本问题。而使用推特解决这些问题就变得更有意思了。如果你的目标高管在公开场合发表了作品，推特是最适合赞扬他们的地方。作者们会注意到他们的书被喜欢或转发，这是吸引重要未来客户的第一步。简单的一个动作就能迅速让你成为他们的支持者。

但是，这项工作并不仅仅如此简单。我们的专家们再次分享了他们的意见。

作者亚历山德拉·沃特金斯讲过她自己的一个故事。她很希望联系一位重要人物。“我刚刚在推特上写下‘真希望有一本你的书。’”她回忆说，“我就搞定了那个人。”

不过，博主约翰·巴罗斯持反对意见：“做这件事的关键不在于你写什么推文，而是你要倾听100位最佳未来客户都写什么推文，然后通过电子邮件、电话或写信拜访他们。”然后，他会使用一系列能带给对方一些与众不同的、有用的、有吸引力的东西的接触点，再加上传统的经典法则：坚持不懈。“如果你每次都能送去一些不同的东西，他们就会欣赏你。”他说。

自2010年起至今，堂·库珀的播客已经聚集了6.8万名粉丝。他的忠告是，你要经常转发推文并正确使用标签（这可以让你的发言与推特上的同类对话产生联系，能增大你的推文接触的范围）。但是，你也要经常自己写一些出色的文字并与你的网友不断交流。

社交销售策略专家胡里奥·威斯克维奇认为，推特能为你的拜访活动增加一个让别人望尘莫及的优势。“有一次，我希望接触康泰纳仕出版社的一个人，”他回忆说，“可惜，我勤勤恳恳地打了两个月的电话，仍然一无所获。后来我仔细研究了那家伙发推特的时间，发现他是绿湾包装工队[①]的球迷。于是我在写给他的下一封电子邮件的标题中提到了阿隆·罗杰斯。还不到十五分钟，他就已经与我在电话里聊起来了。”

作者杰弗里·吉托默说，虽然社交媒体能提供各种不同的途径帮你搞定目标高管，但是最重要的是你要找到一个能让自己从同一个渠道中的人尤其是你的竞争对手中间脱颖而出的方法。当我问及他在推特上开展拜访活动时最喜欢的诀窍是什么时，他笑着回答：“发动你团队的所有成员给目标高管发推特并对他说：‘哎，拉瑞，与我们见个面吧。’”

“作者杰弗里·吉托默说，最重要的是你要找到一个能让自己从同一个渠道中的人尤其是你的竞争对手中间脱颖而出的方法。”

作者盖文·英厄姆认为，社交销售其实并不神秘：“人们总爱把社交媒

① 绿湾包装工队：位于威斯康星州绿湾市的一支美国职业橄榄球队。阿隆·罗杰斯是该队的四分卫。

体和销售分割，于是他们认为是销售方式改变了。”他解释说，“可是，社交媒体并非游离于销售以外，它们原本就是一回事。”

“书呆子谈话指南”的苏珊·芬奇说，她喜欢推特，因为推特不但能让她与她的大量粉丝联系，还能帮她与她的100名最佳未来客户联系。“推特能让我快速联系到目标客户，”她说，“不过你必须考虑好自己要关注谁。没人希望你关注了500万人，自己却只有25个粉丝。”为了平衡这个比例，尤其是假如你需要增加粉丝时，你要多发图片并利用私谈和标签功能让自己直接加入正在进行中的交谈。

在刚开始，也许“推特世界”让你觉得毫无头绪，你肯定不是唯一有此感想的人。你看看本章开头的漫画就会明白，我与你站在同一个起点上。不过，就连我这个较晚接触社交媒体的人也已经发现，推特其实出乎意料的有效，甚至是让我受益匪浅。而你也会有类似的发现，尤其是当你使用它协助自己的拜访活动的时候。

## 脸书

我觉得脸书是另一个非常有用的社交媒体平台。不过，我必须承认，我并非用它做商务工作。很多人似乎更愿意把这个平台用作处理私人事情。我也抱有同样的态度，或者说我曾经是这样认为的。

时至今日，任何人都能看出使用脸书的人越来越多。不过，用它做商务拜访的功能几乎全部都围着“企业对消费者”打转。公司、明星、乐队等会使用脸书交流，但几乎都与私人拜访毫无关系。他们会在脸书上公布公司、小组或个人的新闻和信息，但时刻与他们的粉丝保持距离。他们可以“喜欢”或“分享”帖子，但你不能指望去通用汽车公司的脸书网页找他们的CEO聊一聊。你也没法用它去接触帕米拉·安德森（抱歉，波拉特[①]！），或去找齐柏林飞艇乐队尚在人间的成员谈话。

我有一个脸书账号Bystuheinecke，专门用来发布我的漫画及与我的工作有关的消息。我一向将它与我自己的账号分开使用。不过，作者理查德·韦勒认为这个做法其实不对。“在脸书上结识一位朋友时，会引发某些特殊的情感。”韦勒解释说，“这能让你们更快地建立起更深层的关系。”他建议把所有的商务联系人都发展为脸书上的朋友。

韦勒认为，我们应该将他的忠告视为是概念上的转变：我们应该把工作与个人生活融合在一起。他说，当他完成了这个转变后，商务机会就开始滚滚而来。“我有各种各样的目标客户，他们总会带给我许多让我喜出望外的生意。”他说，“但真正让我喜出望外的是他们感觉已经与我十分熟悉了。”毫无疑问，韦勒的忠告来自“人们总是从他们认识和喜欢的人那里买东西”的销售和交易哲学——从这一点来说，它也与销售拜访不谋而合。

我屡次使用过博主麦特·海因茨的例子，想必你已经熟悉了。对他展开的拜访活动中，我使用一只鸡蛋盒真正打动了他。“很多希望联系我的人常常会送礼物过来，”他说，“但在这次活动中他们的细致入微给我留下了深刻的印象。”这次营销活动的秘密武器其实就是脸书，因为海因茨的脸书上明确地显示了他的业余爱好是养鸡。如果没有脸书，这次营销活动就毫无效果。

① 《波拉特》：2006年的喜剧电影，以仿纪录片形式，讲述了主角哈萨克斯坦记者波拉特到美国寻找性感明星帕米拉·安德森的经历。

## 谷歌 + 与其他

当然，网上其他的社交媒体平台还有很多，不过如果涉及销售拜访，那么社交媒体的功能在谷歌上就分散了。一些年轻的营销人使用 Instagram 和 Reddit 都取得过极大的成功；同时，品趣志也在大量地增加人气。

苏珊·芬奇被谷歌 + 提供的辅助销售拜访的功能折服。她说，这个平台支持的交流层次恰恰能适用于推销她的“书呆子谈话指南”节目，也会为最终达成交易提供辅助功能。“领英的用户都是为别人打工的专业人士，”她说，“谷歌 + 则为自由职业者、小型企业和创业者敞开了大门。”

无论选择哪一种平台，我希望你时刻记住我和芬奇提供的忠告：假如无法同时应付多个平台，就不要同时选择多个平台；而且当使用社交媒体辅助你的拜访时，你切记要时常问自己那三个问题：你拜访的目标客户写书吗？他在社交媒体上活跃吗？你们之间共同的联系人是谁？你的目标是与 100 位最佳未来客户联系，而不是单纯地增加你自己的名气，即便这两者互有帮助。

## 本章要点

※ 社交媒体已经变成了所有拜访策略的重要组成部分。

※ 社交媒体和销售已经不再是分开的个体，它们属于一个更大的范畴，叫作“社交销售”，或者应该说就是“销售”。

※ 一些专家认为，销售人员会被搜索引擎和社交媒体代替。

※ 作为销售人、营销人和生意人，忽视社交媒体会让你陷入危机。

※ 社交媒体能让我们所有人得到价值连城的曝光率和接触更广泛的领域。

※ 社交媒体这个领域中充满了“预先付款”思想。你是为了帮助别人而参与，而不是为了推销货品或服务。

※ 要想成功使用社交媒体，你必须对自己以外的事物感兴趣。

※ 无论选择哪一种社交媒体策略，你必须自始至终、坚持不懈地做下去。

※ 你应该只挑选那些你觉得合适的社交媒体平台，这样你才能长时间坚持不懈地使用它。

※ 无论选择哪一个平台做拜访活动的辅助工具，你首先必须确定你的 100 位最佳未来客户也在上面，而且你们已经有共同的目标。

※ 领英能让你联系重要的企业界人士。

※ 在领英上拜访新目标客户时，不要使用领英提供的“我希望与你联系”默认信，你应该根据对方的情况写下你自己的拜访短信。

※ 推特能让你接触到任何人——它是社交媒体的狂野西部。全世

界的人似乎都在这里占有一席之地。

※ 也许推特会让你眼花缭乱、忘记初衷，但是它的确是强大的工具，能让你与各种各样的人联系，尤其是你 100 位最佳战略伙伴名单上的成员。

※ 当你转发或喜欢目标高管的推文时，他们会立即注意到你。

※ 使用标签能让你接触到跟踪某个话题或对某个题目感兴趣的人。

※ 脸书能帮你了解目标高管的私人生活和兴趣，能为你的拜访活动提供价值连城的深层情报。

※ 虽然用脸书做商务拜访的功能几乎全部都围着“企业对消费者”打转，但使用私人账号与目标高管联系仍有成功的希望，而这能给他们一个认识你并喜欢你的机会。

※ 社交媒体是一个广博而分散的渠道组合。在拜访工作中你会发现，最有效的平台也许只有目前的三大巨头：领英、推特和脸书。

第二十一章

# 永远不够：拥有源源不断的客户

“你总是问我们要走向何方，而其他人都在说：‘哪里是我们不打算去的？’”

我们该走向何方？这个问题其实有两部分：你该走向何方，以及我们作为销售员该一起走向何方？要回答第一个问题，我们需要研究你接下来应该采取的措施，以帮助你增长自己的成就、盈利和客户网络。我们会研究你该如何持续地在营销中运用拜访策略，以便继续发掘新的机会，让你的生意与事业得到持久的增长。

对于第二个问题，我曾经与全美营销协会、职业销售人协会、美国职业销售人协会、国际游击营销组织的领导人探讨过。他们对拜访活动有很多非常有趣的见解，同时也对这种营销方式的未来提出了非常有力的忠告。在很长时间以来，营销与销售一直是两个互不干扰的概念，而让我们兴奋的是，销售拜访能把它们融合到一起。

> “在很长时间以来，营销与销售一直是两个互不干扰的概念，而让我们兴奋的是，销售拜访能把它们融合到一起。”

依照本书建议的步骤，你提升了自己的重要人物身份，写好了100位最佳未来客户的名单，也构思了一套拜访活动的策略。拜访活动的种类繁多，花费的成本也各不相同，你肯定能找到一种或几种方法的组合，帮助你搞定任何目标客户。

这会是一件妙趣横生的事。当大多数销售人一想到在互不相识的情况下给总监级高管打电话就头疼欲裂的时候，你却能轻而易举地跨过难关搞定这个人。你的目标高管会感谢你去接触他们，并祝贺你的高明创意。他们会拿你当例子讲解，希望他们自己的销售和营销团队应该如何运作。

能够搞定任何人是一件乐事。它能让你的生活和事业都充满乐趣、奇妙无穷。现在既然你已经展开行动，那么就让我们探讨一下接下来会发生什么事吧。

## 交叉销售，合作伙伴，推荐

做成一笔大额交易既振奋人心，对公司也很有好处。但是，这不过是个开端而已，后面还有一连串的连锁反应呢。其原因显而易见。你拜访到的每一位重要人物也有几百位联系人，这些人很有可能与你做大额交易或做你的合作伙伴等等。

你首先要留意每位重要人物所在的公司。你的产品或服务是否适用于他们公司的其他部门、分部、子公司或姐妹公司？交叉销售是最方便的交易方式，因为这家公司已经是你的客户，你已经是他们信任的供应商。这也是做成更多生意的最廉价方式，因为他们已经了解你，你只要投入他们的整个商业体系就可以了。

有战略意义的合作伙伴是另一个能提供爆发性增长的因素。在你新结识的重要高管中，也许有一些人掌握着大量的销售渠道，只要你能提供战略性价值，也许他们就愿意对你敞开大门。如果你能找到让你提供的产品或服务成为他们战略的一部分的机会，那么这就是能大幅度增长销售额的黄金机会。

你还应该调查一下，你的重要目标客户是否能帮你发掘他们公司以外的机会？大多数总监级高管都有一个倾尽了他们整个职场生涯打造出的客户关系网。他们甚至会经常与他们的竞争对手保持友好关系。当你提供了你承诺提供的事物，而他们也开始认识、信任并喜欢上了你，你的目标高管就会变成你最强有力的支持者。他们能帮助你发掘更多的机会，无论是新交易、新合作伙伴，还是别的什么。

很多销售人都认为推荐是让交易额得到爆炸性增长的唯一方式。不过，作为一名销售员，你的手中现在正掌握着我使用多年的那件秘密武器。由于你搞定了高层客户，而且是在顶端打入的，因此你也会飞快地把自己提升到与他们同样的层次。

## 不断更新下 100 位最佳战略伙伴

在你开始享受由各种各样的交叉销售、合作伙伴以及推荐机会带来的新成就时，你是否应该留在原位停滞不前呢？当然不能！有一个关于箭牌口香糖的创始人小威廉·瑞格理的有趣故事。有一次，他与他的一位初级主管一起乘火车，这位主管急于想炫耀自己的商务知识，希望能让他刮目相看。

“先生，我有一个能帮公司节省几百万美元的计划。”他大声说。

“啊，是什么计划？”

这位年轻的主管立刻开始解释，如果瑞格理先生砍掉所有的广告，他就能省下很大的一笔成本。

“年轻人，”瑞格理问，“你看我们坐的这辆火车速度有多快？”

年轻主管激动地回答：“至少有每小时 45 英里！”我得提醒你，在 19 世纪初这是非常快的速度。

瑞格理接着问：“如果你把火车头拿掉，你看我们的速度会有多快？”

显然，没有火车头的持续牵引，火车很快就会失去动力。因此，你切记不能让同样的事也发生在你的拜访工作中。

在定下了通向成功的策略后，你的首要任务就是不离不弃、保持始终如一的动力。前方的地平线从来都在不断地拓展，你也不知道它会把你带去何方。因此，你应该不断更新自己的 100 位最佳战略伙伴名单。当你搞定了一位重要人物时，他就应该被新的人名代替。随着你公司规模的增长，你的战略重点也将不断更新，你挑选 100 位最佳战略伙伴的方法也会随之改变。在你搞定了这 100 个人后，你手里应该已经拿着下

100 位未来客户的名单，你需要开展新的工作。

## 你希望增长到什么程度？“永远不够。”

在某个时刻，每个人都要面对一个问题：“什么时候才能达到极限？”如果你的生意扩展到了极限——每个公司的发展都有极限——那么这个问题就尤其重要。或者也许你会发现自己的时间已经变得太重要，已经不值得将其浪费在锁定新交易上。每个人都有极限，达到极限后他们就不愿再向前推进，因为到那时他们更希望用他们的人生做其他精彩的事情。而你也应该弄清楚自己的极限到底在哪里。

不过，我希望给你这样一个挑战：假如你对生意的现状满意，那么你将用什么来报答这个世界？

我尚未达到自己的极限，但是我已经通过漫画的魔力创造了一个振奋人心的媒介，让世界变得更美好一些：这是一个名叫 Cartoonists.org 的组织，由全世界各地的知名漫画家组成，这个组织的使命是使用漫画吸引人注意，为几家慈善机构募集捐款。我们还不知道会选择哪些慈善机构，因为这个组织尚在雏形阶段。可是，我为能帮助别人（也许会是很多的人）而感到激情昂扬。我们的举手之劳，就能帮助与我们合作的那些慈善机构。

这会是一件有趣且有益的事情。做这件事与推销物品完全无关，除了当我们以拍卖漫画的形式募捐时。我不会再忙于扩大自己生意的规模，而这一点让我觉得新鲜有趣。

我也明白自己的价值：我能搞定任何人。当我们需要去接触别人并让他们参与我们的工作时，这将是我至关重要的优势。我想，很多商界要人会对我们的计划感兴趣，因为我们能帮助他们的慈善事业更上一层楼。

因此，当你思考“什么时候才能达到极限”这个问题时，我希望你会说:“永远不够。”无论什么时候，我们都可以改变自己的工作重心，把新的使命放在最前面。我们会继续做我们在整个职场生涯中做过的事情，即一个有效的、能产生改变和建立价值的因子。如果你善于使用这个因子，无论何时销售拜访都会为你的工作带来让别人望尘莫及的优势。一旦做了销售员，你就一辈子都是销售员，因为开展销售拜访实在是既有用又有趣的事情。

## 客户网要用你的整个事业生涯打造

我在前面一章中讨论过这一点，不过我希望在这里再重复一次。因写本书而采访过的一位 CEO 曾经告诉我:“客户网需要你用整个事业生涯打造。”你也许记得社交销售支持者、博主吉姆 · 克南曾说过的一句话:“接触到广泛的领域是你最重要的资产，它甚至比你的房子更重要。”Nimble 公司 CEO 乔恩 · 费拉拉认为，你的个人品牌 + 你的职业网络 = 你事业的净资产。这两个人的忠告很有哲理，他们都认为，你的重要客户网络是你事业中价值最高的部分。显然，你的事业必不可少的组成部分是技术、教育和经验，可是由重要人物组成的客户网，才是能提供强大动力的部分。

请你好好使用这件礼物并与他人分享。我也会使用实况转播、每周一次的销售拜访广播节目和 iTunes 播客持续不断地把它分享出去。你可以去网站 www.contactmarketing.agency，或在 iTunes 上搜索“Contact Marketing Radio”找到它们。我邀请你来收听，如果你有自己拜访成功的故事，请与我们大家一起分享。我已经等不及想听到你的所有故事。

## 在最佳方式与未来方式间找到平衡点

通过为写本书进行研究工作，我很荣幸地有机会与许多杰出的思考者交谈。他们都在自己的职场生涯中学习并自如地使用了销售拜访策略。我很骄傲能用一本书收集到他们的思想，诠释这种不同凡响的营销方式。

我也与营销和销售界的重要人士探讨过。虽然我感兴趣的是他们的经历，但是关于销售拜访的未来，他们也提供了很多具有很高价值的反馈。

与销售界的思想领袖级人物一样，这些重要人士的反馈也是直截了当：我们不能让销售拜访走下坡路，变成一系列单纯的把戏和噱头。用 CEO、作者罗德·海尔斯顿的话说，“没有心理性、适应性和诚恳性的策略是最大的错误。因为当你剥除那些成分，剩下的就只是些骗人的小把戏罢了。”

全美营销师协会 CEO 拉斯·克莱因提醒我们：“重要人物之所以重要，本身就包含难以接触这个因素，这也是让他们自负的事。”海尔斯顿说：“亿万富翁感兴趣的不是帮你起步，而是下一个亿从哪里来。因此你必须自问：‘我能带给他们什么，让他们一步跃进他们商务的下一个阶段？’”

我们是说销售拜访必须叫得更响、行为更怪诞才能搞定目标客户吗？不是。克莱因说，全美营销师协会的任务在于研究“最佳方式”与“未来方式”之间的拉锯战，而他建议拜访活动也要做同样的事。“最佳方式固然很好，但它们会让你产生过多的安全感和雷同感。”他解释说，“未来方式则带有巨大的风险，不过它们肯定会带来新突破。”他认为，能在这二者之间掌握平衡，销售拜访才会发展壮大。

销售拜访一向崇尚富有创意的新思想。我们可以将其视为游击营销的一个分支。游击营销法是杰伊·康拉德·莱文森教授使用了多年的营销理论。也正是出于这个原因，他为本书撰写了前言，这让我非常感动。很遗憾，杰伊在本书完成以前就去世了，我没有机会再询问他的最后意见。因此，我找到了他的女儿、国际游击营销组织的共业者及 CEO 艾米·莱文森，询问她对这两种营销手段的看法。“我父亲生前常说：‘如果它使用的是你的时间、经历、创造力，而不是依靠资本，如果它是成功的，那么它就算是游击营销。’”

这两种营销手段是如此接近，让我感到万分骄傲。杰伊是我认识的最聪明、最有创意、最生气勃勃的人之一。他的方法帮助过数不胜数的营销人和公司，让他们在面对强大的竞争对手（通常都是规模远远大于他们的那些对手）时取得胜利。他向来注重以机智敌克制胜，因为当你的竞争对手是那些动辄挥霍大笔营销开支解决问题的公司时，你必须开动脑筋，使用更聪明的方法才行。

拜访活动让我们运用机智的大脑，去联系那些能帮我们在商务工作中更上一层楼的人，这与杰伊的思路不谋而合。因为这一点，我真心为能够认识他而感到荣幸。同样，我也为能自称为销售员而感到荣幸。相信你也会有同样的感想。

## 本章要点

※ 搞定了新的重要人物后，他们能以交叉销售、有战略意义的合作伙伴和推荐的方式帮助你获得更多的机会。

※ 销售拜访并不只是为了扩大你事业或生意的规模，它也会拓宽你的视野，为你的个人生活创造空前的成就。

※ 你的目标客户网络也许是你事业中最重要的一部分。

※ 销售拜访能提供一条捷径，让你迅速建起一个强有力的重要关系网。

※ 有战略意义的合作伙伴能让你的生意成倍增长，这应该是你拜访策略的首要任务。

※ 你应该不断更新 100 位最佳战略伙伴名单，把已经搞定的人换成新人，并随着事业目标的改变而增加不同类型的重要人物。

※ 为了发展壮大销售事业，销售拜访必须在最佳方式与未来方式之间找到平衡点。

“现在一切都走上正轨，因此我找了位心理

医生帮助我适应。”

## 第二十二章

# 找到内心的教练

在本书中，我们检验了搞定重要未来客户尤其是CEO和总监级高管能为你带来爆炸性的益处。写本书是为了能给你力量，让你更轻松地走进他们的世界，如同他们中的一员，在那些难得一见的人当中谈吐自如，让自己像一位重要人物一样与他们从容交往。如果你听从了书中的忠告，就能大幅度地提高自己生意和销售的成果。

可是，我们有一个问题尚待解决：打电话给CEO并非易事。如果你曾尝试过，你就明白与他们对话令人紧张、充满压力。应该让你觉得欣慰的是，其实很多经验丰富的专业销售人在与总监级高管直接通电话时，也会紧张得满头大汗。我们明白，这通电话涉及的价值极高，而且你会受到高管助理那一层人快速、苛刻的测验。他们都是些大脑敏捷的人，会在最短的时间内决定究竟要把你归拢到“接受”还是“拒绝”的人群中。如果你紧张或害怕，他们会立即嗅得出来，并以此作为拒绝你的理由。

即使在通过助理这一关后，你会发现CEO是非常有威胁力的一个角色。你只有几秒钟的时间说话，还要吸引他们的注意力，激发他们的兴趣，好让他们继续虚心而诚恳地听下去。我们明白，他们的时间有限而且价值不菲，我们也知道重要人物都善于保护自己的时间不被浪费在无谓的事情上。

假如这是件容易做的事，那么大家就都会蜂拥去做了。不过，这也是一封邀请信，能给你机会，让你走向充满辉煌的未来。

## 每个人都有一位内心的教练

你需要一位教练。你需要一位能帮你鼓舞热情、准备稳妥、迫不及待地迎头而上面对挑战的人。同时，你也需要一个大脑清楚的人，一个能看到你没机会看到的人，一个能每天指导你制定工作重点，并像武林高手那样将它们攻克的人。

商界的许多重要人物都有教练。你将要接触的 CEO 很可能也有他们的教练。那么，难道你不应该有一位教练吗？

其中的一个原因是教练的价值不菲。你不会愿意雇一位廉价的教练，因为这只是在浪费时间而已。即便最好的教练有空，你也许无法负担聘请他们的费用。

什么能力是这些教练有而你没有的？他们有不同的视角，当你看到一棵大树树皮上的花纹时，他们能看到整片森林。他们能站在海拔一万米的高度看到你的整条长跑路线。

但是，所有这些归纳起来就是：他们不是你。这才是问题的本质。当然，他们都大脑聪明——你也一样。你显然已经下定决心攻克千难万险走到最高处，否则你也不会花时间读本书。

因此，如果我说你其实已经拥有了达到成功的一切能力，你也许会觉得有点意外。可是，你确实已经丝毫都不差，你早已知道那个最难的问题的答案。现在你要做的不过是把那个答案通过你内心的教练找出来而已。

在大学一年级的心理学课上，你或许读到过关于大脑内部结构的很多知识。我们的大脑非常强大。你是否留意到，当你找不到解决某个问题的方法时，你往往会在第二天睡醒时想出一个聪明的主意？我们休息的时候，我们的大脑却工作了整个晚上——这是多么神奇的事啊！

其实，连我们对自我概念的理解也不是想象中那么简单。我是我，你是你，对吧？回忆起大一在阶梯教室里上过的那些心理学课，我知道我们的自我概念其实包括本我、自我和超我。这三个概念有清晰的分界线。它们也都是你早已熟悉的：你的本我来自你的本能；你的自我基本上就是你清醒时候的自己；而你的超我则是当你在生活中迎风破浪地前进时来自你内心深处的责备或赞扬你的声音。

与这些自我概念紧密相连的是我们的 IQ 和 EQ，即智商和情商。情商是左右我们生活的强大力量，它让我们能够将知识、观察和观点进行处理，变成我们的感知。而我们对生活中事物的感知，会决定我们的反应。这一系列心理运作是如此有效，以至于我们总在玩追逐游戏，努力想弄明白自己为什么会对生活中发生的事情有这种或那种反应。

> “情商是左右我们生活的强大力量，它让我们能够将知识、观察、观点处理，变成我们的感知。而我们对生活中事物的感知，会决定我们的反应。”

讨论这些的用意是希望告诉你一个很简单的方法，这个方法能帮助你发掘究竟是什么构成了你自己。你内心的这位教练是超我、情商和凭直觉解决问题的能力的统一体，它会带来你需要的一切智慧，让你持续地拼搏，直到实现更高一层的成就。

当你面对一个问题而无法找到答案时，你的内心教练会帮助你找到答案。当你需要一个高远的视角来引导自己走向目标时，它也早已准备好来协助你。当你觉得灰心沮丧时，你的内心教练也会鼓励你，让你每天都像个足球冠军一样勇往直前冲上球场。

下文讲述的方法不是销售拜访的部分，然而它是一个非常有用的工具，它能鼓励并引导你穿越前方路上的重重困难。

这并非我的发明。它其实是一种自我催眠的方式，我将其称为“鼓气”。我在大多数清晨都会练习它。你能想象，如果我在清晨催眠自己，让自己有冠军的表现，那么我一整天都会带着冠军的气魄。这并非表示我要像个机器人一样跑过人生，不过我确实能更有效率、更有动力地发奋努力解决手头的难题。我会精神百倍、兴奋而快乐地完成大量的工作，让自己遥遥领先。

在这个练习中，最让人惊叹的地方就是不知为什么我会从自己身上得到强有力的、清澈澄明的建议，它会告诉我最重要的事情、我将何去何从以及什么事情是能做到的。你看，还能有比这更好的教练吗？

## “鼓气”练习法

因为这是一种自我催眠术，所以你所处的地方应该让自己感到轻松舒适，最好是仰卧。我通常都会在早晨醒来，在睡眠与清醒之间的梦境迷离状态中就做，这时似乎是有最多的创意灵感冒出来的时候。

催眠的根本目的是在外力催化的情况下达到深层的放松。这不是睡眠或某种形式的恍惚，只是为了达到深层的宁静，并把一些建议输入你的大脑中。

因此，你必须处于完全放松的状态，面朝上躺好，两臂放在身侧或双手放在腰旁。你不应该有任何不适感，如果你的胳膊压住了被子，那么你要把它抽出来，让自己完全进入状态。

“鼓气”的过程很简单，而且与做任何事一样，你练习得越多，就会做得越好。它包括预备、从1数至20和“鼓气”练习等步骤。我会描述一下每个步骤，然后再带领自己做一遍全部过程。这能帮助你理解我从中学到过什么，以及我希望能传授给你什么。

预备部分很像电视和电影中常见的场景：催眠师拿着挂表在被催眠者眼前摇摆，口中念着：“你现在越来越困了，你越来越困了……”当然，电影往往弄错了细节，或是夸张或缩减它的效果。在我们的练习中，预备部分不过是需要你带领自己进入彻底放松的状态而已。你要有意识地引导自己的思想，让它带领自我走向成功。

当你在完全舒适的环境中躺好后，你会这样指示自己：

“你在沿着一道楼梯下楼，楼梯尽头是完全放松的境地。你在这里茁壮成长，功成名就，实现了自己的每一个梦想。现在，每走下一级台阶，你会数一个数字，你会比上一次更加放松。来开始吧。”

然后你将从1数到20，每一个数字代表幻想中那道楼梯的一级台阶。随着数字的增加，你会指示身体比刚才那一次更加放松，直到你意识到自己已经处于彻底放松的状态，但仍有全部意识。等到了第二十级，你就可以开始“鼓气”。在这一阶段，你要放松思想，设定一个思考模式，比如为自己生活中的机会感到振奋，或为完成某项工作而高度集中精力。随着持续练习，你会发现“鼓气”阶段能让你逐渐变成自己的教练，安排你在当天要做的所有精彩事情。

最后，当你觉得应该让自己离开这个状态时，就念出最后的指示：

“当你数到三的时候，你就会完全醒来，精力充沛，整装待发。一，二，三——开始！”

随着说出这句话，练习程序结束。你从床上一跃而起，带着对一天的憧憬，展开新的一日。

你或许会注意到，我在做练习时使用了第二人称。你可以这样想：我在受“超我”控制，“超我”如同一位催眠师或教练，带领“我”做完整个“鼓气”程序。这是内心教练的关键作用所在，因为它象征着你开始接受“超我”的控制，你也开始接受一位“教练”的培训。

接下来，我来讲述一下在做这个练习时的模样和声音。

我以预备开始：“你在沿着一道楼梯下楼，楼梯尽头是完全放松的境地。你在这里茁壮成长……”这时候，我的身体会激动得抽搐，我快速地检阅一遍，希望在商务活动中见到蓬勃发展的景象，以及我希望这些活动会在每个月产生的成绩。首先，我会发电子邮件给营销合作伙伴及营销自动化的合作伙伴们，解释CartoonLink中的“漫画工具”系统是如何能为营销人提供一个让别人望尘莫及的优势。然后我会考虑一下自己的新销售公关公司“Contact”：我有多少客户；我与他们的交易能带来怎样的成果。最后，我会集中思考如何做一位畅销书作者。

接下来我开始预备后半部分练习，也就是念到“功成名就”的那一段。我的身体因激动而继续跃跃欲试，我会列出自己渴望在事业上获得的荣誉：“你是畅销书《就没有搞不定的人》的作者，你是《纽约客》和

《华尔街日报》的漫画家，被名人堂提名的营销专家，Cartoonists.org 的创始人。”我身体里的每一个细胞都在吼叫着：“是啊！”

最后，我念到下面的句子：“实现你的每一个梦想。”我仍然处于激动得抽搐的状态，并在脑海里喊出三个字：“圣胡安！”圣胡安是我对圣胡安岛的简称，那里的生活情调妙不可言。在这个地方，我能看到我的妻子与我的未来：买一块广阔的、临海的地皮，在上面盖一座主房，再盖一间客房或者工作室，这里将是一个风景如画的隐居处，这里将是无数冒险精神及优秀作品的源泉——这就是我的梦想。

然后我结束预备词：“现在，随着走下每一级台阶，你会数一个数字，你会比上一次更加放松。来开始吧。”这时，我的身体状态完全改变了。我的身体知道接下来会发生什么，因此，当我说出“现在”时，身体就已经准备开始转向深层的放松。我开始从一数到二十。随着每走下一级台阶，我将比走上一级更专注于放松身体。直到最后，我连一根肌肉也无法牵动，所有的紧张感也随之消失了。

在我数到二十的时候，所有这些状态再次被改变了。我启动了“鼓气”练习的核心阶段。我的身体再次抽搐起来。这是因为我内心有个声音在呼喊：“我的天呀，我的天呀，看看发生了多少精彩的事情吧！所有梦想都在成真。看啊，看啊！好吧，我们看一看今天。你有这些事情要做，但你要确定留意这些……”从这里开始，我会继续加一段随心所欲为自己鼓气的活动，并检验今天应该做的重要事情。这个来自我内心的声音、我的超我、靠我自己的情商和直觉解决问题的能力产生动力的机制来到练功房，变成了我的教练，而且它往往能指点出连我自己都没看到的事情。这样我就在超动力的状态下检验了今天我要做的事情。

练习快结束的时候，我命令自己：“好的，当你数到三的时候，你就会完全醒来，精力充沛，整装待发。一，二，三——开始！”等我一说到“开始！”的那一瞬间，我就会从床上一跃而起，态度端正，充满了对工作的热情——无论是我即将展开的工作，还是我前进的方向。我清楚地明白，今天需要做哪些工作才能让自己的生活产生翻天覆地的变化，才能让我离自己的目标更近一步。

## 能吸引关注的超动力状态工作法

如果你使用我的“鼓气”练习，我估计你会修改它，让它更适合你——正如多年前我在书中学会基本的自我催眠方法后，将其修改得更适应我。我学到的技巧只是简单地数台阶，然后在催眠中一遍又一遍地重复指使自己做同一件事。为了适应自己的需求，我在自己的版本中添加了很多东西。无论你打算如何使用它，你都应该让它激励自己带着教练式的指令、振奋感和目标感度过每一天，这一定会让你更快、更有效地达到自己的目标。

到那时，你的同事们无疑会注意到你处于远高于他们的层面上，你的老板也会注意到这些。如果你是老板，你会注意到从使用“鼓气”练习的第一天起它会立刻见成效，让你做起事情来立即产生更强烈的效果。

事实上，与你接触的每一个人都会注意到你身上超速运转的动力，同时也会暗自希望他们也能有你这样的精神。这能引发人们对你的兴趣，让他们喜欢在你身上看到的特质。换句话说，这能让你更容易搞定处在最高层的重要人物。这难道不正是销售拜访的整体目标吗？

## 本章要点

※ 拜访 CEO 及其他重要人物的确是一件让人紧张的事情。因此，这方面的优势会对你帮助很大。

※ 许多高层管理人员会雇用教练帮他们创造优势。

※ 我们每个人都有自己内心的教练，就等着你来启用。

※ 你的内心教练是你自己的情商、超我和凭直觉解决问题的能力的混合体。

※ 你可以在任何时候激活你的内心教练，它是一套自我催眠的简单方式，被我称为“鼓气”练习。

※ 虽然这并非销售拜访的部分，但“鼓气”练习能很好地帮助你解决问题，引导你走最有效的途径，并在每天会向你灌输必胜的动力。

※ 它包括几个简单的步骤：预备、从一数到二十和教练时间。

※ 练习得越多，你就会变得越熟练，从中得到的收益也就越多。

※ 当你在超动力状态下工作时，别人会注意得到这能吸引来更多的关注和机会，而这正是销售拜访的整体目标。

SALES VISITING

第四篇

# 利用好你的工具和资源

## 工具和资源

在为撰写本书采访专家期间，我发现很多专家都是高效使用工具的能手。一些人在与我联系时就演示了他们如何使用这些工具，其他人则是热情洋溢地向我推荐了他们最喜欢使用的高效工具。

在这一部分，我会与大家分享这些专家推荐的工具中我最喜欢的几种。这包括简单的、节省时间的日志软件和社交媒体，以及更方便建立联系的、基于计算方法的复杂平台。我与这些工具的制作者并无任何利益关系，我也并非鼓吹它们的可靠性或有效性，我更无意承认自己对一切功能都了如指掌——因为这些都不是本书的任务。我不过是希望把一些自认为很好且很有用的工具与你分享而已，我希望它们会对你有帮助。

## 销售智慧工具

这个种类中包含很多非常强大的工具。Charlie 是我最喜欢使用的软件之一，它是免费的，能为你日志上的所有目标客户准备一份档案，从而提高会谈的效果。这个软件好用、好玩又有趣，不过它有时会把重名的人整理到同一份档案中，以至于提供给你错误的信息，造成尴尬的局面。Spiderbook 的功能与此相似，也能为会议收集有用的信息。LeadGenius 能帮你分辨可能的未来客户。HubSpot 公司制作的 Sidekick 也能帮你收集目标客户的信息。我认为这一类别中最好的工具是 SalesLoft。在你编写 100 位最佳未来客户或 100 位最佳战略伙伴名单时，它能帮助你简化工作，收集重要人物的信息，并把相关拜访方式和背景资料轻松地添入资料库。它给你的是在起跑线上先跑的机会。以我自己的拜访活动为例，它总是能给我让别人望尘莫及的优势。

## 电子邮件加值工具

电子邮件可以用来做许多奇妙且有创意的事情。我经常在电子邮件中使用自己画的、植入了收信人姓名的漫画，而我的 CartoonLink 服务能让 Constant Contact 公司的用户在营销活动中使用我的“漫画工具”。那里好东西很多，而且非常有趣，然而更重要的是，漫画往往能显著地提高打开信的概率。当你希望营销信件被阅读时，这一点非常重要。Vsnap 提供了一个平台，能让你快速录制视频并把它植入电子邮件中，这也是非常引人注目的方法。

如果你在这方面的预算足够高，Switchmerge 能制作完全为观众量身定做的动画视频，你可以将其插入客户关系管理平台，会有非常出色的效果。不过，我最欣赏的电子邮件加值工具，能够跟踪你发出的每一封电子邮件，然后提供电子邮件阅读效果的报告。ToutApp、Yesware 和 myDocket 都属于这类工具，它们都能告诉你，哪些客户打开了你的电子邮件，在每一页上花了多长时间，他们是否下载了附件，以及他们是否把信转发给了他们的同事。在这一种类中，我的投票要交给 Yesware，因为新用户可以享受一段时间的免费服务，而且我也喜欢它能实时地提供收信人的反应报告。这样一来，你能抓住最合适的时机，让收信人大吃一惊！他们会说："天呀，这可真巧，我正好在看你的资料呢。"你则可以从容地回答："我知道。"

## 网页和博客

关于这个种类，很多常见工具都有很好的口碑。WordPress 就是一个很好的例子。据 W3Techs 公布的网页技术调查报告[①]显示，到 2015 年 1 月为止，有 24% 的内容管理系统网站都在使用它。显而易见，我希望你留意这个新型的提高效率的工具。不过，如果你想使用它，我有两个建议能显著地提高你网页或博客的效果。

对我来说，这一种类有两个并列冠军。第一个是 netFactor 公司的 VisitorTrack（作者科琳·斯坦利的提名），它不但能记录你网站（或博

① 见 http://w3techs.com/technologies/overview/content_management/all

客）访客的名字及更多信息，而且可以与 Jigsaw 网站连接起来，后者能搜查并提供访客的全部拜访信息。使用得合适，它的益处不可限量。第二个是 AddThis（作者迈克尔·尼克的提名）。这是一个比较另类的工具，因为它会主动在社交媒体上搜索那些分享你网站的粉丝。如果你的核心目的是吸引访客，让他们帮助传播你的信息，让他们做你的使用人、客户和支持者，那么这是最好的工具。它甚至能更进一步帮助你提高注册率和登记率，把你网站中最热门的文章显示给你的访客。而最好的地方是，它是免费的。或者，你可以使用非常少的费用购买一些更高级的功能。

## 播客

你记录的音频可以是一次简单的电话交谈或复杂的、高价值制作的、听起来像专业广播节目的谈话。Podbean 是一个储存并公布播客的好工具，主要因为他们已经为你的节目准备好了现成的听众。它的价格十分低廉，让人毫不怀疑他们有充足的预算。你一定会问：低到什么程度呢？每个月仅几美元而已。

尽管如此，如果你是刚刚起步，最好的工具或许就是简单好用且彻底免费，而 FreeConferenceCall.com（作者汤姆·瑟西推荐）的产品正是如此。这个工具没有其他的优化功能，但它有一个关键的功能：提供免费的电话会议，而且只要按一个按钮就可以录下你的谈话内容。有了它，你可以把整个对话记录下来，用在你的书里。在第十一章中，我讲到过使用播客来搞定你 100 位最佳未来客户或 100 位最佳战略伙伴名单成员，采访是最好的敲门砖。而 FreeConferenceCall.com 能让做这件事再容易不过。

## 电话

通观全书，我的态度始终是希望你以正直而透明的方式表现自己。不过，现在我认为你可以稍微打破一点儿这个形象。我无意教导你蒙骗任何人，但我也不希望你还没来得及开口，电话就被对方挂断。这是一件微妙的事情。为了解决这个问题，我推荐由 InsideSales.com 提供的名叫 LocalPresence（由博主特里茜·博图兹推荐）的服务。它的制作理念非常简单：人们更容易接起一个有本地区号的来电，而该公司也有大量支持这个理念的统计数字。他们认为，与从免费地区号打过去的电话相比，从本地区号打过去的电话会有高出 38% 的接通率，而把外地区号换成本地区号拨打后，接通率也会高出 25%。这提高的接通率，正是 LocalPresence 的精彩之处，它很可能在你的拜访活动中起到至关重要的作用。

## 社交媒体

社交媒体的领域很广，如前所述，很多平台大家都已经熟悉，在此多说无益。我采访过的所有人不但都喜欢推特、领英、脸书、Instagram、谷歌 + 和品趣志等等，而且他们会精彩、灵活地将它们应用于销售策略，这些我们都在前面的章节中讲过。

下面要介绍的是我搜集的一些工具，都能提供更多的功能，让你每天在社交媒体上更有威力。HootSuite 能提供实时的名人及流行趋势的信息。SocialOomph 能帮助你把社交房间管理得井井有条：为你定时发放推文、帖子等，还能帮你精确定位流行趋势、应该跟随的人等。Paper.li 能汇集你在社交媒体上的发言，将其变成一本精美绝伦、能做成书打印的出版物，可以供你自豪地与你的目标高管们分享。

不过，我希望集中强调的工具是 Nimble。它在你攀登社交媒体排名榜时（这似乎是当今每个人的愿望）提供一个简单易读的计速器。你会每天早晨收到一份报告：谁刚刚跟随了你，他们的 Klout 评分①，等等。有了这个，伸展你的触及、建立更广阔的人际网络就如同探囊取物一般容易了。

## 报告幻灯

我采访的专家们提供了两个制作幻灯片的工具：ClearSlide（来自作者吉尔·康耐斯的建议）和 SlideShare（Find New Customers 公司 CEO 杰夫·奥戈登的提名）。虽然这两个公司的销售代表一定会争辩两家产品的区别，可是在我看来，他们提供的其实是非常相似的服务。它们都能让你把报告幻灯上传到云服务器，并用好几种常见的格式观赏：PowerPoint、PDF 等。而且这些报告幻灯也适用于所有设备，包括塞在

① Klout：一个社交媒体效果的评估网站，Klout 评分可以直观地测评你在社交媒体中的影响力。

你口袋里的智能手机和装在你公文包里的平板电脑。

不过，它们毕竟有区别。ClearSlide 的平台针对销售和营销使用，能提供观阅数据，能告诉观众在看你的幻灯时他们在哪一页停留最久。而 SlideShare 的平台上有一个非常出众的功能——为你的幻灯提供大量的现成观众。博主、作者大卫·米尔曼·斯科特在那里推出了他最新的一本畅销书。他基本上把整本书都以报告幻灯的形式上传在了 SlideShare 上。

## 约会

你是否留意到，当你使用电子邮件发送约会信息时，你往往会浪费很多时间？一次简单的约会，会飞快地演变成一件意外、烦琐且漫长的事情：

——你想在哪天见面？

——星期四。

——好的，什么时间合适？

——上午九点。

——那是东海岸时间还是西海岸时间？

——东海岸。

——啊等等，我在西雅图，早上六点钟没空呢。

——等等，那么后天怎么样，你什么时候有空？

——上午十点，东海岸时间。

——要不要我给你发一份邀请？

——谢谢你，请发吧。

——好的，谁给谁打电话？我要拨哪个号码？

如果你想同时与两个以上的人安排约会，那就更加混乱，不可收拾。你实在需要一个能简化日志的方法。不过，我们仍有尚未解决的问题。使用这个系统的是你还是你的整个团队？你愿意付一些成本来换取完整齐备的功能吗——比如自动提醒、与 iCalendar 或 Outlook 兼容？你希望让受邀请者看到你全部的日志呢，还是仅仅是你愿意提供的时段？

这个种类中的工具更新很快，很多都已经能简化制定日志的工作。如果你使用谷歌日志，Assistant.to 是一个有用的工具，它提供了很多功能。Calendly 提供流畅的谷歌＋结合，假如你付费购买了高级平台后，还有更多可选择的功能。ScheduleOnce 和 TimeTrade 都能与不同的日志平台链接，为企业和个人使用者提供可扩展的服务，甚至能协调你的台式电脑、平板电脑和智能手机，让它们并行工作。

但是，在这方面，有一个预约制定工具 x.ai 是出类拔萃的。这是一个运用人工智能的革命性软件。这款软件被它的制作者称为“无形软件”，能够制定约会并提醒你遵守时间表。启动它的功能非常容易。你只要把任何电子邮件复制发给“Amy Ingram”（也就是“AI”，人工智能的人性化名字），内容提及你希望与某人安排一次电话或会议，Amy 就会像一位真人助理一样把话题接过去，被邀请的人会接到来自 Amy 的电子邮件，问他们什么时间约会最合适，然后还会送出日志邀请信来确定时间和地点。然后，Amy 会把约会添加在你的日志里面。这个工具的人工智能引擎是如此强大，对方根本不会意识到他们不是在与真人助理交流。而且，我曾亲眼见过当对方提供含糊的回答或漏掉重要信息时，Amy 会代表我与他们交涉。如此神奇的未来产品就在我们眼前，而最妙的是，这个工具也是免费的。

## 群众外包生产力

因为生产力是一个相当宽阔的范畴，所以在这里我提供了三种解决方案，它们都各有所长。我推荐 MarcomCentral，这是因为它能以一个由智能的、企业级的营销资产管理系统来简化营销工作涉及的通信。如果你有分散的用户，比如房地产公司中的各个独立经纪人，这个工具能让他们按需要制作和订购材料，同时保持严格的品牌规范。

Upwork（原名 oDesk）则将生产效率的极限推向另一个方向，它把各个商务项目——网页和移动应用软件的制作、创意工作、财务、营销、销售和客服等，都以群众分包的形式分发出去，因此你不必承担大量的管理成本。我们的一位专家就推荐过 Upwork，他建议让这个网站雇佣人才做特定项目的研究工作，它的价格非常低廉。

在专家们推荐的三种生产力工具中，HourlyNerd（博主约翰·巴罗斯推荐）最吸引我的注意。使用这个网站，你可以将顾问工作以群众分包的形式分放出去，但负责做这些工作的都是各个名校中的在读研究生。马克·库班是这个公司的早期投资人，他们的目标就是彻底颠覆传统的顾问市场。

## 引见工具

我把自己最喜欢的工具留到最后介绍。那就是 Reachable（作者大卫·科尔兰提名），一个能把你的推特、领英和脸书账号衔接在一起的服务。它的工作只能用法力无边来形容。它的计算引擎能深入研究你的目标客户：他们是谁，他们认识谁，他们住在哪里，在哪里工作，以及在你的目标客户中谁能把你介绍出去。举个例子，我希望接触理查德·布兰森爵士，于是我把自己的各种社交渠道连到 Reachable 上，而它就会推荐能帮我做介绍的几位目标客户。这款工具的效果惊人，尤其对销售员来说，更会有如虎添翼的效果。

你可以想象一下，如果你在领英上有 500 个人脉，理论上来说，展开你的第二级人脉和第三级人脉，他们就能帮你引见 1.25 亿个人脉。Reachable 会深入搜索他们中的每一个人，从而让你与每一位目标高管的距离近在咫尺。

# 鸣谢

希望写本书的欲望，其实贯穿了我的整个事业生涯。它的开端，还是我初次发现拜访神奇功效的时候。是销售拜访让我把一间处在雏形中的公司发展起来，并迅速将它发展壮大。我对销售拜访了解得越多，就越明白，在某一天，我会写下今天被我握在手中的这本书。

撰写本书是我能想象出的最大的快乐，而这主要应该归功于那么多为本书贡献出智慧与诠释的人们。为本书做完了采访，我感觉仿佛刚刚读完了一整套关于销售拜访的强化博士生课程。这个过程自始至终是一个充满了新发现的快乐旅程。

在书中，我讲过自己的经历。但是，我们可以再次回到开始阶段：当我第一次尝试使用拜访策略的时候，我根本没想到它会在那么多聪明强干、想象力丰富、充满创意、胆识过人的营销人和思考者中引起如此强烈的共鸣。

当然，销售拜访的最初灵感必须归功于杰伊·康拉德·莱文森——那位给世界带来“游击营销”的天才智者。他看出，在一次有效的非对称性营销大战中，只要个体营销人能做到比规模远大于他们的竞争对手更勇敢、更聪明、更冒险，就能拥有让对手望尘莫及的优势。而这正是本书中所讲到的、让人难以抗拒并非常有效的拜访的基本思路。

杰伊的智慧固然让他自己广为流传，然而他还有另一个难能可贵的优点，那就是他的善良。他随时都愿意帮助朋友——而他有那么多朋友。我可以自豪地将他称为我的朋友、我的导师。正是他鼓励过我，让我能够创建我自己的公司。因此，有他为本书撰写前言，是我永远铭记的荣幸。让我很遗憾的是，他的序言或许也是他写下的最后的文字，因为在那之后还不到三十天，他就去世了。因此，谢谢你，杰伊，无论你在何方，感谢你善意的文字，尤其是你给我们大家的鼓励。

随着我自己的拜访工作的开展，有好几位关键人物曾提供给我灵感。其中最重要的一位就是瑞克·班尼特，他是我认识的销售员中最胆大妄为的一个——因为他那个“用《华尔街日报》整版广告刊登拜访信”的主意。他告诉我，使用拜访策略其实有无穷无尽的方法，而且拜访策略的灵感源泉是深邃、充足的，新的主意永远层出不穷。

本书中大部分材料都来自我采访的当今很多有影响力的思想领袖级销售和营销专家。他们中的每一位都是真正的发明家，我无意简化他们对本书的贡献，只不过由于他们人数太多，为了公平起见，我在此以他们名字的字母顺序排列：

•《可预计的收入》的联合作者亚伦·罗斯

•《推销比性更爽》《引爆点事件》、“销售成功里缺少的那一块拼图”博客的作者艾伦·迈尔

•《你好，我名叫最棒》的作者亚历山德拉·沃特金斯

•《扩大你的销售额》、“销售难题答疑”博客的作者安迪·保罗

•“销售”博客和《扩大你的销售额》《新销售，简化了的》序言的作者安东尼·依安纳瑞诺

- 《聪明地打电话》、“聪明地打电话”博客的作者阿特·索布查克
- 《你真心做生意吗》、“工程师的推销健身操”博客的作者芭贝特·特恩·哈肯
- 《新的握手法》的联合作者、“社交核心的销售”博客的作者芭布·季阿曼克
- “新公司销售”博客的作者班尼特·菲利普
- “埃克赛尔销售学院教练”博客的作者比尔·埃克斯特龙
- 海克集团创始人鲍伯·海克
- Yesware公司前销售副总布里奇特·格利森
- 《永不停歇的销售繁荣期》的作者科琳·弗朗西斯和“约·巴罗斯”博客的作者约翰·巴罗斯
- 《让销售成功的情商》、“销售领导”博客的作者科琳·斯坦利
- 《敏捷》的合著者和“敏捷销售”博客的作者克雷格·埃利亚斯
- 《线索客户之真相》、“视点”博客的作者丹·麦克达德
- 《锋利的对话》、“丹·瓦尔德施密特”博客的作者丹·瓦尔德施密特
- “成功路上并肩走”博客的作者大卫·布洛克
- 《怎样把任何东西在任何时间买给任何人》的作者大卫·卡奥
- 《基准线销售》、“理解销售力量”博客的作者大卫·科尔兰
- 《赢者如何推销》、“戴夫·斯坦”博客和《销售与营销杂志》的专栏作家戴夫·斯坦
- Avidian公司销售副总大卫·阿彻尔
- 《新规则：用社会化媒体做营销和公关》、“今日网墨”博客的作者大卫·米尔曼·斯科特
- “另类销售者”博客的作者、游击营销教练堂·库珀
- 《鼓励别人》和《反对！反对！反对！》的作者盖文·英厄姆

- “斯姆沃里”博客的作者乔治·佩特里
- DiscoverOrg 公司联合创始人、CEO 亨利·舒克
- Skaled 公司 CEO 杰克·邓拉普
- myDocket 公司 CEO 杰森·维斯贝彻
- SalesGravy 公司 CEO 杰布·布朗特
- Find New Customers 公司 CEO 杰夫·奥戈登
- 《销售的小红皮书》的作者杰弗里·吉托默
- 《速售》《敏捷销售》和《放短线钓大鱼》的作者吉尔·康耐斯
- 演讲人、社交销售的支持者吉尔·罗利
- 社交销售的支持者、“一位销售人员”博客的作者吉姆·克南
- SalesFromtheStreets 软件的制作者、“约·巴罗斯”博客的作者约翰·巴罗斯
- 《企业间的销售与营销基础》的作者约翰·科埃
- 《内部销售》的合著者、RAIN 集团公司副总约翰·多尔
- 《音乐界杂志》的出版人约翰·麦克德莫特
- 鲁赫林集团创始人约翰·鲁赫林
- Nimble 公司 CEO 乔恩·费拉拉
- 社交销售策略专家胡里奥·威斯克维奇
- CEO 教练、顾问肯·埃德蒙森
- 《狂扁！写给刚上任的销售经理们》、“你的销售管理专家”博客的作者肯·索尔森
- SalesLoft 公司 CEO 凯尔·波尔特
- 《改变销售谈话》的作者琳达·理查森
- “赢得更多销售”博客的作者劳瑞·理查森
- NoWait 公司联合创始人、营销副总卢克·潘扎

- 《高利润销售》、“销售猎人”博客的作者马克 · 亨特
- HubSpot 公司营销总监、《加速销售的公式》的作者马克 · 罗伯格
- 《游击远程销售》和《游击展示会营销》的合著者麦克 · 斯密斯
- “麦特讲营销”博客的作者、海因茨营销公司 CEO 麦特 · 海因茨
- 《如何精挑细选目标才不会失误》的作者迈克尔 · 克劳斯
- 《投资回报率销售》、“ROI4Sales”博客的作者迈克尔 · 尼克
- 《游击营销》的合著者、游击营销法的演说人奥维尔 · 雷 · 威尔森
- 《光速客户关系管理》的作者、客户关系管理名人堂成员保罗 · 格林伯格
- 《打造你每年一百万美元销售收入》、“销售和销售管理”博客的作者保罗 · 麦科德
- Buffini 及伙伴公司的特殊活动筹备人保罗 · 希博托特
- 《大客户推销能手》的合著者、“销售培训连结点”博客的作者理查德 · 罗夫
- 《游击连接器》的作者理查德 · 韦勒
- Axcelerate 国际公司 CEO 罗伯 · 斯密斯
- 《不为人知的小秘密：为什么买家不能买而卖家不能卖以及你的应对措施》的作者莎伦 · 德鲁 · 摩根
- “最强推销能手”博客的作者斯蒂夫 · 迈耶
- 《52 个销售管理窍门：销售经理的成功秘籍》、“销售管理”博客的作者史蒂文 · 罗森
- 《我算什么，也能开公司》的作者塔拉 · 特鲁阿克斯
- 《敏捷》合著者、“途径”博客的作者蒂伯 · 山托
- 无畏集团 CEO、“无畏生活”博客的作者托德 · 施内克
- 《“销售之死”后的生活》和《要猎就猎鲸：争取大额订单，让你的企业改头换面》的合著者汤姆 · 瑟西

- “推销”博客的作者托尼·科尔
- “销售能手的内幕”博客的作者特里茜·博图兹

以上所有人都被我视为销售拜访名人堂中的创办会员。而且你们能为本书提供信息，让我感到万分荣幸。除了思想领袖级人物，我也有幸采访了一些销售和营销协会的领导人，他们不但讲了很多故事，提供了专业知识，还为销售拜访这一方式提供了非常有价值的观点。因此，我对他们表示深深的感激：全美营销师协会 CEO 拉斯·克莱因、美国职业销售人员协会 CEO 罗德·海尔斯顿、美国职业销售人员协会荣誉 CEO 斯科特·普拉姆和销售线索管理协会 CEO 詹姆斯·奥伯迈耶。谢谢你们为本书做出的贡献。

所有这些，如果没有很多重要人物、CEO、总监级高管以及他们乐于帮忙而且聪慧过人的高管助理们及时反馈的信息，是不可能存在的。而他们也正是那些给我灵感，让我写本书的人。在这里，我要特别感谢前总统乔治·H. W. 布什、加利福尼亚州前州长彼得·威尔森、美国联邦储备局前主席本·伯南克、美国运通公司 CEO 肯尼思·切诺特、威廉姆斯索诺玛公司的执行副总及战略和商务开发总监帕特里克·康诺利、《财富》出版人史提夫·福布斯，以及久负盛名的广播主持人、我的好友瑞克·迪斯。你们的友好让我体会到我们这些“圈外人”是有机会与世界上真正可以被称为重要人物的人建立联系，而且是以深厚而有意义的方式。

这项工作中最让我惊喜之处是，我能够与书中提到的几种提高工作效率的工具制作者联系。他们提供了非凡的帮助和支持，包括 Reachable 平台的 Laurent Ohana。我也要感谢 SalesLoft，the Charlie app，DiscoverOrg，GeekTools，InsideView，ShiftSelling，Avention，LeadGenius，HubSpot，ToutApp，Yesware，vSnap，myDocket，Switchmerge，VisitorTrack，AddThis，Freeconferencecall，LocalPresence，Nimble，Paper.li，

SocialOomph，SoundGecko，ClearSlide，SlideShare，Assistant.to，Doodle，Schedule-Once，TimeTrade，Calendly，HourlyNerd，oDesk，MarcomCentral，x.ai 的制作者，也要感谢那些推荐它们的慷慨的专家们。

这项工作，如果没有支持者是不可能完成的，而以下这些人让本书能够存在。特别感谢格雷格·瓦利克、桑迪·雅典、比尔·肯特、蒂姆·约翰逊、乔·埃克斯纳、里克·坎宁安、马克·佩利奇诺、保罗·麦克、凯利·斯蒂尔、艾莉丝·彼得森、玛丽亚姆·扎德、安妮·玛丽·奥基夫、吉姆·赖斯、切丽·韦尔、罗恩·布拉利、麦克·贝尔、乔·李、布雷特·奥弗曼、艾米·格拉斯基奇、金伯利·乔丹、凯西·卡米奥泰克、汤姆·弗兰奇、大卫·罗克、杰弗里·克里维斯、克里斯·史密斯、马特·惠勒、克里斯蒂娜·西蒙尼、克里斯·古兹柯沃斯基、马克·弗托哈白迪、艾尔·威廉姆斯、加里·拉夫。

当然，没有出版社和经纪人，本书也不会有出版的机会。为了他们专业的指导、耐心的帮助，以及对本书的深切信心，我向以下的人表示衷心的谢意：马特·瓦格纳、格伦·耶夫斯、阿德里安娜·朗、利亚·威尔逊、黛比·哈姆森、珍妮弗·坎佐尼里、莎拉·多布罗夫斯基、莫妮卡·洛瑞、杰西卡·里克、艾丽西娅·卡尼亚，以及本贝拉书籍出版社的全体工作人员。

在我做销售和写书的过程中，我也有幸能点缀上我创作的许多漫画。本书中使用的漫画，一些是本来刊登在《华尔街日报》上的，在这里我感谢漫画专栏联合出售组织的负责人查尔斯·普雷斯顿和琳达·沃尔夫，多亏他们的允许，我才能在本书中使用这些漫画。

最后，我再次返回原处作为收尾，这一回是感谢杰伊·康拉德·莱文森的女儿、国际游击营销组织的共同所有人及CEO艾米·莱文森。艾米，你是我真正的好朋友。感谢你帮助我得到杰伊撰写的序言，感谢你帮我联系到思想领袖级专家们，还要感谢你为拜访工作提供的睿智的评语。

# 关于作者

如果说有一个人是注定要写一本类似本书的书，那么他一定就是斯图·汉尼克。作为《华尔街日报》的漫画家、名人堂提名的营销人和作者，汉尼克在他事业初期发现了“销售拜访”的魔力，他当时使用的拜访活动，针对了位于曼哈顿岛的大型杂志社、出版社二十几位发行部门的副总和主管。他使用区区 100 美元的投资，换来了 100% 的回应率，让他能够发展他的公司，并且带来几百万美元的生意。

有能力搞定最能帮助他实现目标的人，最终变成了他热衷的事业。当汉尼克不断地使用他自己设计的、基于漫画的方式拜访到重要人物的时候，他也开始好奇：别人又是如何解决这一独特的难题的呢？因此，他发现了一种非常特殊的营销方式，它直到现在仍没有名字，但却能产生高达 100% 的回应率和超过 10000% 甚至是超过 100000% 的投资回报率。在本书中，他不仅给了销售拜访一个名字，还明确地教授我们：它是什么，它如何运作，以及销售拜访的二十个种类。

汉尼克是销售拜访广播节目的主持人、销售公关公司“Contact”的创始人和 CEO。他协助创建了 Cartoonists.org 网站——一个由著名漫画家组成的联盟。他们希望能帮助慈善机构捐款，并且让更多的人注意到漫画这一艺术形式。他现在与他的妻子夏洛特、他们的狗“小波”一起，居住在太平洋西北部一座美丽的小岛上。